语料库与媒体话语的理论、方法与实践

Theory, Method and Practice in Media Discourse

Chinese Discourse book series ③

中华话语系列丛书 ③

语料库与媒体话语的理论、方法与实践

中英美主流报刊中的低碳话语研究

Theory, Method and Practice in Media Discourse: A Corpus-based Study of Low-Carbon in Chinese, UK and US Media

钱毓芳　叶蒙荻　著

GCP **Global Century Press**
环球世纪出版社

中华话语系列丛书 第3卷
丛书主编：谢立中 钱毓芳

《语料库与媒体话语的理论、方法与实践: 中英美主流报刊中的低碳话语研究》
钱毓芳 叶蒙获 著

此书由环球世纪出版社于2019年出版
23 Austin Friars, London EC2N 2QP, UK

该书编入大英图书馆的公开数据中的图书馆编目

ISBN 978-1-910334-72-0 (中文版 精装); ISBN 978-1-910334-73-7 (中文版 平装)
DOI https://doi.org/10.24103/CD3.cn.2019

Chinese Discourse Series Vol. 3
Series editors: XIE Lizhong and QIAN Yufang

Theory, Method and Practice in Media Discourse:
A Corpus-based Study of Low-Carbon in Chinese, UK and US Media
By QIAN Yufang and YE Mengdi

This book first published in 2019 by
Global Century Press
23 Austin Friars, London EC2N 2QP, UK

British Library Cataloguing in Publication Data
A catalogue record for this book is available from the British Library

ISBN 978-1-910334-72-0 (Chinese hardback); ISBN 978-1-910334-73-7 (Chinese paperback)
DOI https://doi.org/10.24103/CD3.cn.2019

国家社会科学基金资助成果

Funded by the National Social Science
Foundation of China

目　录

总序言一

　　环球世纪出版社拟出版一套"中华话语"丛书，伦敦大学学院荣誉教授、该出版社常向群总编邀请我担任丛书的主编之一并为丛书撰写一篇短序。实话实说，我虽然近年来一直在社会学研究领域中努力倡导和践行一种被我称为"多元话语分析"的研究思路，但作为一个社会学者，我自知并非话语研究方面的专家。因此，在收到向群的邀请后，我曾婉言回拒了她的好意。然而之后她一再相邀，我一方面为她的盛情所动，另一方面也觉得这确是一项富有意义的重要事业，乐于参与，思量再三，遂斗胆从命。

　　众所周知，意识到"话语"在理解人们日常生活及社会现实的建构过程当中所具有的关键作用，并将对话语的研究和分析置于哲学和社会科学研究的核心地位，是二十世纪后半期以来西方哲学和社会学科研究者所取得的一项重要成就。所谓"话语"，是一个和"语言"相对应的概念。"语言"是以特定的语词为原料，按照一定的语法规则可能被建构出来的所有句子和文本的总和，如英语、汉语等；而"话语"则仅指人们在言语实践中已经实际说出或写出的那些句子或文本。对"话语"加以研究或分析也就是对那些已经实际说或写出的语句或文本到底是以什么样的方式以及按照什么样的规则被说/写出和传播的过程加以研究或分析。这一研究领域及其分析方法通常被称为"话语分析"。由于对话语及其话语研究的重视，在西方学术界，"话语分析"已经成为包括语言学、历史学、新闻学、社会学、经济学、政治学、法学、国际关系学和文学艺术研究等各个人文社会科学领域中最富活力也最具吸引力的研究领域之一，产生了一大批富有价值的研究文献。由于话语分析研究文献的传播（其中最重要的是福柯以及受福柯影响的那些话语分析模式如"批判话语分析"文献的传播），"话语"、"话语权"等概念也已经成为包括中国在内的当今世界最为流行的一些关键词。

　　对"话语"的研究之所以会受到如此的重视，以我的理解，主要与现代哲学社会科学研究中所发生的以下两种观念转变紧密相关：

　　其一，是人们对语言与实在之间关系问题上的观念转变。传统的语言观一般认为，语言是我们人类用来对独立于人类语言/符号系统之外的那样一些自在现实的反映或再现而已。语词的意义来源于其所指涉的实在（实体、属性、关系），语句的真假值则取决于它们与其所指涉的实在本身状况的相符程度。然而，二十世纪哲学社会科学的发展颠覆了这种建立在传统实在论基础上的语言观，指出语言并非是作为"自在之物"的外部实在的一种简单反映或再现，语言的形成和发展不仅具有一定的自主性、任意性，而且反过来还引导和约束着我们对"实在"的感知、思维和言说。因此，作为我们人类感知、思维和言说对象的"实在"并非是完全独立于我们的语言/符号系统之外的一种纯自在的存在，而是一种由我们在特定语言/符号系统引导和约束下建构起来的一种"实在"。语言既是我们的家园，也是我们的囚笼。我们对世界的感知、思维和言说无法超出我们的语言/符号系统给我们所划定的界限。对语言与实在之间关系问题的这种观念变化，促使人们重新审视以往的哲学与科学研究，并逐步将语言置于哲学与科学（包括自然科学和社会科学）研究的核心位置。我们可以将这一转变称为哲学和科学（尤其是社会科学）研究中的"语言学转向"。

其二，是人们对语言和话语（言语）之间关系问题上的观念转变。按照传统的语言观，话语只不过是人们应用特定的语言规则去进行言说实践的结果，是语言在实际生活中的使用和具体表现。因此，要想理解人们的话语行为及作为其结果的话语，只要去研究在人们的话语实践过程中支配着话语产生的那些语言规则即可。但二十世纪后期的哲学和社会科学研究却也表明，这种重"语言"、轻"话语"的看法是错误的。人们的话语实践并不只受语法规则的约束，而且还要受到诸多语法规则以外的其他各种规则的约束，甚至更多地受到后者的约束。这些在语法规则以外支配着人们的相关话语生产和传播的规则，我们可以参照福柯的词汇，将其称为"话语构成规则"（rule of discursive formation）。因此，如果不能很好地了解特定时空范围内支配着人们话语生产和传播（也即言语行为）的那些构成规则，即使对此一时空范围内人们所用那种语言系统有再好的了解，对于我们理解这些人的实际话语行为可能也无济于事。与此相应，之前被赋予"语言"的那种在建构作为人们感知、思维和言说对象之实在世界中所具有的关键性作用，现在也被赋予了"话语"。对语言与话语之间关系问题的这种观念变化，促使人们重新审视以往包括哲学和语言学、社会学等各门社会科学领域中与语言相关的那些研究，并逐步将对话语的研究和分析置于这些研究的核心位置。我们可以将这一转变称为哲学和科学（尤其是社会科学）研究中的"话语分析转向"。

话语分析在上世纪80年代伊始就开始传入中国，迄今已有30年左右的历史。30年来，尤其是近十几年来，许多中国学者尝试运用话语分析的方法来对当代中国社会中各种"话语"的生产和传播过程以及"话语"对社会现实的建构作用进行描述和分析，在语言学、传播学、哲学、社会学、政治学、经济学、法学、心理学、教育学、国际关系、文艺评论等研究领域出现了数以千计的研究文献，其中包括有不少具有尝试性和创新性意义的研究成果。尽管和西方同行相比，中国学者在这方面的学术成就无论在数量上还是在质量上都还有相当的差距，但对于我们从话语建构的视角理解当代中国，这些文献还是具有其他文献难以替代的重要作用。

对于其他国家的政治家、企业家和学者们来说，了解中国，理解中国，一直是一个重要课题。而近30年来中国发生的种种变迁，以及中国作为一个新兴发展中大国在世界舞台上之作用和地位的日益上升，则使得对这一重要课题的研究变得更为迫切。从上述"话语建构论"的立场来说，了解中国、理解中国的一个关键之处就是要了解和理解"中国话语"，包括中国古代的话语以及当代的话语。只有对中国人的话语系统（包括在中国人的话语实践背后支配着中国人话语生产和传播过程的那些规则）有更深入细致的了解，才有可能对中国的社会现实及其运行机制有更适当的理解。因为，中国的社会现实是由中国人在中国人所属的各种话语系统的引导和约束下通过自己的行动建构出来的。就此而言，本丛书的意义和价值当不言而喻。我们衷心地期待也相信本丛书的出版将会在帮助人们更好地了解和理解中国话语方面起到积极的推动和促进作用。

是为序。

谢立中教授

北京大学社会理论研究中心主任；中国社会学学会前副会长

2016 年 9 月 18 日

2019 年 6 月 28 日更新

总序言二

　　话语作为社会、文化和历史的发展中人类活动的各种有意义的符号，是人们认识世界的一种方法，它能够通过反映在说话或文字中那些特别的语言现象来加以识别。法国哲学家福柯曾经指出，人类的一切认识都是通过话语获得，任何脱离话语的事物都不存在。人与世界的关系是一种话语关系，话语决定人在这个世界的位置。自20世纪50年代问世以来，话语研究逐步走出纯语言学的研究范式，切入到人文学科，并以话语为纽带把分离的人文各学科联结起来，与其他学科的交叉融合日益成为主流。

　　话语研究的多样性反映在方法论上，如：语言学及社会语言学方法，会话分析、符号学分析、结构话语分析、批评语言学和社会符号学、社会认知分析、以及批判话语分析。其中批判话语分析作为国际公认的方法已经引起了语言学、语言研究及社会科学界的学者们的关注。应用语言学越来越对语言与意识形态的关系问题感兴趣，尤其是语言在建构和传递有关世界是什么或应该是什么的假想中所起的作用，以及语言在维护或挑战现行权力关系中的作用。

　　基于语料库的批判话语分析开始于上世纪90年代中期，先行倡导者将语料库技巧运用到批判话语分析中，有效地打破了定量和定性研究的界限，为话语研究者提供了强大的量化分析的基础，自此，人们一直在探寻更多两者相得益彰的方法。2006年，贝克发表了《用语料库做话语分析》一书，概观了语料库在话语研究中的诸方法，具有里程碑意义，标志着这一方法逐渐走向成熟。

　　近十多年来，许多中国学者关注当代中国话语研究，其学科背景各异，如社会学背景的谢立中，文化研究背景的曹青，国际关系背景的孙吉胜，新闻传播学背景的李彬、殷晓蓉、曾庆香、袁光锋，跨传播学与社会学的章晓英，语言学背景的学者较多，以下仅列举部分（按姓氏拼音排序）：陈新仁、丁建新、窦卫霖、冯捷蕴、刘立华、马博森、苗兴伟、邵斌、吴东英（Doreen Wu）、武建国、许家金、尤泽顺等等。还有一些学者有着相似的西方学习或研究的经历，他们或在西方学者的指导下完成了其博士论文，以下仍按姓氏拼音排序列举几位，如顾日国师从 Geoffrey Leech、赖辉师从 Paul Chilton、钱毓芳师从 Tony McEnery 和 Paul Baker、施旭师从 van Dijk、王芳师从 Teubert Wolfgang、吴宗杰师从 Norman Fairclough、辛斌师从 Henry Widdowson、张瑞华师从 Vincent B.Y. Ooi，等等；或者跟从西方学者从事访问研究，如，陈丽江跟从 Paul Chilton、黄敏跟从 Ruth Wodak、毛浩然跟从 Christopher Hart、田海龙与 Paul Chilton 合作研究，他们深受西方学者的影响，既借鉴和反思了西方的话语研究传统，又将其研究方法引入中国。在此基础上，他们关注中国话语，挖掘和利用我国丰富的传统文化资源，将中国话语研究引向深入，并在学科范式上体现中国文化的特色。从总体上看，中国的话语研究正在从"西学东渐"向"东学西进"迈进。

　　在这一大背景下，环球中国出版社推出了中华话语系列丛书，充分体现了"运筹帷幄之中，决胜千里之外"的魄力。本人很荣幸被邀请与北京大学著名社会学家谢立中教授一道主编本系列丛书，本系列丛书将涵盖围绕中华历史、中华文化、中华事务、中华语言、中华人物的话语研究。倡导多学科、多视角、多方法，融合大中华的智慧，放眼世界，架起中国与世界的桥梁，开启一扇让世界了解中国的窗户。本系列将出版的著作包括：黄敏《〈纽约时报〉涉藏报道与我国对外传播策略》、赖辉《新时期小说中知识分子的社会地位及其变化》、钱毓芳和叶蒙获《语料库与媒体话语的理论、方法与实践：中英美主流报刊中的低碳话语研究》、谢立中《走向多元话语分析：后现代思潮的社会学意涵》（更新版）。这些著作立足于宏观或微观话语层面，从不同视角，运用不同方法，对中国或中外话语进行了理论探讨和实证分析，在一定程度上展示了话语的复杂性和话语研究的多样性，希冀本丛书能推动中华话语研究的深入发展。

　　是为序。

钱毓芳教授
浙江工商大学中外话语研究院院长
中国英汉语比较研究会话语研究专业委员会副会长
2016 年 11 月
2019 年 6 月更新

序言

　　媒体包括广播、电视、报纸、网络等，是政治、文化、社会生活的呈现者。媒体话语蕴含着文化、意识形态和价值观念，是一种特殊的话语类型。媒体的新闻报道具有社会性，是一种社会实践，具有一些复杂的、人为的选择标准，而远非中立地反映社会现实或经验现实。正因为有这些特征，媒体话语越来越多地被人关注，人们将之作为认识世界的一个渠道，用不同的视角解读媒体话语所折射的社会现实以及语言、人、社会之间的关系。

　　自 20 世纪 80 年代后期，以 Fowler、Kress、Fairclough、van Dijk 为代表的语言学家开始将媒体话语作为特殊的社会文化实践加以研究，用于媒体话语分析的批判话语分析框架也纷纷被提出。语料库与批判话语研究相结合是当今社会科学领域前沿的研究方法。批判话语分析将话语置身于社会，通过社会科学的不同理论解释话语中蕴含的文化、价值观念、意识形态等。语料库方法弥补了直觉推断的缺陷，可以为批判话语分析提供大量的可靠的语言例证，使大规模文本分析成为可能。

　　在气候问题备受关注的国际大背景下，从《京都议定书》到"巴厘岛路线图"，世界各国都在为解决气候问题而努力，低碳经济的概念也应运而生。2003 年，英国发布《能源白皮书》，将低碳经济正式写入政府文件，走低碳之路作为一种新的经济模式成为国际社会的共识。但是，在这一过程中，各国间存在着众多的博弈。曾参加哥本哈根气候峰会的著名学者杨志曾经指出，低碳经济绝对不是一个单纯的技术标准问题，它首先是一个政治问题，还有经济学问题、文化问题和外交问题。各国媒体围绕这一问题展开了热烈的讨论。不同政体下的媒体呈现不同的关于低碳经济的话语，比如美国《华盛顿邮报》在报道低碳经济时总是构建美国"引领"世界转向绿色经济和低碳经济的发展模式之类的话语，以"领导者"身份自居。英国《金融时报》经常出现发展低碳经济可能出现"失业"等问题的文章，而《人民日报》则多以正面的报道传递低碳经济带给人们的益处。三国的媒体话语具有怎样的特征？媒体话语反映怎样的社会现实？形成这些话语的内在原因何在？

　　为了回答以上研究问题，本研究收集了中英美三国主流报刊自出现低碳报道以来 15 年的新闻文本，结合语料库和批判话语分析的方法，考察中英美主流报刊围绕低碳经济的话语建构，旨在解读围绕低碳的话语是如何通过一系列因素被过滤出来，这些因素包括国家利益、受众定位，以及各国历史、政治和社会因素。本研究表明，语料库方法与批判话语分析方法具有互补性。如词频统计能快速在大规模文本中获取高频词，这些词也许对批判话语分析很有意义，是研究很好的起点。搭配分析可以观察语言意义的构成，语料库检索则进一步提供文本更多的语境信息，这些信息使我们看清意义的呈现方式。语料库方法和批判话语分析结合使定量定性分析有机结合起来，两者相得益彰。

近10年来，语料库分析方法被越来越多地用于社会科学与语言相关的研究，它使碎片化的信息聚集在一起，形成大规模的文本，供研究者观察语言中所反映的特定的话语定式。语料库分析基于文本，可弥补以往单凭直觉推断的缺陷，为人们提供自下而上的研究方法。语料库方法，作为一种语言学研究方法，其研究优势在于：对大规模文本超强的储存能力；对语言精确的解释力；超于人类大脑的学习能力。随着计算机技术的迅猛发展，结合语料库自动分析软件的大规模文本分析成为国际社会科学界开创语料库应用，发现社会生活文明之源的新手段。

本书部分内容是在作者早先出版物的基础上改写的，这些出版物包括：

钱毓芳，2007，《基于语料库的语言研究——高级读本》述介，《外语教学与研究》（3）。

钱毓芳，2010，语料库与批判话语分析，《外语教学与研究》（3）。

钱毓芳，2010，媒介话语研究的新视野：一种基于语料库的批判话语分析，《广西大学学报》（3）。

钱毓芳，2016，英国主流媒体关于低碳经济的话语建构研究，《外语与外语教学》（2）。

钱毓芳，2019，《纽约时报》围绕低碳经济的话语建构，《天津外国语大学学报》（2）。

本书的撰写得到以下基金资助：

国家社科基金"基于语料库的中西政治话语比较研究"（12BYY043）。

教育部人文社科研究项目：中英美媒体关于低碳经济的话语建构研究：基于语料库的话语研究（10YJA740079）。

最后，非常感谢全球中国学术院院长常向群教授，她发起2016年在伦敦国王学院的"语料库与中国社会科学工作坊"，积极推进语料库与社会科学相结合的研究，并通过环球世纪出版社创设"中华话语"系列丛书，本书在此背景下得以完稿。李竹月、董颖颖、蔡春红、项丽燕为本书的编校工作付出了细致和专业的工作，在此表示衷心感谢。

钱毓芳

2019 年夏

DOI https://doi.org/10.24103/CD3.cn.2019.1

第一章

绪论

第一节　研究的缘起

气候变化是自然界在人类历史上首次备受全世界共同关注的事件。自 20 世纪 70 年代开始，国际社会开始意识到全球气候变化给人类带来的灾难，全球达成共识，应该采取行动，全力应对气候变化。1992 年 5 月，《联合国气候变化框架公约》在联合国纽约总部正式通过，该《公约》明确提出了全球应对气候变化的终极目标和基本原则。同年 6 月在里约热内卢的联合国环境和发展大会上开放签署，并在 1994 年 3 月正式生效。

从 1995 年起，国际社会每年举行《联合国气候变化框架公约》缔约方会议，1997 年 12 月第三次缔约方会议通过了《京都议定书》（以下简称《议定书》），规定在 2008—2012 年期间，《联合国气候变化框架公约》附件一国家（发达国家）的二氧化碳等六种温室气体的人为排放量应该在其 1990 年的基础上平均减少 5.2%，使《公约》的实施迈出实质性的一步，这是国际社会第一次在跨国范围内设定具有法律约束力的温室气体减排或限排额度，它和市场交易机制的结合，成为《议定书》革命性的制度创新，开启了用市场机制解决环境问题的新时代（熊焰，2010：25）。此后又经过数年的谈判，《议定书》于 2005 年 2 月 16 日正式生效。《京都议定书》是第一个全球减排温室气体的国际协议，作为《联合国气候变化框架公约》及其《京都议定书》的缔约方，中国已经从科学和社会发展等多方面认识到了气候变化所带来的不良后果，开始进行着积极的应对，于 2005 年通过了第一部《可再生能源利用法》，对我国的能源革命在政策上起到了重大的推动作用。

中国一向致力于推动公约和议定书的实施，认真履行相关义务，积极倡导减少全球温室气体减排，建立资源节约型、环境友好型社会，利用清洁发展机制，筹集资金，发展低碳经济，保障全面小康社会的顺利实现。2002 年《公约》第八次缔约方会议通过了《德里宣言》，再次重申应在可持续发展的框架下应对气候变化的原则。2004 年第十次缔约方会议文件又将适应气候变化问题提到前所未有的高度。上述行动进一步推进了国际社会应对气候变化、有效实施《公约》和《议定书》，低碳经济的概念在这样的国际大背景下应运而生。

2009年底，丹麦首都哥本哈根的全球气候大会决定各国应对气候变化方式和力度，很多气候活动家把它看成是达成全球共识并展开协调行动守住2°关口，拯救地球的最后机会。那么，最早倡导发展低碳经济的英国和身为发达国家代表的美国以怎样的姿态应对全球气候变化？中国作为最大的发展中国家，在这场博弈中有处于怎样的境况呢？在应对全球气候变化中，各国的媒体构建了怎样的低碳话语？

一、中国

自1992年联合国环境与发展大会以后，中国政府率先组织制定了《中国21世纪议程——中国21世纪人口、环境与发展白皮书》，并从国情出发采取了一系列政策措施，为减缓全球气候变化做出了积极的贡献。从20世纪80年代后期开始，中国政府更加注重经济增长方式的转变和经济结构的调整，将降低资源和能源消耗、推进清洁生产、防治工业污染作为中国产业政策的重要组成部分。通过实施一系列产业政策，加快第三产业发展，调整第二产业内部结构，使产业结构发生了显著变化。制定了开发与节约并重的方针，确立了节能在能源发展中的战略地位。通过实施《中华人民共和国节约能源法》及相关法规，有效地促进了节能工作的开展。积极推进发展低碳能源和可再生能源，改善能源结构。大力开展植树造林，加强生态建设和保护。加强了应对气候变化相关法律、法规和政策措施的制定。

2004年以来，国务院陆续出台了与应对气候变化相关的重要文件，如《能源中长期发展规划纲要（2004—2020）》（草案）、《节能中长期专项规划》（2004）、《中华人民共和国可再生能源法》（2005）、《关于加强节能工作的决定》（2005）等，这些政策性文件为进一步增强中国应对气候变化的能力提供了政策和法律保障。为进一步完善了相关体制和机构建设，更好地研究和制定应对气候变化的相关政策，中国政府成立了近20个国家气候变化对策协调机构，有效指导了中央政府各部门和地方政府解决气候变化中所遇到的问题。

　　为加强与应对气候变化紧密相关的能源综合管理，中国政府成立了国家能源领导小组及其办公室，高度重视气候变化研究及能力建设，设立国家重大科技公关项目进行气候变化预测以及对策研究。同时，定期编写《气候变化国家评估报告》，2006 年 12 月，首次发布了《气候变化国家评估报告》，为国家制定应对全球气候变化政策和参加《气候公约》谈判提供了科学依据。中国政府一直重视国际合作研究，近年来，中国通过各种渠道、各种方式、各种层次普及气候变化的知识，并组织关于气候变化的大型研讨会，开办中英文网站提供气候变化的信息，取得了较好的效果。

　　2007 年 6 月 4 日，我国发布《中国应对气候变化国家方案》，明确了中国作为一个负责任的发展中大国，应对全球气候变化挑战的国家姿态。此方案概述了中国气候变化的现状和应对气候变化的努力、气候变化对中国的影响与挑战、中国应对气候变化的指导思想、原则与目标、中国应对气候变化的相关政策和措施、中国对若干问题的基本立场及国际合作需求，显示了中国作为负责任的国家，认真履行其在《气候公约》和《京都议定书》下的义务。该方案是我国第一部应对气候变化的政策性文件，被称为中国应对气候变化的根本大法，该方案的公布促使媒体开始加大对低碳概念的关注力度。

　　2003 年 3 月 5 日，《中国石化报》在报道英国能源白皮书的发布信息和基本内容的时候首次提及低碳经济这一概念，接着，《中国矿业报》《中国煤炭报》《中国知识产权报》等一些专业或行业报刊纷纷做了相关报道。直至 2004 年 5 月 11 日，《人民日报》刊登了《中英两国联合声明》，在声明中提及了双方共同努力实现低碳经济和可持续发展，通过可再生能源和有效利用能源伙伴关系等，加速开发对气候有益技术的全球市场。这是低碳经济一词首次出现在中国的党报中。从此，低碳概念以越来越快的步伐走进人们的生活，特别是 2009 年 12 月哥本哈根联合国气候变化大会后，低碳成了报刊的流行词语，低碳经济、低碳生活、低碳出行、低碳技术、低碳金融等渐渐深入人心。

二、英国

　　2000 年 3 月 8 日英国《卫报》以题为 "Trading in futures; Moving to a low carbon economy makes good business sense, too. Chris Hewett explains why the government must grasp the chance to ensure the polluter pays"（《未来贸易：转向低碳经济创造了贸易机会》。Chris Hewett 解释为什么政府必须抓住机遇让污染者埋单）的文章，低碳经济一词见诸报端。文中呼吁政府应该采取行动说服各行业认真考虑抓住转向低碳经济的机遇，依据污染者付费的原则，采取行动降低温室气体排放，消除气候变化所带来的负面结果。随后，《独立报》《金融时报》也围绕着降低温室气体排放、能源税等问题探讨低碳经济的概念。2000 年 10 月 27 日，时任英国首相托尼·布莱尔做了他上任后首次关于环境问题的演讲。他号召政府、企业和社会间建立起建设性的伙伴关系，以唤醒人们对环境保护的意识。他强调全社会应该团结一致共同完善经济增长的资源生产力（resource productivity），即：可持续性发展，他指出我们分享着经济继续增长带来的好处的同时，必须避免这些增长给环境带来任何负面影响。

显然，环境问题没能进入布莱尔政权的核心。他承认他们优先考虑的是教育、健康和犯罪问题。布莱尔并非是一个积极的环境保护分子。相反，在很多情况下，尤其是在转基因农作物问题上，他并不支持既保守又反现代的环保主义者。因而，他的演说可以理解为是刻意的解释为什么环境在他的大政治框架下受重视。但是，他的措辞却相当谨慎。传统上说，那些持不同政见的政治家们都已经关注生态问题，他们呼吁要放慢经济增长、加强政府的调控、加大公共消费。然而，布莱尔的环境观信奉环境现代化的观念。此观念起源于欧洲大陆的绿色社会民主党，布莱尔的生态现代化是指英国可以通过更绿变得更富，通过更绿人们能够改善生活。至于不断增长的环境产品和环境服务市场，企业可将环保作为一个商机。

皇家环境污染委员会（RCEP）作为一个常设机构，成立于 1972 年。《能源：气候变化》是它成立以来的第 22 个报告。之前的报告主题从核能源、转基因生物到废气等不尽相同。通过仔细斟酌的行文及客观的认证报告，皇家环境污染委员会受到本国政要乃至国际组织，如欧盟委员会的广泛关注。这份特别的报告是为应对长期的关于全球气候变化的政治挑战，被认为是继 1994 年以及 1976 年关于交通和核能报告的又一里程碑式的报告。报告充分表明皇家环境污染委员会已经从 20 世纪 70 年代以来狭隘的控制污染、能源利用等问题上升到空间上更复杂、政治上更为严酷的可持续性发展的挑战。也就是说，经济增长是环境和社会长期的可持续性增长。

可以看出皇家环境委员会的报告采用坚定的环保进步语气，其核心思想是人为的气候变化已经悄然发生并最终有害于英国，这应该引起我们高度关注。比如：在美国有一个非常强有力的著名的联盟，试图通过怀疑全球变暖的基本科学依据寻求推迟温室气体排放的国际控制。但是 RCEP 不顾那些叫嚣气候变暖没有得到证实、并非重要、成本太大的组织，反对那些声称气候变化的影响太不确定以致难以确定降低排放的计划。报告指出：除了之前已经意识到的获取能源以及使用资源的风险，世界正面临极其严峻的新的挑战，这需要我们做出迅速的反应。时间拖得越长，后果就越严重。在和欧盟成员协商之后，英国以 1990 为标准，直至 2008 年 12 月将做到减低 8% 的排放。这表明了部分欧洲国家对 1997 年以落实的《京都协定书》所作的联合的贡献。2000 年在海牙签订的协议本应是制定一组完成《京都协定书》的立法机制，但是美欧之间以及发达国家与发展中国家之间立场相距甚远，没能够按预期达成协议。长期被嘲笑为欧洲的脏人的英国，在气候变化问题上是欧洲国家中倡导严格控制的急先锋。

之后不久，英国政府将发布气候对策，表明工党对怎样实施以 1990 年排放为基线至 2010 年二氧化碳排放减低 20% 的目标。这个比在国际和欧盟法律下英国所要做到的目标更雄心勃勃。在演讲中，布莱尔说这个目标已经给英国在国际谈判中地位。RCEP 并没有对此表示异议。但是它强调大规模的所达到的减排是偶然的，是因为煤矿工人罢工所引起的燃煤大规模减少以及天然气的使用。

纵观许多经济政策，新工党已经在可持续发展的大旗下营造出一个社会司法、谨慎的经济发展和生态保护三者融为一体的环境政治。2003 年 2 月 24 日英国发布能源白皮书《我们能源的未来：创建低碳经济》，白皮书中阐释了能源系统面临着新的挑战、英国新的能源政策方向，并制定了长期的战略，即一个真正可持续的能源政策。白皮书明确了英国能源发展战略的四大关键部分，即减少环境污染，保持可靠的能源供应，为生活水平低下的群体提供负担得起的能源，为商业、企业和家庭提供能够公平竞争的市场。白皮书中提出低碳经济，这一概念首次出现在政府文件中，为此引起了国际社会的广泛关注，各国政府、学术界、企业界都做出了回应，低碳经济也成为各国主流报刊的热门话题，低碳概念以快速的步伐走进人们的生活。2007 年 5 月 23 日，英国贸工部发布了题为《迎接能源挑战》

（*Meet Energy Challenges*）的新能源白皮书，这是在 2006 年开展的能源评价（Energy Review）提出的建议基础上制定的。新的能源白皮书中提出，英国面临着两大长期能源挑战：（1）减少英国及国外二氧化碳排放以应对气候变化；（2）在对进口燃料依赖日益增加的情况下保障安全、清洁和可负担的能源。

白皮书勾勒、计划了英国政府的国内外能源战略，提出了四大能源政策目标：

（1）走二氧化碳减排之路，到 2050 年减少排放约 60%，到 2020 年取得实质性进展；

（2）维持能源供应的可靠性；

（3）在国内外提倡竞争性能源市场；

（4）每个家庭都能享受所需的和负担得起的供暖。

能源白皮书中提出的某些措施还需要进一步向公众咨询。例如有关核能、可再生能源义务条例等。2009 年 7 月，英国公布《英国低碳转型计划》，被认为是英国正式的低碳经济国家战略计划。当前，英国在低碳领域的科技部署主要包括低碳能源、低碳汽车、能效等。

三、美国

美国虽然没有加入《京都议定书》，但也一直致力于寻找解决国内的能源问题以及全球气候变化的方法。20 世纪五六十年代，美国和苏联在开发人造卫星、载人航天和月球探测等空间探索领域的竞争激发了年轻人的竞争意识和时代豪情，如今，美国政府号召他们去接受这个时代最重要的挑战，即开发廉价、丰富、清洁能源，加速向低碳经济转型。近半个世纪以来，美国政府十分重视节能减碳，采取了诸多行动，先后出台了多部重要法律法规。美国于 1970 年颁布了《清洁空气法》（Clean Air Act），并成立了环境保护署（Environmental Protection Agency），可以见得美国在环境控制上采取了严格的行动。20 年后，美国修订了《清洁空气法》，是迄今为控制空气污染制定的具有深远影响的一部法律。2005 年 8 月，美国通过《能源政策法》，该法案倡导节能，尤其鼓励国内石油和天然气的生产，鼓励石油、天然气、煤气和电力企业等采取节能措施。2006 年 10 月，美国政府发布了《气候变化技术项目（CCTP）战略计划》，研发重点既涵盖了智能电网技术、节能型交通工具及建筑技术、碳处理技术等节能技术和碳排放处理技术，也包含了太阳能、风能、生物质能、地热能、氢能和核能等清洁能源和新能源技术。2007 年 7 月，美国参议院提出了《低碳经济法案》，法案设计了减少温室气体排放的战略目标，建议到 2020 年将美国的碳排放量减至 2006 年的水平，到 2030 年减至 1990 年的水平。2009年，《清洁能源与安全法案》对美国国内排放量高于 25000 吨的二氧化碳设置了总量限额，2012 年相对于 2005 年减少排放 3%，相当于在 1990 年的基础上增加排放 12%；到 2020 年在 2005 年的基础上减少排放 17%，相当于在 1990 年的基础上减少排放 4%；到 2030 年在 2005 年的基础上减少排放 17%，相当于在 1990 年的基础上增加排放 12%；2020 年相对于 2005年减少排放 42%，相当于在 1990 年的基础上减少排放 33%；2050 年相对于 2005 年减少排放 83%，相当于在 1990 年的基础上减少排放 80%（骆华、费方域，2011）。该法案是迄今为止以"低碳经济"为名的世界第一份议案。表明美国已经将走低碳经济的发展道路的重要战略提到议事日程。

全球金融危机以来，美国选择以开发新能源、发展低碳经济作为应对危机、重新振兴美国经济的战略方向，短期目标是促进就业、推动经济复苏；长期目标是摆脱对外国石油的依赖，促进美国经济的战略转型。旨在改造传统高碳产业，加强低碳技术创新，并应用市场机制与经济杠杆，促使企业减碳。美国众议院于 2009 年 6 月 26 日通过了《美国清洁能源与安全法案》。该法案是继 2008 年 Liberman-Wanner 法案在参议院被否决后，美国国内最重要的气候法案。法案内容可能对美国参与 2012 年后气候制度谈判产生深刻影响而备受国际社会关注。对法案中减排目标、资金机制及适应、技术转让等问题进行了概括并简要归纳其特点，就法案可能影响如国际合作、碳市场、碳关税等问题进行了分析，同时，该法案作为从新能源、能效提高出发多目标综合应对气候变化的法案对中国实行低碳发展规划也具有借鉴意义（王谋、潘家华、陈迎，2010）。2014 年 5 月，美国发布《第三次气候变化国家评估报告》，报告内容包括美国的气候变化事实，气候变化对水资源、农业、林业、能源、交通等主要经济部门的影响，气候变化对美国十大区域的影响，以及美国应对气候变化的战略等四大部分。该报告是美国迄今最全面、权威和透明的气候变化评估报告（王文涛、仲平、陈跃，2014）。

第二节　中英美三国主流报刊简介

一、中国《人民日报》[1]

　　《人民日报》（*People Daily*）是中国共产党中央委员会机关报。1948 年 6 月 15 日创刊于河北省平山县里庄，由《晋察冀日报》和晋冀鲁豫《人民日报》合并而成，为华北中央局机关报，同时担负党中央机关报职能。毛泽东同志亲笔为《人民日报》题写报名。1949 年 3 月 15 日，《人民日报》随中央机关迁入北平。同年 8 月 1 日，中共中央决定《人民日报》为中国共产党中央委员会机关报，并沿用 1948 年 6 月 15 日的期号。《人民日报》是中国第一大报，1992 年被联合国教科文组织评为世界十大报纸之一。

　　《人民日报》的新闻信息采集渠道遍布国内外，报纸发行至全国及世界 100 多个国家和地区。2013 年 1 月 1 日，《人民日报》收订量突破 300 万份。60 多年来，《人民日报》以宣传党的理论和路线方针政策、中央重大决策部署为己任，及时传播国内外各领域信息。《人民日报》不断丰富和完善内容与形式，由初创时的每天对开 4 版增加到目前 24 版（周六、周日为 12 版，节假日为 8 版）。推进编采分开改革，调整优化版面结构，形成要闻、新闻、周刊的版面格局。"任仲平"等要论品牌和《人民论坛》等知名专栏影响扩大，《人民观察》《求证》等新创专栏受到欢迎。

　　人民日报社是中共中央直属事业单位和中共中央的新闻机构，实行编委会领导下的社长负责制，由 23 个内设机构、72 个派出机构、3 个办事机构、26 种社属报刊及若干家所属企业共计四个板块组成的基本架构。

二、英国主流报刊

　　《泰晤士报》《金融时报》《卫报》《独立报》《每日电讯》是英国最有影响力的几个大报。《泰晤士报》[2]（*The Times*）由编辑兼出版商约翰·沃尔特一世于 1785 年创办，以服务公众为宗旨。创办之初取名为《环球

---

[1]《人民日报》官网：http://www.people.com.cn/GB/50142/104580/index.html（2016 年 10 月 5 日）

[2] *The Times* 官网 https://www.thetimes.co.uk/static/about-us/? region=global（2016 年 11 月 2 日）

日报》，直到 1788 年更名为《泰晤士报》，是世界上第一家使用"时报（Times）"名称的报纸。约翰·沃尔特一世在创刊中指出：《泰晤士报》就像一张摆放得很好的餐桌，它应该包含适合每个人口味的菜肴，包括政治、外交、贸易、法律审判、广告和娱乐。沃尔特还强调要保留报纸"谴责或赞扬任何一个（政党）"的权利，并秉持公正的原则。200 多年过去后，这些基本原则至今仍然适用。《泰晤士报》1981 年被鲁珀特·默多克收购。目前是英国销量最大的优质印刷报纸，《泰晤士报》在 2018 年被牛津大学路透社新闻研究所评为英国最值得信赖的全国性报纸。2019 年，《泰晤士报》因其写作、报道、调查和宣传活动获得英国新闻奖年度日报奖。

《泰晤士报》共有 40 版左右，版面主要可以分为两部分，一是国内外新闻、评论、文化艺术、书评；一是商业、金融、体育、广播电视和娱乐。报道风格十分严肃，内容极为详尽。其读者群主要包括政界、工商金融界和知识界。该报致力于推动世界级新闻业各个领域的数字创新。在政治倾向上，《泰晤士报》最近一段时间既支持新工党，也支持保守党参加 2016 年欧盟公投。

《卫报》[1]（*The Guardian*）是全国发行的综合性老牌大报。它是英国具有 184 年历史的老牌大报。最早创于 1821 年，是一张地方报纸，原名《曼彻斯特卫报》，创刊者是约翰·爱德华·泰勒。报纸严肃和独立精神的定位也从泰勒开始。泰勒确立了《卫报》成功传承的三大传统：精确完整的报道标准；关注及服务社团的商业利益；绝对独立自主的立场，不受党派政治领导人左右。1959 年 8 月 24 日改为现名。总部于 1964 年迁至首都伦敦，但在曼城和伦敦均设有印刷机构。该报注重报道国际新闻，擅长发表评论和分析性专题文章。一般公众视《卫报》的政治观点为中间偏左，对国际问题持"独立"观点。该报主要读者为政界人士、白领和知识分子。

《每日电讯报》[2]（*The Telegraph*）由亚瑟·B·斯莱上校于 1855 年 6 月创办。因为负担不起印刷费用，转而由他的债权人约瑟夫·摩西·利维（当时 *The Sunday Times* 的拥有者）接手。第一版于 1855 年 6 月 29 日公布，当时报纸长为四页，售价两便士。利维的目标是发行出比他在伦敦主要的竞争者（*The Daily News and The Morning Post*）更廉价的报纸，来扩

---

[1] *The Guardian* 官网：https://www.newsguardian.co.uk/（2015 年 8 月 10 日）
[2] *The Telegraph* 官网：https://corporate.telegraph.co.uk/about-us/（2018 年 12 月 1 日）

大自身的市场份额。1887年《每日电讯报》宣称自己拥有"世界上最大的发行量"，随着电子电报的推出，1994年《每日电讯报》成为英国第一家制作在线网站的报纸。如今，《每日电讯报》成为英国第一优质新闻品牌，拥有2500多万独立用户。

《每日电讯报》从伦敦街头的发祥地，到伦敦历史悠久的弗利特街（位于伦敦中心的一条街道，曾是全国性大报社所在地）的报界之家，1986年迁移到道格拉斯岛，再到如今伦敦市中心的总部，正如它观察和报道的那样，与时俱进，充满了传奇。被称为质量、权威和信誉的代名词，160多年来，它一直处于领先地位，以其深刻的分析、独特的视角、犀利的观点和洞察力而闻名，为不同的读者在重大历史时刻了解新闻提供了渠道。该报还在纸质印刷、在线、应用程序和其他许多平台制定新闻议程，提供辩论和评论的平台。该报早期政治立场亲英国自由党，近代政治立场则亲近英国保守党，政治立场并不鲜明。

《独立报》[1]（*The Independent*）由三个记者创办于1986年，是英国最有影响力的全国性日报之一，鼎盛时期每天发行量达40万份。80年代后期由于创办人不和、资金不足等原因，处境困难。1994年开始由镜报集团和爱尔兰独立新闻和媒介集团（Independent News & Media PLC）联合控股《独立报》，1998年后，后者成为《独立报》的唯一老板。2003年9月《独立报》在英国大报中率先推出全盘化的小报版本，大获成功。由此，该报从2004年5月开始彻底转型为小报。惠特姆·史密斯曾是该报主编，1990年4月，他被英国电视节目《报刊摘要》评为1989年度"最佳主编"。和保守派的《泰晤士报》及进步派的《卫报》相比，《独立报》算是性质比较中立的报纸。

2010年，俄罗斯商人列别杰夫收购了《独立报》的母公司ESI媒体集团。列别杰夫表示，过去30年来，新闻业发生了翻天覆地的变化。因此报纸也需要做出改变。停止发行纸质版《独立报》，是为了迎接数字化媒体时代的到来。他表示，虽然停止印刷纸质版，但ESI媒体集团将保留《独立报》的品牌，并会继续投资高品质的内容，吸引更多读者关注《独立报》的网络平台。2016年3月26日，最后一期《独立报》纸质版的头

---

[1] *The Independent* 官网：http://www.independent.co.uk（2015年8月10日）

版，除了报头和右上角的条形码外全面留白，中央印着鲜红粗体字"纸版停刊"，下方小字写着："请阅读本报的最后一期印刷版以及四个版的纪念特刊，1986—2016。"《独立报》纸质版的最后一篇社论写道："印刷机已停，墨水已干，报纸将不再发皱……但一个章节终止后，另一个章节会开启，独立报的精神将长存。"[1]

《英国金融时报》[2]（*Financial Times*）是英国一份英文国际日报，是世界著名的国际性金融媒体，于1888年1月10日作为伦敦金融指南推出，同年2月13日该报更名为《金融时报》。由詹姆斯·谢里登及其兄弟创办。该报主要报道国际商业和经济新闻，由伦敦的培生集团出版。该报在伦敦、法兰克福、纽约、巴黎、洛杉矶、马德里、香港等地同时出版，日发行量45万份左右，其中70%发行于英国之外的140多个国家。该报为读者提供全球性的经济商业信息、经济分析和评论，是一家领先的全球性财经报纸，其美国、英国、欧洲和亚洲四个印刷版本共拥有超过160万名读者，而其主要网站更拥有每月多达390万名在线读者。2013年10月，《金融时报》在125年的历史上达到了最高发行量，发行近629000份。其主要竞争对手是在纽约市的新闻集团美国金融新闻出版商《华尔街日报》。

三、美国主流报刊

《华盛顿邮报》[3]（*The Washington Post*）是一份美国日报，该报总部位于美国首都，尤其擅长于报道美国国内政治动态，是华盛顿特区发行量最大的报纸，也是美国两家质量最高的报纸之一。该报是该地区现存最古老的报纸，于1877年由斯蒂尔森·哈钦斯创办，并购买了《华盛顿邮报》的多数权，1880年，该报增加了周日版，从而成为该市第一家每周出版7天的报纸。1889年，哈钦斯把报纸卖给了弗兰克·哈顿和贝利亚·威尔金斯。1894年，威尔金斯在哈顿死后获得了哈顿在报纸上的份额。1905年，威尔金斯的儿子把这份报纸卖给了《辛辛那提探寻者报》的老板约翰·罗尔·麦克林。1933年，由于经营不善，《华盛顿邮报》几乎倒闭被拍卖，金融家、美联储前任主席尤金·迈耶在破产拍卖会上买下了《华盛顿邮

[1] 中国新闻网：http://www.chinanews.com/gj/2016/03-27/7812998.shtml（2016年8月10日）
[2] *The Financial Times* 官网：https://www.ft.com/（2015年7月10日）
[3] *The Washington Post* 官网：https://globalnews.ca/tag/washington-post/

报》。1946 年，迈耶的女婿菲利普·格雷厄姆接替他成为出版商。梅耶格雷厄姆时期的 1954 年，该报通过收购，合并其最后的竞争对手《华盛顿时报先驱报》，巩固了自己的地位。1963 年菲利普·格雷厄姆去世后，华盛顿邮报公司的控制权移交给了他的妻子和迈耶的女儿凯瑟琳·格雷厄姆。1970 年代初通过揭露水门事件和迫使理查德·尼克松总统辞职，《华盛顿邮报》获得了国际威望。1986 年，该公司收购了有线电视系统，成为美国第二十家有线电视公司。1996 年，该报建立了一个网站。

　　2007 年至 2013 年，由于电子媒体的兴起和时代的变迁，公司营业收入下降了 44%。2010 年，由于经济原因，该公司出售了《新闻周刊》。2013 年 8 月 5 日，杰夫·贝佐斯以 2.5 亿美元收购了这家报纸。华盛顿邮报公司更名为格雷厄姆控股公司。如今，《华盛顿邮报》有大量的新闻企业，股票市值已经远远超过 50 亿美元。是都市报市场渗透率最高的报纸之一，日发行量为 474767 份，位居全国报刊发行量第 7。已获得近 50 项普利策新闻奖，18 项尼曼奖学金和 368 项白宫新闻摄影师协会奖。

　　《纽约时报》[1]（*The New York Times*）有时简称为“时报”（*The Times*）是一份在美国纽约出版的日报，在全世界发行，有相当的影响力，美国高级报纸、严肃刊物的代表，长期以来拥有良好的公信力和权威性。由于风格古典严肃，它有时也被戏称为“灰色女士”（The Gray Lady）。它最初的名字是《纽约每日时报》（*The New-York Daily Times*），创始人亨利·贾维斯·雷蒙德在大学时，就曾为格里利的报刊投稿，毕业后即成为格里利的首席助手，后来同格里利发生冲突，便离开《纽约论坛报》，另图发展。在 1851 年，雷蒙德和乔治·琼斯分析纽约报界的情况后发现：《纽约太阳报》《纽约先驱报》《纽约论坛报》这三大便士报，虽然都获成功，但《太阳报》和《先驱报》的新闻过于刺激，而《论坛报》又过于偏激。于是他决定创办一份纯正、议论平和的报纸，来打破当时在纽约盛行的花花绿绿的新闻报道方式。《纽约时报》在美国的影响可谓是巨大而深远，它是美国人生活中不可或缺的一部分。《纽约时报》从经营到内容生产，包括对社会问题的观察，都是受到业内好评。

---

[1] *The New York Times* 官网：www.nytimes.com

第三节　分析框架

一、语料库分析框架

许多学者如 Baker *et al.*（2013）、Biber *et al.*（1998）、McEnery & Wilson（1996）、McEnery & Hardie（2011）、Kennedy（1998）、Partington（1998）、Meyer（2002）以及 Teubert & Čermáková（2004）已经详细描述过语料库的应用价值，他们达成的共识是，所收集的大规模使用中语言可广泛用于语言研究。一方面，语料库技术帮助研究者验证那些已经发现的语言现象，另一方面，语料库分析能够观察到那些人们意想不到的语言使用型式。因此语料库分析能够帮助研究者强化、否定或修正研究者的直觉所观察到的语言现象。

语料库方法在话语研究的应用具有巨大开发潜力。人们收集现实生活中的真实语言，用这些语言例证来支持或反驳研究者的论点。语料库分析软件对大规模的文本处理能力不仅能够帮助我们找到在单篇文本中不明显的特征，而且能够揭示某些意外的"潜在思想"（Partington，2003：7）。Hunston（2002）认为语料库的语言调查对批判话语研究者是一个有用的工具，因为那些被语料库软件识别的高频词能够帮助研究人员辨别文本并且对文本给予清晰的描述。

西方尤其是英国的一些学者近十多年用语料库方法分析话语，出现了一批成果，国内学者也运用语料库与批判话语相结合的方法做了一些研究，但成果无论从数量和质量上说都不尽人意。本书将收集中英美三国主流报刊近十多年谈及低碳的文本，结合语料库的方法和批判话语的视角分析这些报纸围绕低碳的话语建构。

二、批判话语分析框架

西方哲学家早在20世纪60年代提出的"语言学转向"（Bergmann，1964；Rorty，1967）使语言问题成为人文、社会科学诸多学科的研究兴趣点。自20世纪80年代后期，媒体话语作为使用中的语言以及其特殊的篇章结构和社会文化实践受到语言学家关注。法国后现代主义思想家米歇尔·福柯的话语权力理论揭示了"话语"作为一种社会实践所具有的建构功能和权力特征，将语言和权力、社会、意识形态联系在一起。这一建构性的话语理论拓宽了社会科学的研究视野，启发人们探究不同的话语（王啸，2010）。

　　话语在建构现实中起到至关重要的作用，因此，媒体话语的作用及影响力不言而喻。媒体话语研究是一个多学科交织的领域。它不仅涉及媒体及文化研究，同时也是语言学的研究命题。比如：对话分析、批判话语分析、人类交际学、语言人类学、语用学及社会语言学。它还包括文化地理学、心理学、社会学、政治学和旅游研究等等（钱毓芳，2010a）。用于媒体话语分析中的批判话语分析框架不仅在欧洲语言学与话语研究领域中得到应用，而且也被世界其他地方所采纳（钱毓芳，2010b）。

　　话语不是一个产品，而是一个过程。要分析话语，我们不仅需要分析文本本身，还要分析它所处的语境。文本是话语产生过程的一部分，将他们隔离开来分析毫无意义（Talbot, 2007）。话语是意义生产者的产品，同时也是意义接受者的资源。在语言学界，话语分析被渐渐公认为是对使用中语言的分析。话语分析家将语言作为社会互动进行调查。早在20世纪80年代，Brown and Yule（1983：24）首次提出了话语是一个过程的观点，他们将语言的交际功能看成是最基本的调查目标。

　　本书将运用的话语分析方法是Fairclough（1995）提出的三维分析框架以及Wodak（2001）的话语历史分析方法（Discourse-Historic Approach，简称DHA）。Fairclough的批判话语分析框架包括语言文本的描述，文本以及话语生产过程的解读以及话语产生过程和社会演变过程的阐释。Fairclough在关注文本语言分析的同时还重视话语实践，比如文本的生产过程以及解读等。话语历史分析法（DHA）是一个学科交叉的方法，它既考虑各种"经验数据"又考察"背景资料"（Wodak, 2001：35）。它是大量现有历史资料和知识与根植于话语实践所产生的社会和政治背景的融合，这些融合最大限度将偏见降低，避免了简单的政治化倾向而使得分析更加准确（同上）。在语言分析方面，Wodak列举了许多话语策略的分析方法，比如：指称（Referential Strategy）和述谓（Predicational Strategy）的策略，这些策略用于构建正面或反面的社会行动者。新闻的引述，以及报刊文本的互文性，报刊所处的社会大背景，新闻的生产和消费过程这些因素值得我们深入考察。

基于语料库的批判话语分析方法能够帮助我们揭示报刊话语表征，在不同的社会体制下，这些表征有着各自不同的特征，这些特征反映了不同国家的社会现实。本研究将融描述、解读与阐释为一体。语料库大规模的文本好比一篇巨大的文本，语料库的分析方法如词频统计、主题词分析、词丛、搭配以及检索行分析将用于揭示报纸中那些不断重复的词和语言型式。这些型式能够提供给我们追寻围绕话语的轨迹。这些话语因此能够被识别、解读并且通过文本所处的社会情境分析来加以阐释。

三、研究问题

面对全球气候变化的问题，正像对所有的政策问题的分析一样，不可缺少话语分析的视角，尤其是在这纷繁复杂的社会格局中，如何从发展中国家的特殊视角，审视目前西方国家媒体对低碳的话语建构，为中国在全球应对气候变化的话语博弈中取得主动权具有重要意义。

本研究的主要目的是探究三个国家的主流报刊在这15年中是如何建构"低碳"话语的。我们将从四个问题去研究。

第一个问题是：基于语料库的分析方法是怎样帮助我们揭示中英美主流报刊围绕低碳的话语？

第二个问题是：中英美主流报刊围绕低碳的话语在不同的时期是否有变化？如果有，是什么？

第三个问题是：中英美主流报刊低碳话语的异同？

第四个问题是：中英美主流报刊围绕低碳的话语与社会互动关系如何？

第四节 本书结构

第一章"绪论"简要叙述了研究的背景和意义,介绍研究框架并提出研究问题。

第二章"话语研究的方法与视角"介绍了批判话语分析,尤其是媒体话语分析的研究方法,回顾了国内外关于低碳经济研究以及话语研究的重要成果。

第三章"语料库方法论"回顾了基于语料库的研究方法的特点及其在话语分析中的优势。同时,详尽介绍了"词频""主题词""搭配""索引分析"等语料库方法的运用。

第四章"《人民日报》围绕低碳的话语建构",描述了2000年至2014年《人民日报》关于低碳经济的话语建构。

第五章"英国主流报刊关于低碳经济的话语建构",描述了英国主流报刊2000年至2014年关于低碳经济的话语建构。

第六章"美国主流报刊围绕低碳的话语建构",描述了美国主流报刊2000年至2014年关于低碳经济的话语建构。

第七章"中国、英国、美国社会情境分析",主要用语料库数据的分析结果解释了中英美三国不同的政治和经济体制,阐释不同政体的低碳经济话语与社会间的动态关系 。

第八章"结语"部分概括了研究的具体发现,并提出后续研究的相关问题。

DOI https://doi.org/10.24103/CD3.cn.2019.2

第二章

话语研究的方法与视角

在第一章中曾经提到，本书将基于中英美三国的主流报刊研究揭示围绕低碳的话语建构。鉴于此，本章将对话语分析（尤其是与媒体有关的话语分析）的批判性方法和非批判性方法做一综述，主要分为两方面，一方面是国内外媒体话语的研究，另一方面是低碳经济的研究。

第一节　关于话语的定义 [1]

　　媒体的新闻报道具有社会性，它是一种社会实践，具有一些复杂的、人为的选择标准，而远非中立地反映社会现实或经验事实（Fowler，1991）。在过去的 30 多年里，作为隐含文化、意识形态和价值观念的媒体话语越来越被社会科学领域所关注。那么究竟什么是媒体话语？要回答这个问题我们首先讨论什么叫做话语。

　　按照 Foucault 的话语概念，Stubbs（1996：158）将话语做了如下定义：

　　话语是指自然出现在使用中的语言实情。它还指经常性出现的措辞和说话的惯用方式，这些经常出现的措辞和说话的惯用方式在社会中广泛传播并形成了意义的定式。

　　这些使用中的语言实情包含人类社会活动中各种有意义的符号，它并非是指单纯的语言形式，而是社会和文化相应的历史的话语实践。话语意义的定式是人文力量和社会力量互相作用所产生的结果，具有历史性和开放性。话语是在话语实践中形成并反过来深刻地影响着话语实践。话语又是意义形成的语用过程，Widdowson（2004：13）曾举过一个经典例子，如：首相（the Prime Minster）、布莱尔先生（Mr Blair）、我们的托尼（our Tony）、布什的哈巴狗（Bush's poodle）。这些不同的称谓所指同一主体，表明了说话者的态度和身份，是在社会实践中产生，并作用于社会实践。

　　话语构建人的知识体系和社会实践，他们赋予一些人以权力，但是，并非所有人都享有这种权力。他们只有在于特殊的社会情境下所发生的社会互动中才存在，它取决于社会情境、机构、社会结构等因素，这些因素互相作用，生产出特殊的话语体系。比如：一篇题为 Bogus Asylum Seekers 的报刊文章，这个特殊的话语事件并非天降之物，它是被社会情境、机构、社会结构所构建出来的，同时它也反作用于社会，比如通过这一特殊的话语能帮助维持其种族主义的地位（Baker et al., 2016）。

---

[1] 本节部分内容已发表于《广西大学学报（哲学社会科学版）》2010 年第 3 期。

话语并非总是看得见摸得着的。作为认识世界的一种方法，话语能够通过反映在说话或文字中那些具有特征的语言痕迹的现象来加以识别。Burr（1995）在《社会建构概论》一书中指出话语是由意义、隐喻、表征、图像、故事、陈述等要素一起以某种方式对某一事件生产出一个特别的版本，围绕着某个物体、事件、人等等也许会有不同的话语，各自向世界诉说着自己的故事，话语的表征方式也不尽相同。Sunderland（2004：34-40）分析了英国《兰卡斯特卫报》一则题为 "Tie the knot at Leighton Hall–A dream wedding"（在雷顿厅结婚——一场梦幻般的婚礼）的报道，报道称位于兰卡郡的古老房子 Leighton Hall 获得举办婚礼许可证，Sunderland 发现这则报道包含了不同类型的话语，比如"促销话语"，因为这则报道就像是一则广告向人们通告了一个消息。报道中同时还包含着"女人一生最重要的一天"话语，所使用的语言围绕着新娘在婚礼这一天的感受（以新郎为陪衬）。文中还隐含了"法定异性婚姻"的话语。这些话语反映和描述了人们对现实世界的看法，同时也有助于构成或传递一种看世界的方式。为此，我们可以看到，它所反映的是异性婚姻是唯一合法的价值观。

Sinclair（2004）从衔接和连贯的角度将话语置于篇章结构中，Teubert（2007）将话语定义为一个话语群体所有的言语，这个话语群体包括所有通过他们的言语对全球话语已经贡献或正在贡献的人，而 Stubbs（2007：145）认为话语是有目的、有意义的社会活动，它无法缩小人们的行为，也掩盖不了文本中的轨迹。后结构主义学者认为话语研究不是为了发现真实的世界，而是为了发现真实的世界是怎样被言说的（Teubert，2005：3）。

然而，对话语的命名在很大程度上是阐释性的，也是主观的。例如，Qian（2010：19）在对媒体中的恐怖主义话语分析时，将围绕着恐怖主义的其他话语类别也归于其中，比如"二战话语""合作话语""反恐之战话语"等。话语这个概念有时用来指语言使用或话题的特殊形式，比如政治话语、殖民话语、媒体话语、环境话语等等 Baker（2006：3）。本研究讨论的媒体话语是指媒体的题材，即在媒体中的书面形式以及围绕着这些书面形式的社会实践（比如：作者是谁？读者是谁？文章写作过程有什么特殊的限制？这篇文章和另外的文章是否相关联？）。

Bell（1991：64）在对新闻故事的话语结构分析时指出故事是人性的核心。人们讲故事的方法反映了他们的社会身份。将什么内容选入故事是新闻媒体的关键问题。人们从新闻故事里了解世界上发生的事情。媒体使用语言的方式有其特殊性，媒体的传播是通过操纵语言来实现，语言反映媒体的结构和价值取向，媒体语言通过它呈现人或事的方式帮助形成公众态度和意见（Bell，1998：4）。媒体语言的多种特质越来越多地被社会科学领域关注和研究，人们将之作为认识世界的一个渠道，用不同的视角解读媒体话语所折射的社会现实以及语言、人、社会之间的关系。

第二节　媒体话语研究方法

媒体话语研究方法林林总总，本书将他们分为批判性方法与非批判性方法。批判话语分析将话语作为更广泛的含义加以研究。从这个意义上话语不仅仅是一组句子，一篇文本或者是一组文本，它同时还是一种实践：是在一组文本或者是更大范围内的社区所使用语言的特征所在。话语不仅是人们谈论某事的方式，而且还是人们的思维方式。通过分析语言，批判话语分析家旨在揭示一个群体怎样将自己、社会环境、他者、以及和他们相关的问题概念化。因此，批判话语分析具有完完全全的社会政治属性，具有一个鲜明的政治立场（通常是左翼倾向），从不间断地关照社会中的权力关系，尤其是那些弱势的群体（McEnery & Hardie, 2012）。非批判性方法则包括社会语言学方法、会话分析法、结构方法、系统功能方法、语用方法、认知法等。

一、批判性方法

（一）批判语言学

"批判"这个概念的基本含义是指当人们做研究时重点放在自身的反思，与研究对象之间保持一定的距离，将它们嵌入到社会中，并使它们潜在的立场清晰化（Wodak, 2001：9）。批判语言学（又名批评语言学）基于 Halliday 系统功能语言学理论，由东安格利亚大学 Fowler 为代表的一批学者在 20 世纪 70 年代发展而来。媒体话语是其主要的关注点之一。Fowler（1991：4）认为"语言并非中性而是具有高度建设性的媒介"。新闻用语言来反映这个世界，因为语言是一个符号系统，这个符号系统构建了价值观、社会和经济本质的结构。批判语言学的框架强调文本的多种功能性质。结合 Halliday 语言的意念功能、交际功能和篇章功能理念，Fairclough（1995：17–25）指出"代表性、关系和身份等因素总是共现于每个语篇"，它通过词汇、语法等的选择呈现出来。

　　批判语言学（CL）和批判话语分析（CDA）有许多相似之处，两者都承认语言的社会属性，因此也都将自然发生的语篇作为研究对象而反对使用 Chomsky 所提倡的"直觉性数据"或"诱导数据"（唐丽萍，2016：44）。但他们也有重要的区别，Fairclough（1992：28）指出 CL 太过于强调文本而不注重文本产生及解读文本的产生过程，而且 CL 只考察在现行社会关系和结构的社会再现中话语的影响而没有将话语作为一个具有社会和文化变革之因素。语言和意识形态之间的意义也不被 CL 重视。然而 CDA 注重文本和社会情境以及两者之间的互动关系。CDA 的一个重要目标是揭示显现在语言中的权势、不公平、权力、控制的透明和不透明结构关系（1992：204）。CDA 的焦点在于分析语言、话语、言语和社会结构之间的交织关系，它的主要特点在于其对语言和权力之间关系的揭示，追溯其发展轨迹，我们可以在 Faiclough 于 1989 年发表的《语言和权力》一书中找到线索，该书被认为是批判话语分析的具有里程碑意义的出版物。书中将话语与社会联系在一起深刻阐述了现代英国社会语言使用和不平等的权力关系。

（二）批判话语研究

　　批判话语分析（又名批评话语分析）自从 20 世纪 80 年代就引起语言学及社会科学界的学者的关注。应用语言学越来越对语言与意识形态的关系问题感兴趣，尤其是语言在构成和传递有关世界是什么或应该是什么的假想的作用，以及语言在维护或挑战现行权力关系中的作用。在具有不同学科背景的学者 Billig、Chilton、Fairclough、Kress、Schaffner、van Dijk、Wetherell、van Leeuwen 和 Wodak 等人的带领下，CDA 的研究成绩斐然。1991 年在荷兰阿姆斯特丹，Van Dijk 组织的为时两天的研讨会，有 Norman Fairclough、Gunter Kress、Theo van Leeuwen、Teun van Dijk 和 Ruth Wodak 出席，这次研讨会是批判话语分析发展过程中一次重要的会议。因为从这次会议之后在批判话语不同的流派间展开了激烈的讨论，这个领域得到了长足的发展。CDA 有其政治机，研究人员清楚自己的职责。Chouliaraki 和 Fairclough（1999：74）在讨论 CDA 时指出"古典马克思主义理论已经成为批判社会理论家们的共同标尺"，CDA 将语言和社会联系起来，用社会科学领域的不同理论来揭示语言中隐含的意义。CDA 旨在研究话语、权力与意识形态之间的关系。它视话语为一种社会实践，话语不仅反映社会现实，而且建构社会主体、社会关系、知识和信念体系。研究者认为，对于世界的任何表述都是基于一定的意识形态立场，文本中的意义之争就是社会中的权力之争。因此，"批评话语分析不是单纯对文本进行客观描述，而是通过这种描述揭示文本中隐含的、人们习以为常的意识形态意义"（田海龙，2009：65）。他们也毫不掩饰自己的政治立场，公开表明自己的动机是帮助被统治与被压迫群体，批判的最终目的是改变社会中的不平等现象，促使社会变革。Van Dijk（1993：253）指出，任何批判本质上预设着价值评判标准，批判话语分析家必须是社会活动家。

20世纪90年代初，随着van Dijk创办的Discourse and Society刊物的诞生以及系列批判话语书籍的出版，标志着批判话语研究网络的形成。关于批判话语分析是方法还是仅为视角，学界展开过讨论，van Dijk（2013）认为批判话语分析（CDA）不是一种方法，它不可用于系统、清晰、细致、可复制的批评性研究。从方法论角度看，它与话语分析以及语言学的其他方向、心理学或社会科学的其他领域一样具有各种不同的理论、方法、分析和应用。基于以上的理由，他建议将批判话语分析（Critical Discourse Analysis）改为批判话语研究（Critical Discourse Studies，缩写为CDS），并被学界所采纳。2016年Ruth Wodak和Michael Meyer主编的 Methods of Critical Discourse Studies 一书第三版出版时将前两版的书名 Methods of Critical Discourse Analysis 更改。

批判话语研究根植于修辞学、篇章语言学、人类学、哲学、社会心理学、认知科学、文学研究、社会语言学、应用语言学以及语用学（Wodak & Meyer，2016：2）。尽管有着不同的学科背景，方法与研究对象也不尽相同，但是符号学、语用学、心理社会语言学、言语民俗学、会话分析、话语研究的部分新领域、新范式、新的语言学分支无论过去还是将来在研究话语中有以下七个共同之处（Wodak & Meyer，2016：2；Angermuller et al.，2014）：

①对生活中自然发生的语言感兴趣，而非抽象的语言系统以及编造的例句；

②聚焦更广的语境，而非割裂的字句；

③将研究拓展至于句子语法之上，如行为或互动研究；

④将研究拓展至非语言形式，如：符号、多模态、视觉；

⑤聚焦动态社会认知或互动迁移及策略；

⑥研究使用中语言的功能；

⑦研究大量语言使用以及篇章语法现象，如：衔接、回指、话题、宏观结构、言语行为、互动、话轮、标记、礼貌、论点、修辞、心智模型以及许多篇章和话语等。

与其他传统话语分析、篇章语言学研究方法不同，批判话语研究不仅研究话语、篇章本身，而且重视话语实践过程及其社会语境分析，注重从社会制度和社会构成方面来寻找解释话语的原因。话语活动并非发生在真空之中，而是产生于社会团体与复杂的社会结构的互动之中。因此，如果我们想理解话语及其效果，就不能不考虑话语出现的语境。"话语的生成离不开语境，不考虑语境就无法理解话语……只有我们考虑到话语使用的具体情景，只有了解了其背后的惯例和规则，只有认识到它们内嵌于特定的文化和意识形态中，而且最重要的是只有当我们知道话语与过去的什么相联系，话语才有意义"（Fairclough & Wodak，1997：276）。正因为如此，长期以来 CDA 一直以定性研究为主。它的创始人之一 Fowler（1991：68）就曾说，批判性的解读需要研究者具备历史知识与敏感性，人类而不是机器才可以拥有它们。

这种定性研究方法因偏重主观性和缺乏代表性而遭到部分学者的批评。Stubbs（1997：106）认为，CDA 的材料十分有限，几乎没有考虑过局限于短小语料片段的分析是否充足，应该如何筛选语料，语料是否有代表性，对语料片段的分析没有任何关于其代表性的说明。Widdowson（1995：169）也对语料的代表性提出了质疑，认为从特定视角所作的阐释有些偏颇。因为它带有意识形态倾向，选择分析的是语篇中能够支持观点的那些特征。为了回应这一质疑，20 世纪 90 年代末，一种基于语料库的批判话语研究新模式开始出现。批判话语研究不应局限于对文本片段的分析，而应在大规模抽样调查的基础上得出关于典型的语言使用情况的一般性结论（Stubbs，1997：109）。

Fairclough（1989：24）将 CDA 的研究分为 3 个层面，即文本特征的描述（description）、话语实践的解读（interpretation）和社会实践的阐释（explanation）。这三个层面包括对文本作为产出结果及作为阐释过程的源点进行分析，同时还对文本间和社会情境间的关系进行分析。将语言和社会大情境结合的方法在 CDA 发展过程中具有里程碑意义。大部分批判话语研究者赞同哈贝马斯的观点，认为语言也是控制和社会力量的载体，即：语言使组织权力关系合法化。根据 Bhaskar 的批判理论，Fairclough（2001：125）提出了批判话语的研究框架。首先聚焦一个社会问题，通过分析问题所处的社会实践网络、语言符号系统、与其他处于特殊社会实践诸成分之间的关系、话语等以查明缘由并加以解决。同时还进行结构分析，如：话语秩序、互动分析、互文分析、语言学和符号学分析。考察社会话语实践秩序是否"需要"这个问题，确定解决问题的方法。最后批判性地反思整个分析。

与 Fairclough 的分析框架相比，Wodak（2001）的话语历史分析方法更强调历史情境的分析。话语历史分析方法的特点在于其立足大量各种不同的经验数据和背景资料，跨学科和多方法并存。分析框架主要有以下内容：话语的内部即时语境（the immediate, language or text internal context）；对言语、文本、语类及话语之间的互文关系分析；超语言的社会情景语境（context of situation）以及与研究话语产生有联系、话语实践所扎根的社会政治历史语境（sociopolitical and historical contexts）（Wodak, 1995）。

纵观批判话语这些分析框架，我们也可以看到其中的一些弱点。Blommaert（2005）曾批评 CDA 过于强调语言和篇章的分析，特别是系统功能语言学。他还指出单靠分析单个文本以解决社会问题是远远不够的。这些分析框架大都基于对当代社会的分析，很少有历史感。CDA 总是从特殊的意识形态视角出发，是这种方法潜在的弊端。

Stubbs（1996：82）也提出了建设性的批评，他认为批判话语分析只针对一个篇幅不大的文本的片段，文本的代表性存在着问题。他建议通过使用能提供语言使用的可靠规则的大型语料库来支持 CDA 的研究。利用语料库的方法来大规模考证使用中的语言，支持研究者的直觉推论，使结果更加可靠（关于语料库的方法将在下一篇中详细论述）。Baker（2006：12）也建议通过使用大型语料库，将那些不断重复的特殊语言实情中的话语正确地辨别出来，将之作为"话语的增量效应"（"the incremental effect of discourse"）。语料库数据至关重要，为 CDA 的阐释提供了切入点。并用 CDA 理论来解释语料库中反映的这些具有意识形态意义的语言现象。

毋庸置疑，CDA 的分析框架为话语研究提供了巨大的潜力，它总是将话语实践和社会文化实践相结合。CDA 研究人员对作为蕴含话语的机构之媒介情有独钟（Bell，1998：6）。Fairclough（1989：54）指出新闻报道和其他新闻形式反映了媒体话语背后的权利、地位和其他权势阶层的关系。单个语篇本身并不重要，重要的是媒体通过不断重复价值观念和思想意识，将读者框定在自己为其设置的话语框架中，以此来行使它的权力。

在批判话语研究的学者中，van Dijk 是一致公认的领军人物，他是跨学科、多方法、文本和社会情境相结合的倡导者。他倡导对语言使用和传播中的社会文化因素及话语产生和接受的认知过程中话语的各种背景进行分析。他还关注新闻的特殊结构以及这种结构在大众传媒中的作用。他用 CDA 的研究框架思考社会功能、认知结构、话语表达和话语再生等命题。在《新闻分析》（*News Analysis*）一书中，van Dijk 指出新闻报道，无论是报纸或电视都构成特殊的话语类别。他提出了报纸新闻的研究框架。他的 *News as Discourse*（1988）和 *News Analysis*（1988）被认为是媒体话语研究具有开拓性的论著，它们为媒体话语研究奠定了理论基础。

基于 Halliday 的功能框架以及 Foucault 的话语理论，Fairclough 从语言、话语和社会权力诸因素，开拓了自己的媒体话语研究的理论框架。他早期的著名论著 *Language and Power*（1989）和 *Critical Discourse Analysis*（1995）揭示了语言在产生、维护社会权力关系变迁中的重要性。*Media Discourse*（1995）聚焦媒体篇章和社会情境揭示当代社会和文化变迁的重要过程。

与 van Dijk 的研究框架相比，Fairclough（1995：57）的框架有三个明显的不同的维度，他将这三个维度称之为：文本、话语实践和社会文化实践。文本包括书面语和口语（广播），言语和图像（电视），话语实践指的是文本产生和消费过程。这些成分围绕着文本产出的过程中提出诸如作者是谁、为什么而写、编者的决定如何做出、新闻审查的内容是什么等问题。同时也关注消费信息，如谁是这些文本的消费者？他们的反应如何？在什么样的情况下消费这些文本？是免费还是付费？Fairclough 还倡导在分析文本时要考虑互文性，考察分析的文本中涉及的其他文本以及其他文本与该文本的关联性。因此，就像考察文本自身一样，Fairclough 建议 CDA 还要考查文本与文本产生的社会之间的关系。在分析话语实践时，Fairclough 特别强调对两个影响媒体话语变化的趋势，即市场化（或称商业化）和口语化。

除了 van Dijk 和 Fairclough，Scollon（1998）也提出了媒体语言和 CDA 相结合的分析框架。他将话语看成是一种社会互动，报纸新闻、电视新闻、商务电话及其他对话是在同一规则下的社会互动。他用社会互动视角特别是人类学方法来研究话语，认为人类学的 4 个最基本的元素是：田野调查、参与观察、亲身体验以及比较性观察。

以上提到的几个话语分析框架各有不同的侧重点，van Dijk 更多地从认知学的角度去研究话语产生和接受的过程，Fairclough 则更偏重社会学的角度去研究文本与文本产生的社会之间的关系，而 Scollon 却从人类学的研究角度去关注话语与社会的互动关系。这些分析框架在话语研究中产生了很大的影响。

上文提到的 Stubbs 对批判话语分析的建设性批评，批判话语分析总是定格在单个语篇的分析是远远不够的，利用语料库的方法来大规模考证使用中的语言，支持研究者的直觉推论，使结果更加可靠。

二、非批判性方法

和种类繁多的话语形式一样，用于媒体话语研究的框架和方法除上文提到的批判语言学及批判话语分析以外还有语言学及社会语言学方法、会话分析、符号学分析、结构分析法、认知方法、功能方法、语用方法、社会符号学及文化语类分析等非批判性的方法。以下将侧重讨论社会语言学方法、会话分析方法、结构分析方法、系统功能分析方法、语用分析方法、认知分析方法等。

（一）社会语言学方法

社会语言学对媒体话语的关注点在于文体与社会各因素之间的相互关系，换言之，他们关注的是媒体话语的特征和这种话语受众或者读者的社会地位之间的存在的相关度有多少。运用这种方法研究的典型代表有 Bell（1991）、Jucker（1986）。他们共同发现报纸对读者的定位决定了报纸使用的语言风格。比如那些定位中产阶级以上读者的报纸，如：《泰晤士报》《卫报》等比起面向工人阶级的《每日镜报》和《太阳报》要去掉更多的限定词，也就是说，报纸的语言风格因读者而异（Bednarek & Caple，2012）。Bell（1991）在新西兰做了大量广播语言特征的调查，Conboy（2006）运用社会语言学的方法做了一个历时的新闻语言的研究。

（二）会话分析法

会话分析方法基于传统的会话分析，主要包括对会话结构、会话策略、会话风格（Conversational Style）等方面的研究以及说话者之间的互动分析。就媒体话语而言，许多学者诸如 Greatbatch（1998）以及 Clayman & Heritage（2002）曾经做过新闻采访互动的语境研究，他们发现无论在英国还是美国的新闻采访都是对抗性和客观性的混合体，我们可以通过各种语言特征包括问题设计观察到这种混合体。也有另外一些学者采纳了不同的语言学传统来分析新闻采访，比如 Bell & van Leenwen（1994）。

（三）结构分析方法

分析媒体话语结构的方法多种多样，有的侧重音韵、形态、句法或单词语义结构、词群或句子结构以及生成语言学的描述，有的却进行更复杂、更高层次的研究，比如句子衔接、整体主题、图示化形式、文体风格及修辞等方面的研究。为了遵守一定的话语规则，结构分析法着重对结构的描述，如寻求衔接和叙事的结构。受 Firth 的影响，Harris（1952）提出了这种方法，其主要特征是对叙事体的分析（van Dijk，1988）。许多学者对新闻故事、电影剧本及神话都做过语言结构的描述。

运用这一方法的学者们将话语看作是按一定次序排列的系列句子。基于这样的假设，他们在分析语言时关注其成分、在话语中的顺序以及这些语言形式怎样构建成大框架。Van Dijk 是这一方法的倡导者。他提出了一种话语语法分析模式。他深信语义和语用中存在着话语的宏观结构或称超结构。这些超结构可在许多文体中发现，如叙事文、议论文、科技文章及新闻报道等。用于话语分析的结构分析方法在欧洲和美洲的拉丁文国家最具影响力（van Dijk，1988）。

（四）系统功能方法

和结构法相比，系统功能法是另一个引起语言学家们关注的趋势。这种方法采纳了两种理念，其一是社会文化／功能理念，另一个是纯文本理念。一些英国的媒体话语研究侧重文化研究，他们和当代文化研究紧密结合来揭示媒体文体如访谈或谈话节目的文化和社会轨迹（Montgomery，1990；Tolson，1990）。这种方法的重要特点在于其关注文本的即兴互动及呈现（见 van Leeuwen，1993），如：Goffman（1981）以韩理德式文本分析多重功能的视角对电台播音员与听众的互动中所呈现的社会关系进行研究。

区别于既抽象又脱离上下文结构的生成语法，系统功能法提出了更趋向语言使用及社会情境的实证性研究（Giglioli，1972）。将话语作为社会文化情境互动过程的产物，功能法强调语言的社会功能。它不仅关注句子、表达、形式和意义，而且还关注相关的文化和社会因素。Halliday（1970）对社会结构中的语言结构作过详尽的阐释，他指出：语言服务于我们的需求，它的功能对于文化有着特殊的意义。由语言语法体系构成的特殊形式和它服务的社会及个人需求有着密切的关系。因此，这种方法将说话者看成是个体，同时也视之为社会群体中的一份子。他们使用语言不仅是为了传递信息而且还介入一定社会背景下的社会事件。当大部分话语研究着眼于形式、意义、交际行为和认知，社会文化方法关注社会身份（阶层、性别、信仰等）的影响。以 Ervin-Tripp（1969）和 Labov（1972）为代表，这种方法注重文体差异以及不同的话语类型，如：家长-孩子话语、日常故事、年轻黑人的舌战等（Van Dijk，1988）。话语与社会情境的关系是动态的：话语影响并改变社会情境，社会情境反过来限制话语。

由 Halliday 和 Hasan（1976）发展而来的话语分析方法强调语言的次序、整体文本的切分、语音和句法结构以及根据句子在话语中的位置与功能的语意解读。在美国也有类似的观点。自此，语言学家开始研究语义结构，如：衔接符号、语义衔接、信息结构、主题及韵律（Fowler，1991）。

（五）语用方法

语用方法有两个主要的趋势：一是会话分析，另一个是言语行动理论。会话分析方法是由一批社会学家发展而成，20 世纪 70 年代，在各种解释学和现象学的大背景下，一些语言学家开始利用这些方法来将日常生活作为研究对象（Garfinkel，1967）。不久，这个框架引起了人们对日常生活中最频繁的互动形式即会话的兴趣。Sacks、Schegloff 和 Jefferson（1974）等人率先对录音资料进行了相关的研究，旨在揭示控制社会交际的规则。该项研究从调查日常谈话的规则和理解着手。最初学者们的研究主要侧重话轮，之后很快被社会语言学、人类学以及话语分析等领域所采纳。此外，该方法还被用于分析非正式的会话以及各种会话互动，如：医生和病人话语、课堂话语、会议、招聘面试及访谈等（Sinclair & Coulthard，1975；Labov & Fanshel，1997；Mehan，1979；van Dijk，1985；Atkinson & Heritage，1984；McLaughlin，1984）。

　　言语行为理论是由 Austin（1962），Searle（1969）以及 Grice（1968）发起的另一种语用方法。他们提供了语言使用的语用基本概念框架，这一框架将作为语言主体的言语和社会行动中的实践联系起来。这一方法连接了语言结构和社会行为，它符合话语分析中将话语看成是言语行动的结果以及语篇与社会情境密切相关的理念（van Dijk，1985）。

（六）认知法

　　新闻话语认知分析最基本的方法包括新闻呈现和记忆表现的互动，其特点是策略灵活、目标明确、社会情境动态化（van Dijk & Kintsch，1983）。这一方法强调话语的产出和解读，解读在思想过程中以及思想呈现中认知的作用。只有生活在同一言语群体，拥有同样的法律、价值观及交际规则，人们才可以正常交流。然而，共享相似经历的不同语言使用者有着同样的社会和文化知识而生成出各种各样的言语。因此这种方法下的话语分析目标是每个语言使用者的认知以及整个社会和文化认知。换言之，它非常重视说话者或写作者的生产话语的动态过程以及听者和读者对话语的解读。解读、储存记忆的呈现、文本信息的再生产是诸多分析研究中主要的过程（同上）。当它用于媒体话语研究时，主要目的是全面展示社会关系和社会产生过程的研究，通过微观层面的日常话语实践以及文本、文本生产过程、文本解读，将这些因素与更广泛的他们赖以生存的社会实践联系起来进行分析（Fairclough，1995）。Van Dijk 将新闻结构分为宏观和微观两种。前者指文本的总体内容即"主体结构"以及文本的总体形式即"图式结构"。

第三节　中国的话语研究

自从 20 世纪 70 年代末的改革开放以来，许多现代语言学理论和研究方法从西方被陆续引入中国，一些话语研究的翻译及介绍性的文章开始零星刊登在汉语语言学刊物上，直到 80 年代末，出现许多话语研究的论文集以及专著，这些研究跳出了传统的语言本体研究，如：《话语语言学论文集》（王福祥、白春仁，1989）、《新闻语言学》（李元授、白丁，2001）、《廖秋忠文集》（廖秋忠，1992）、《语言·语篇·语境》（朱永生，1993）等。

在大众传媒领域大部分研究都是纯粹从社会学或心理学的理论出发研究新闻生产过程，新闻对读者或者受众的影响，媒体与社会或者媒体与文化之间的关系，还有一些汉语新闻和其他语言的新闻对比研究，比如姚里军（2002）的《中西新闻写作比较》，介绍了中西方新闻职能上的不同定位，以及价值取向上不同的主体依据、题材表达上的主客差异、表达方法上的层次区别等内容。然而，这些研究都将大众传媒研究与话语研究隔离开来，他们绕开语言的层面直接切入社会语境，忽略了语言层面上的内在联系（林兴仁，1994；李元授，1994；谭细心，1990）。其中有些研究是词汇、句法以及文本层面报刊新闻标题、新闻要览以及新闻文本主题的问题特征调查（杨雪燕，2001；廖巧云，1999）；新闻结构（赵建成，1994；曹红霞，2000）以及新闻文本各个层面的新闻语类分析（秦秀白，1997），这些文章中，大都用了 Halliday 的系统功能语法分析框架。

如上所述，一些研究用了话语分析的方法，但鲜有批判话语的视角。批判话语分析的出现打开了中国话语研究的新视野，陈中竺（1995a）首次撰文介绍批判语言学，提到了批判话语分析的概念。他介绍了批判语言学的哲学、语言学基础，同时也介绍了语言、语篇、语境及意识形态所持的观点以及常用的分析工具，并对批判语言学的发展历程做了系统的回顾。同年陈中竺（1995b）在《外国语》上发表了题为"语篇与意识形态：批评性语篇分析"，文中对两条罢工新闻进行了分析。陈中竺将 CDA 翻译成"批评性语篇"，他首次将 CDA 的分析方法运用到具体的新闻文本的分析中。一年之后辛斌（1996）发表"语言、权力与意识形态"一文，以两篇新闻报道为例，阐述了意识形态如何影响语言运用，语言又如何被控制传播媒体的权力阶层用来传播以及强化自己的意识形态。1998 年辛斌再发一文"新闻语篇转述引语的批评性分析"，发现引文语篇中的转述引语貌似客观公正，实际上报道者往往以各种方式介入其中，有意无意地以自己的观点影响读者对引语的理解（1998：14）。陈中竺和辛斌对中国的新闻语篇分析产生了重要的影响，他们强调英语语篇分析中的诸如及物性与情态性的特点分析。继他们之后，其他的一些研究者也开始运用批判话语分析的视角，有些对该方法进行介绍性的评述，有些在介绍理论后，做一些示范性的分析，试图将理论和实践相结合，以揭示通过多种形式隐含在新闻语篇中意识形态和权力之间的关系。他们主要通过分析现行语篇中的词汇（包括所指 deixis）、句法结构、及物、情态、归类、转换。新闻的分类主要包括政治现实、种族关系、性别歧视等（辛斌，2000）。虽然这些分析都发表在中国，但是他们分析的文本均为英语新闻而非汉语新闻。Wu（2002）基于 Toulmin 的论点分析框架分析江泽民在全国教育工作会议上的讲话，他将江泽民的讲话分为两条线索，一条是教育改革话语，另一条是意识形态话语。他发现政治结构貌似专制，但理性上融入了中华文化话语，强调不同群体的稳定、和谐关系。

　　近 10 多年来，话语研究方法在中国有了长足的发展，根据在中国知网上的检索，我们可以看出，话语分析的文章数量处于逐渐上升的趋势，话语研究越来越得到学界的关注，从文章的类型看大致可分为引进介绍型、理论探讨型、理论与运用结合型。从学科分布而言，分别有：语言学、社会学、新闻传播学、国际关系学等学科，可以看出，话语作为一个跨学科的平台，连接了社会科学的许多学科。近年来也有相关论著运用话语研究的视角。在此，我们简要介绍一些具有代表性的成果。

　　《英国报刊中的中医话语研究》（钱毓芳、Tony McEnery，2017）以英国 16 份全国发行的报刊 30 年间围绕中医的报道为基础，纵向考察不同时期英国报刊对中医话语的建构以及变化。研究发现，尽管怀疑的声音贯穿 30 年的报道，但是，这些报刊围绕中医制定的议程是传授中医知识、加深读者对中医问题的理解、塑造中医舆论的重要因素，为中医文化"走出去"以及"走进去"产生积极影响。

《恐怖主义的媒体话语与中美国家身份》（方芳，2015）以中美两个大国对恐怖主义的媒体报道为研究对象，探索有关恐怖主义的媒体话语与媒体所属国的国家身份之间存在的规律性的关系，从国家身份的视角阐释不同国家的媒体进行安全建构时的话语特点差异。

《环境传播：话语、修辞与政治》（刘涛，2012），将环境传播划分为九大研究范畴，致力于从话语、修辞与政治的复合视角探讨环境传播的诸多学术命题，如环境话语争夺的权力运作机制、公共议题构造的符号修辞机制、"反话语空间"的生产机制、新社会运动的动员机制、社会资本与生态公民身份的建构机制、话语事件与图像政治的视觉修辞机制等。

《健康传播与社会：百年中国疫病防治话语的变迁》（张自力，2008）以近代以来中国历史上发生的若干次重大的疫病流行事件为样本，通过与近代中国社会和历史的发展轨迹相结合、以话语分析方法为手段，对清末民初1894年的粤港鼠疫、1910年的东北鼠疫；民国时期20世纪20年代的上海霍乱、30年代的新生活运动；以及新中国成立之后50年代初的反对美帝国主义细菌战、爱国卫生运动、1988年的上海甲肝以及2003年的"非典"事件等，进行了不同于以往公共卫生视角的全新解读。

《新媒体事件的框架建构与话语分析》（吴世文，2014）基于新闻传播学的视角考察新媒体事件，以问题为指引，跳脱出以传播技术为导向的传统线性模式，进而转向以关系为导向的"人（行动者）－新媒体－社会"的研究模式，遵循"行动－事件"和建构主义的分析路径，采用"事件－过程""行动－话语"的分析视角，既从总体上对新媒体事件展开基础性理论研究，又以"公权滥用诱致型新媒体事件"为例，聚焦揭示公权滥用诱致型新媒体事件的社会建构过程，剖析事件行动者的行为模式，探讨公权滥用诱致型新媒体事件的双重社会影响及其作用机制，并从传播学的角度为解决事件及其指向的问题提供导引。最后，本研究对新媒体事件理论进行探讨，致力于将对个案和现象的讨论上升至理论层面，并力图与传统媒体事件理论展开对话，丰富和发展媒体事件理论。

《民生话语与权力博弈：住房改革报道研究》（刘丹凌，2014）将住房体制改革报道作为中国传媒实践当中一个典型而意义深远的"样本"，认为房体制改革本身的民生价值以及房改报道对现实生活的建构和干预功能将这个问题推入了我们的研究视域。新闻话语理论为我们审视和分析房改报道提供了新的理论框架及方法，使我们得以超越单纯的量化研究和条分缕析的文本分析之局限，将重点从房改报道的文本解读、分析转向新闻话语分析。其中，房改报道的生产、传播、接受（阐释和理解）被视为一个动态实例过程，以反观报道结构与社会实践、报道意识形态的直接关联以及与新闻媒体的机构化环境、宏观社会环境的间接关联。

《恋影年华——全球视野中的话语景观（大陆香港台湾青年电影导演创作与传播）》（钱春莲、邱宝林，2014）聚焦新世纪中国青年导演群体，纵轴上以2000—2011年为时间背景，横轴上以大陆、香港与台湾为论述空间，力图打破单一分化的研究视角，以同中存异、异中求同的辩证思路出发，建立起宏观统一的华语电影视野，深入透析三地电影在主流文化、精英文化、消费文化夹击下凸显的丰富图景与传播逻辑。

《观念、体制、话语：1990年代中国电视新闻改革研究的三个视域》（朱天、吴信训，2012）用电视史论研究的方法，以中央电视台的电视新闻改革为主体线索，对1990年代中国电视新闻改革成果形成深刻影响的三个关键领域——观念、体制、话语系统内的各种关系进行了发现、清理、反思，其目的在于建立起当下视野中1990年代中国电视新闻改革的坐标系，并以此为参照，审视当下持续深化中的电视新闻改革的认识方向，从而在一定程度上回应新的改革思路的构建与实践路径的选择，上述脉络也构成了该书的电视新闻史论研究及现实发展参照价值。

《21世纪跨文化英语广播电视新闻传播学与国际传播研究系列：国际化新闻传播话语研究》（林海春，2014）系统分析在当今被称为"信息时代"里，呈现国际化"声像文"传播的大众媒体传播系统，对"符号化"语言体系的职业化运用本质，即：国际化新闻传播话语的特点、功能与作用。

《语类语境与新闻话语》（赵虹，2011）从语类与文化语境的视角对中美两国最具影响力的英文报纸《中国日报》和《纽约时报》2005年至2008年对十七起重大国际空难事件的第一时间新闻报道进行研究，目的是考察该语类的语域特征，探寻其语类结构潜势，分析该语类在两家报纸的表现差异及其原因，进而发现相关的新闻文化特征。

《跨学科视角的话语分析研究》（黑玉琴，2013）从不同学科研究的视角出发，对近几十年各个领域话语分析的方法、研究设计、研究过程以及语料分析和解释等进行综述和研究，并提供细致、具体的研究实例。为语言学及应用语言学专业的研究生以及对话语分析感兴趣的读者提供一定的参考和指导，从而不断探索话语分析广阔的应用前景和实际价值。

《批评语言学：理论与应用》（辛斌，2005）主要介绍、评析批评语言学和批评性语篇分析的理论和方法，包括其产生和发展的社会背景、哲学基础、语言观和理论源泉等。批评理论的重点在于实践，力图把批评语言学的理论与方法应用于对具体语篇的分析，以便验证其实用性和有效性。该书对批评语言学发展至今存在的问题和它所遭受的批评进行了简单的概述和评论。

《话语文本：国家教育政策分析》（李刚，2009）选取教育政策文本及相关评论文本作为切入点，采用较为规范的话语分析和文本分析方法，分析国家教育政策的形态和规律，书中所采用的文献编码统计法，符合科学规范，得到结果数据8000多个，书中丰富的注释和图表，以及有关国家教育政策传播特征的定量分析模型令人耳目一新。

《走向多元话语分析：后现代思潮的社会学意涵》（谢立中，2009），认为"后现代思潮的社会学意涵"最重要的社会学内涵之一就是试图否定作为全部现代主义社会学理论之基础的那种"给定实在论"传统，用一种多元主义的"话语建构论"立场来取代之。尽管这一立场受到了不少人的批评和诟病，但正如S.塞德曼、R.布朗、C.勒麦特等人所指出的那样，它并非只是为我们修改、完善旧有的那些现代主义社会学研究框架提供了若干这样或那样的启发，而是蕴涵着一种与各种现代主义社会学研究框架很不相同的社会分析模式，即"多元话语分析"模式，从而有可能为社会学研究开辟一条新的发展方向和研究路径。在书中，作者试图通过理论与经验研究方面的一系列具体论述来说明这一基本观点。

《叙事的批评话语分析：社会符号学模式（第2版）》（丁建新，2013）从以下几方面论述了社会符号学的模式：叙事与社会符号；主体间性、功能进化论与社会生物学；社会符号学理论的基本概念；主体间性；功能进化论；社会生物学；话语、意识形态与控制；批评话语分析产生的理论背景；批评话语分析的语言学基石；批评话语分析论述的三个基本问题；批评话语分析对语言教学的启示；体裁结构潜势、语义特征与词汇语法体现等。

《全球视野下的中国形象：英国电视对话报道话语分析》（曹青、田海龙，2013）讨论了形象研究的理论及方法，重点探究电视纪录片叙事结构及分析模式，并以鸦片战争及儒学传统为例，解析英国电视片中建构的中华文明的总体形象；以国共冲突及民族主义与帝国主义矛盾为主线，分析民国时期中国的历史形象；以《通向乐土之途》系列片为例，对历史纪录片做深入个案分析；最后将研究重点转向纪录片的话语策略及权力关系。

《教育公平的话语分析》（窦卫霖、顾明远，2014）运用话语分析的独特方法，对受到社会高度关注的教育公平问题进行了别具一格的比较研究。该研究以政策话语、学术话语和大众话语为经，以国际组织和中美两国学术文本为纬，揭示了教育公平的国际进程、时代特色和中国特点。

《中国法庭审判话语的批评性分析》（施光，2015）对中国法庭审判话语进行批评性分析。作者在费尔克劳的批评话语分析理论的基础上提出法庭审判话语分析三维框架，并运用该框架深入系统地分析了八场法庭审判近二十万字的录音转写语料。该书系统描述了法庭审判话语的形式结构特征，详尽阐释该话语生成、传播和接受的机制，深刻揭示该话语与法庭审判各诉讼主体（法官、公诉人、原告、被告等）的意识形态和权力关系之间的互动关系。

郑华（2013）的《首脑外交：中美领导人谈判的话语分析（1969—1972）》以美国新近解密的尼克松总统档案为支撑，以外交学研究中首脑外交的发展进程为结构框架，以1969—1972中美领导人谈判为研究个案，运用国际关系研究中后现代主义所倡导的话语分析方法解读中美关系解冻谈判的全过程。着重探讨：在外交关系解冻谈判这场没有硝烟的战争中，中美高层领导人是如何运用有效的话语手段，构建并巩固自身的强势谈判地位，主导谈判议程，打压对方的。

《中国当代英文报话语分析》（马文丽，2011）在话语分析理论的基础上构说了英文报话语框架，话语分析涉及两千多篇文本、多种新闻体裁，针对其政治、文化与语言等宏观语境，综合考察了中国英文报的历史沿革与现实话语样态，包括英文报在塑造国家形象、维护国家利益、跨文化传播方面的表现以及英语新闻写作与语言特征，并在此基础上探讨了既符合中国对外传播政策，又符合国际新闻惯例的英文报对外传播策略。

《话语分析与中国高等教育变迁》（张灵芝，2015）采用话语分析的视角，从分析高等教育话语入手，从概念系统的变化理解高等教育的变化，考察高等教育是如何被"话"在"说"。通过对高等教育话语、话语实践机制分析以及它与权力关系的交叉机制等面相，帮助我们洞穿大学里的种种话语实践，重新思考我们的教育、日常生活以及实践。

《"中国崛起"话语对比研究》（孙吉胜，2015）系统对比研究国外的"中国崛起"话语与中国的"中国崛起"话语，发现二者之间在哪些方面契合，在哪些方面存在差异，使我们更好地理解国外的"中国话语"，以采取相应措施来改善国外的"中国话语"，更好地传播中国声音，改善中国的国家形象，提高中国的软实力。

另外，近年来以话语的视角研究文化遗产已在国内悄然兴起。侯松、吴宗杰（2015）指出：文化遗产越来越被理解为一种话语实践，其中，批评话语分析（CDA）理论方法的跨学科推动作用是重要因素之一。他们致力于引导中国 CDA 学者介入遗产话语研究，并借此探索具有历史文化厚度和本土批评精神的 CDA 文化路径。并提出以历史文本为主要资源，以反思当下为基本目标，以儒家话语批评智慧为路径导向的 CDA 研究，通过解读被全球化思维淹没了的历史声音，消解当下主流话语的权威性，促进多元文化话语的对话。

从以上的文献中我们可以看到，话语研究方法近十多年在中国的蓬勃发展，成果层出不穷，同时，我们也可以看到话语研究的视角已经渗透到社会科学的诸多领域，如社会学、新闻传播学、国际关系学等。

第四节　低碳话语的研究

本研究考察了 web of science 和国内的中文期刊网关于低碳经济国内外的相关研究，发现近20年来曾上升趋势，这些研究主要从经济学、政治学、国际关系学等学科的视角居多，学界纷纷从探讨新的经济模式、实现途径、立法等论题进行研究，而从话语的视角切入的研究凤毛麟角。

一、国内研究

近年来，中外有关"低碳经济"的著述可谓汗牛充栋。比如单就文章而言，在中国知网上以"低碳经济"为主题词搜索，截至2014年12月30日，共10208篇，从数量上看，基本以2009年为界，从文献最早出现的2005年到2009年只有264篇，不到整个文献的3%。之后则呈井喷式增长，尽管并非全为研究型文章，但数量也颇为可观，具体情况如下图所示：

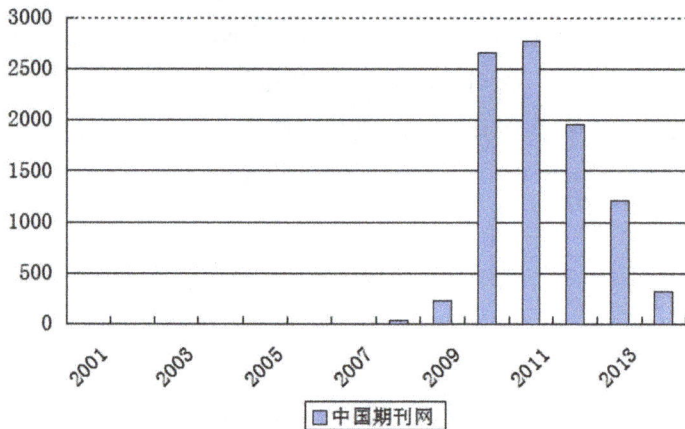

图 2.1　中国期刊网关于低碳经济的研究文章分布

国内对低碳经济的研究主要聚焦以下几方面：

（一）低碳经济的实现途径

庄贵阳、陈迎（2001）从内部需求和外部驱动两方面阐述了中国经济需要走低碳发展道路，并对中国经济低碳发展的可能途径和潜力进行了分析。提出未来中国要在不影响社会经济发展目标的前提下实现低碳发展应该调整能源结构、提高能源效率、调整产业结构、遏制奢侈消费、发展碳汇潜力、加强国际技术合作等途径。周宏春（2010）就联合国哥本哈根气候变化大会之后我国如何应对气候变化和能源短缺、发展低碳经济，实现经济发展方式的转型等问题展开了讨论。段红霞（2010）认为气候变化对全球经济和安全的威胁促使我们转向低碳排放、低能源资源消耗、低污染和高产出的低碳经济发展模式。低碳经济的本质是通过一系列减缓和适应气候变化的政策和措施减少温室气体排放，促进经济持续、健康和稳定的增长，最终达到经济增长、环境保护和社会效益改善相互平衡的可持续发展。现阶段人口的可持续消费模式和生活方式，经济效率以及低碳和无碳能源技术革新，是驱动低碳经济转型和低碳社会发展的决定性因素。刘再起、陈春（2010）通过对全球 7 个具有代表性的国家（美、日、德、法、英、俄、中）的面板数据，运用回归方法（Cross-section SUR）对这些国家的产业结构调整对二氧化碳排放量影响的变系数不变截距模型进行实证研究，研究表明要发展低碳经济，必须视国情合理选择主导产业，加快产业结构调整。刘静暖、纪玉山（2010）建议应以自然力可持续利用为原则；创立气候自然力"第 5 要素"说；倡导低碳生产与生活方式；建立健全碳交易体系，推动碳减排合作；防范资本本性与"低碳经济"冲突的多途径转嫁。

许广月（2010）则提出发展低碳农业是走低碳经济之路不可或缺的一部分，要明确发展低碳农业的路径选择，从而顺利实现由高碳农业向低碳农业转型的目标。王灿发、侯欣洁（2010）从宏观环境与微观环境对出版低碳化的影响的角度，分析出版低碳化的路径，以及制约出版低碳化路径发展的相关因素。倪外、曾刚（2010）把低碳城市作为低碳经济发展的重要载体，研究低碳城市的发展路径重点分析低碳城市发展路径的核心内容，并以此判断上海市低碳城市建设水平，研究指出上海市低碳城市建设有一定基础，但处于起步阶段，低碳交通体系、低碳产业发展、碳捕获与封存技术方面具有初步的基础，但城市低碳建筑、低碳能源消费、居民低碳消费，以及低碳管理与制度建设方面基本空白。

（二）对策和建议研究

孟德凯（2007）指出在发展低碳经济过程中，需要坚持政府主导和企业参与相结合、自主创新与对外合作相结合、近期需求与长远目标相结合的原则，并采取提高能源效率和发展可再生能源、建立温室气体排放贸易等市场机制、设立碳基金、参与清洁发展机制项目、发挥碳汇潜力等对策。付允等（2008）从宏观、中观和微观三个层次论证了低碳经济发展模式的发展方向、发展方式和发展方法，即以低碳发展为发展方向，以节能减排为发展方式，以碳中和技术为发展方法，提出了我国实施低碳经济发展模式的政策措施，即：节能优先，提高能源利用效率；化石能源低碳化，大力发展可再生能源；设立碳基金，激励低碳技术的研究和开发；确立国家碳交易机制。辛章平、张银太（2008）认为低碳城市是低碳经济发展的必然过程。说明低碳城市的构建途径：新能源技术应用、清洁技术应用、绿色规划、绿色建筑和低碳消费，并阐述了低碳城市在中国的实践。任卫峰（2008）从环境金融的角度，总结了国内外研究与实践经验，探讨了环境金融创新的各种途径，并针对我国实际存在的问题提出了一些建议。

（三）内涵阐释

胡淙洋（2008）认为在气候问题备受关注的国际大背景下，发展低碳经济越来越受到国际社会的重视。发达国家对于发展低碳经济已经有了一定的经验。中国作为最大的发展中国家，在应对全球气候问题的进程中起着举足轻重的作用。如何找到适合中国自己的低碳经济之路，是当今所面临的关键问题。张愉、陈徐梅、张跃军（2008）认为发展低碳经济、应对全球气候变暖已经成为世界密切关注的主题，研究结果表明向低碳经济转型已经成为世界经济发展的大趋势，化石能源消费将持续增长，温室气体减排形势严峻。发展低碳经济刻不容缓，而技术进步是发展低碳经济的关键，但技术瓶颈问题还长期存在。胡振宇（2009）对全球碳问题实质、碳减排政策制定。中国对待气候变化问题上的认识过程及采取的应对措施进行了分析评价，指出中国要通过加强国际合作、制定法律法规、强化统计体系、建立示范体系来推动碳减排工作，获取国际支持和认可并争取排放空间。郭万达、郑宇劼（2009）分析了全球应对气候变化、减少温室气体排放、发展低碳经济给我国带来的机遇与挑战，指出：目前在金融危机影响下，发达国家纷纷将对低碳经济投资作为刺激经济的主要抓手，低碳经济将是未来40年新的经济增长点，是国家竞争力和企业竞争力的重要体现。因此，中国应将发展低碳经济纳入国家战略，以更积极的姿态参与到国际谈判和有关国际标准的制定中。

（四）国外借鉴与启示

任力（2009）全球气候变暖的趋势下，西方发达国家纷纷推出低碳经济发展战略与政策。这些政策措施主要表现为：改造传统高碳产业，加强低碳技术创新；积极发展可能源能源与新型清洁能源；应用市场机制与经济杠杆，促使企业减碳；加强国际范围内的减碳协作等。对我国发展低碳经济的启示是：必须尽快提出低碳经济战略，建立起低碳经济法律保障体系，加强低碳技术创新与制度创新，大力发展低碳产业群，激励企业从事低碳生产与经营等。任奔、凌芳（2009）介绍了发达国家发展低碳经济的成功经验，包括强制性法规标准、经济激励措施和发展碳交易等政策措施，同时介绍了在节约能源技术、可再生能源技术和碳捕存技术等方面的技术进步。最后，结合国外经验和我国现状，对我国低碳经济发展提出了一些启示。裘苏（2009）介绍了日本与中国台湾在低碳经济模式的探索的成功经验，并与浙江的低碳经济发展做了比较，从"自身发展特征"（人均 GDP 由 6000 美元突破至 10000 美元发展阶段的产业升级驱动力），和相应的"低碳经济策"（低碳技术、低碳行为、低碳制度）角度，提出了建设有浙江特色低碳经济之路的政策建言。田庆立（2009）分析了日本建设低碳社会的战略规划和理念，并介绍了日本政府通过立法和行业指导等方式，增强决策的科学性和可行性，运用财税政策进行鼓励和扶持的方式推动低碳经济健康发展，重视能源来源多元化，着力提高能源的使用效率，这些举措对中国建设环境友好型、资源节约型的"两型"社会富有诸多有益启示。刘志林、戴亦欣、董长贵、齐晔（2009）总结了英国和日本等国发展低碳城市的实践经验，并分析了对中国的借鉴意义。认为国内建设低碳城市必须走中国特色之路：发展和减碳结合、经济与社会并行、政－企－民共治。郭磊、马莉（2009）对 2009 年 7 月 15 日英国发布的低碳能源国家战略白皮书——《英国低碳转变计划》进行了深度的分析，着力介绍了电力工业的减排措施，从统一规划、智能电网建设、清洁能源产业发展和完善配套机制等 4 个方面总结了对我国清洁能源发展的启示并提出了相关建议。周元春、邹骥（2009）采用对数平均 Divisia 因素分解法（LMDI）定量分析能源结构、能源效率、经济发展水平、人口和排放强度这几类影响碳排放的因素对发展低碳经济的影响程度。通过与其他几个主要温室气体排放国家的情况进行对比研究，发现我国现有的能源结构、能源效率、人口和排放强度都处于不利的阶段，要想发展低碳经济，必须改进技术水平、提高能效、和改善能源结构方面下功夫。李伟、李航星（2009）探讨了英国碳预算的目标、模式、特征、作用及影响，指出碳预算将成为发展低碳经济、应对气候变化的主要政策工具之一。英国制定和实施碳预算，意在参与应对气候变化的国际机制建设，以便在国际气候政治中发挥重要作用。英国碳预算的借鉴意义不仅限于一国国内经济领域，而且关乎国际政治经济关系。

（五）困难与障碍

　　学界对目前发展低碳经济的困难和障碍展开了研究。庄贵阳（2009）分析了中国未来温室气体排放趋势及影响因素，然后分析了在全球金融危机背景下，中国发展低碳经济面临的障碍与困难，最后提出中国必须建立发展低碳经济的长效机制，研究表明低碳经济是全球气候变化背景下中国的必然选择，这不仅仅是因为中国面临国际社会要求控制温室气体排放的巨大压力，还因为发展低碳经济有助于中国转变经济发展方式，保护国内环境，避免技术和资本的锁定效应。任福兵、吴青芳、郭强（2010）从发展低碳社会的内涵和特点出发，按照指标体系的构建原则，依据一定的方法和依据，建立了三层次多指标的低碳社会评价指标体系，利用 Delphi 法确定各层次相关指标的权重，综合评价低碳社会的发展水平，并指出存在的问题和障碍，他们认为低碳社会是在全球气候变化和能源危机下产生的新型的发展方式，是人与自然协调发展的基本要求和必然趋势。

（六）发展模式探讨

王明杰、郑烨（2010）认为低碳经济是继工业时代、电气时代和信息时代之后的又一次人类历史上的重大变革，它不仅将改善人类生存环境，还将引领科技继续发展。在低碳经济背景下，如何改革传统营销模式，扭转当前市场营销所面临的困境，已成为人们关注的焦点。因此，立足低碳经济，探索符合这一时代要求的低碳营销模式，积极应对新的机遇与挑战，对促进经济社会的可持续发展，实现经济效益、消费者需求与环境利益的统一具有积极的现实意义。金乐琴、刘瑞（2009）指出：中国作为发展中的温室气体排放大国，在向低碳经济转型的过程中，面临着特定的制约因素，同时也具备一定的潜在优势。中国需要在复杂的国际政治经济环境中，建设性地参与应对气候变化的进程，在发展战略、政策机制、技术创新等方面，积极做好向低碳经济转型的准备。朱四海（2009）则认为中国发展低碳经济不能"闻鸡起舞"，一方面要避免经济发展的碳锁定，在低碳经济国际新规则的制定过程中拥有话语权、掌握话语权，取得主动；另一方面要有效化解煤炭消费的碳约束，将煤炭主要用于发电，努力推进电力绿化，发展绿色煤电和以煤电替代为主要内容的绿色电力。张鹏飞（2009）建议中国作为一个经济快速发展、温室气体排放量居高不下的国家，需要在复杂的国际政治经济环境中，积极参与应对气候变化的进程，并在结合国内实际情况的基础上，探索适合自身发展的低碳经济发展模式。刘啸（2010）以北京旅游为例，阐释了低碳旅游的理念，指出发展低碳旅游既可以为郊区旅游增加新内容，也可以明确努力方向、弥补生态旅游的不足。建议通过食住行来践行低碳技术，将低碳排放融入日常生活，既提高市民的环保意识，也增加生态涵养区收入、实现可持续发展，同时对全国有明显的示范作用。喻燕、卢新海（2010）建议将低碳房地产作为中国低碳经济的突破口，以引发生产方式、生活方式及价值观念的深刻变革，并提出相应的发展对策。

（七）政策建议

姚晓芳、陈菁（2011）基于碳排放交易的内涵，结合欧美碳排放交易市场的发展经验，分析得出其对我国建设碳交易市场的启示，探讨我国建立碳排放交易市场的有效路径：逐步建立起完善的碳排放交易市场体系，构建基于分权化管理模式的区域性碳交易市场布局，完善碳排放交易法规制度，健全碳排放交易监管机制。罗宏斌（2010）阐述了低碳发展的相关概念，在总结发达国家低碳城市建设成功经验的基础上，结合我国实际国情，明确政府在低碳城市发展中的主导作用，并系统提出切实可行的相关政策建议。刘兆征（2009）在分析我国发展低碳经济必要性的基础上，从教育、经济、管理、技术、投入5个方面提出我国发展低碳经济的政策建议。黄栋（2010）技术创新是实现低碳经济的关键手段。低碳技术创新的特点是包含了渐进性创新的突破性创新。政府政策在发达国家低碳技术创新方面发挥了重要作用，提出了我国促进低碳技术创新的政策要点。刘美平（2010）认为低碳经济是改变全球气候变暖的根本途径，英国、美国、日本主要发达国家分别通过低碳能源战略、低碳路径战略、低碳社会战略，应对气候问题方面进行了有意义的探索。中国政府在哥本哈根气候大会上宣布了温室气体减排目标。未来中国正在进行的工业化需要实现信息化和清洁化；大力发展的城镇化需要实现现代化和生态化；同时，过去改革开放30多年产生的增长副产品如社会腐败、环境污染、贫富差距、安全事故、道德失范等也需要清除。低碳经济引领下的工业化、城镇化之净化，增长副产品之清除，应是提升中国经济增长质量的根本举措。范钰婷、李明忠（2010）认为我国20世纪90年代以来工业化、城市化进程的加速，能源消费的急剧增长，高碳特征的能源结构以及对外贸易的结构差异，导致中国在向低碳经济模式转型过程中面临巨大的压力。面对转型的挑战，中国需要从国家战略、优化能源结构、改造传统高碳产业、政策激励等四个方面出台支持措施。张淑谦、韩伯棠（2010年）针对我国风电产业发展的这种不正常现状，提出了以"干中学"为主的产业创新模式及风电产业有序发展对策，为低碳经济时代我国风电产业的发展和产业创新模式提出了建设性的建议。

二、国外研究

相对而言，国外对"低碳经济"的研究数量上不如国内。以其常用的英译 low carbon 为主题词，在西方大型社科人文文献库 Sage 中搜索，发现227篇，在大型综合性、多学科核心期刊引文索引数据库 Web of Science 中搜索，共有123篇，具体分布见下图：

这些研究大多在环境科学、地理学、法律、传播、公共管理、经济、贸易、气象科学等领域，和话语联系在一起的研究共有4篇，他们分别为：1）"The political economy of the just transition'；Grassroots Localisation"；2）"The Scalar Potential of and Limits of the 'Transition' Approach to Climate Change and Resource Constraint"；3）"The role of discourse in the quest for low-carbon economic practices：A case of standard development in the food sector"；4）"Thoughts on Economic Power of Discourse in the Era of Post Copenhagen Climate Conference"，这几篇文章都集中在2011年以后。

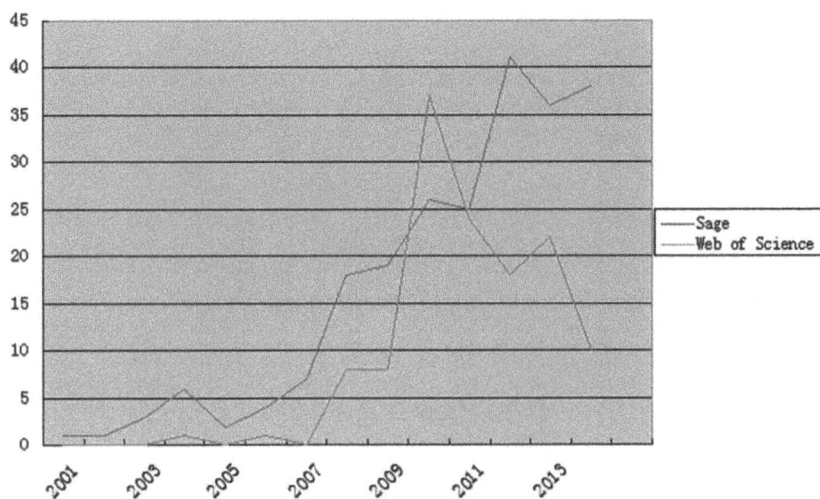

图 2.2　Web of Science 和 Sage 数据库中关于低碳经济文章分布图

纵观国外关于低碳经济话语的研究，我们又以 "climate chang*" OR "climatic chang*" OR "climate variation" OR "climatic variation" OR "climatic evolution" OR "climate evolution"）and（"low carbon econom*" 为主题词对 SSCI、AHCI（艺术人文索引）、CPCI-SSH（社科人文会议索引）1900—2015 年间的文献进行检索，共发现123篇。最早一篇出现于2006年："The politics and policy of energy system transformation ——explaining the German diffusion of renewable energy technology"（Jacobsson & Lauber，2006）《能源政策》，文章呼吁推广再生能源发电的新技术，尽快向低碳经济过渡。文献主要分布在2009年以后，文献分布基本情况如下：

（一）低碳经济文献分布

1.文献年代分布

从图 2.3 看，2004 年开始出现相关文献，2009 年前依稀可见相关研究，之后开始逐渐开始走上升的趋势，2010 年达到一个峰值，之后持续受到学界较大的关注。

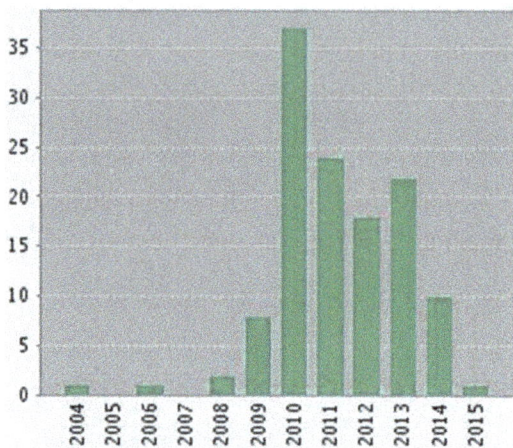

图 2.3　文献年代分布图

2.国家或地区分布

从国家的分布情况看，中国、英国、美国三国对低碳经济的研究位居前三。澳大利亚、加拿大、德国、南非也有不少关注，还有瑞典、奥地利、法国、立陶宛、挪威、苏格兰、西班牙和台湾的学者加入低碳经济研究的行列。

PEOPLES R CHINA	61
ENGLAND	21
USA	14
AUSTRALIA	6
CANADA	5
GERMANY	4
SOUTH AFRICA	4
SWEDEN	3
AUSTRIA	2
FRANCE	2
LITHUANIA	2
NORWAY	2
SCOTLAND	2
SPAIN	2
TAIWAN	2

图 2.4　文献国家或地区分布图

3.研究领域分布

从研究的领域分布看，主要集中在经济学、环境科学、公共管理和能源燃料等学科。另外，社会科学、城市研究、工程学、管理科学、教育研究领域也有不少关注，涉及的领域还有政府法律、计算机科学、大气科学、地理学、国际关系和交通等学科。

BUSINESS ECONOMICS	63
ENVIRONMENTAL SCIENCES ECOLOGY	62
PUBLIC ADMINISTRATION	18
ENERGY FUELS	15
SOCIAL SCIENCES OTHER TOPICS	9
URBAN STUDIES	8
ENGINEERING	6
OPERATIONS RESEARCH MANAGEMENT SCIENCE	6
EDUCATION EDUCATIONAL RESEARCH	5
GOVERNMENT LAW	4
COMPUTER SCIENCE	3
METEOROLOGY ATMOSPHERIC SCIENCES	3
GEOGRAPHY	2
INTERNATIONAL RELATIONS	2
TRANSPORTATION	2

图 2.5　研究领域分布

4.载文期刊或会议分布

低碳经济研究受到国际学界的重视，世界各地纷纷举办的相关国际研讨会，如 2010 年低碳经济与科学技术国际研讨会、2011 年低碳经济与可持续森林管理国际研讨会、2011 年教育科学和管理工程国际研讨会、2012 年管理创新与公共政策国际研讨会等。

ENERGY POLICY	11
PROCEEDINGS OF THE 2010 INTERNATIONAL SYMPOSIUM ON LOW CARBON ECONOMY AND TECHNOLOGY SCIENCE	9
CLIMATE POLICY	6
PROCEEDINGS OF 2011 INTERNATIONAL SYMPOSIUM LOW CARBON ECONOMICS AND SUSTAINABLE FORESTRY MANAGEMENT	6
ADVANCES IN ASIA PACIFIC LOW CARBON ECONOMY	4
ENERGY ECONOMICS	3
INTERNATIONAL CONFERENCE ON ENGINEERING AND BUSINESS MANAGEMENT EBM2011 VOLS 1 6	3
URBANIZATION AND LAND RESERVATION RESEARCH	3
WILEY INTERDISCIPLINARY REVIEWS CLIMATE CHANGE	3
2011 INTERNATIONAL CONFERENCE ON EDUCATION SCIENCE AND MANAGEMENT ENGINEERING ESME 2011 VOLS 1 5	2
BUSINESS STRATEGY AND THE ENVIRONMENT	2
CHINA WORLD ECONOMY	2
CLIMATE AND DEVELOPMENT	2
MITIGATION AND ADAPTATION STRATEGIES FOR GLOBAL CHANGE	2
PROCEEDINGS OF THE 2012 INTERNATIONAL CONFERENCE ON MANAGEMENT INNOVATION AND PUBLIC POLICY ICMIPP 2012 VOLS 1 6	2
URBAN STUDIES	2

图 2.6　载文期刊或会议分布

5. 主要研究机构分布

关于低碳经济的研究国内有山东科技大学、清华大学、北京交通大学、北京师范大学、天津商业大学、中国社科院、复旦大学、北京大学、中南大学、中国科技大学，国外的机构有：利兹大学、伦敦政治经济学院、巴斯克气候研究中心、伦敦经济学院、开普敦大学、世界银行等。

SHANDONG UNIV TECHNOL	6
TSINGHUA UNIV	4
BEIJING JIAOTONG UNIV	3
BEIJING NORMAL UNIV	3
TIANJIN UNIV COMMERCE	3
UNIV LEEDS	3
UNIV LONDON LONDON SCH ECON POLIT SCI	3
BASQUE CTR CLIMATE CHANGE BC3	2
CENT S UNIV	2
CHINESE ACAD SOCIAL SCI	2
CIRED	2
FUDAN UNIV	2
LONDON SCH ECON	2
MERCATOR RES INST GLOBAL COMMONS CLIMATE CHANGE	2
PEKING UNIV	2
UNIV CAPE TOWN	2
UNIV SCI TECHNOL CHINA	2
WORLD BANK	2

图 2.7　主要研究机构分布

（二）低碳话语研究分布

我们在 web of science 数据库中以不同的主题词进行检索："低碳经济"＋"话语"。检索式："low carbon econom*" AND discourse，检索结果有 4 篇较相关文献，如：Kothari（2014）通过分析马尔代夫的重新安置政策，探究对气候变化话语的政治观点。在马尔代夫，政府正在提议将分散在 200 个岛上的人口聚集在 10—15 个岛上，探究影响着关于气候变化和迁徙的讨论的必要面对政治责任，尤其是环境话语如何被动员起来以重新审视以前不受欢迎的重新安置和迁徙政策。

Koteyko *et al.*（2013）提出一种至今没有受社会科学家关注的社交媒体平台的框架—— 读者网上评论。他们通过观察词频、语境以及用户评价，分析气候门事件前和气候门事件之后发表于英国小报网站上的大量评论，发现"气候门"之后读者对气候科学的建构发生了改变。Sabet（2014）对 BBC Radio 4 上展映的三个提倡在英国低碳生活方式亲环境行为（pro-environmental behaviour, PEB）活动进行了批评话语分析，他指出，有关减缓气候变化政策不同框架的意义的话语争斗在政治界中以不同竞争和结合方式表述减缓气候变化政策，最常见的当属经济机会，但在某些情况下，还有道德责任。尽管这个与生态现代化和绿色消费的话语有关的"双赢"建构在官方英国减缓气候变化政策上是最举足轻重的建构，亲环境行为促使行为上的变化。Nerlich *et al.*（2014）探究关于从 80 年代至 2010 年地质工程宣传话语，研究这一应对气候变化带来的问题如何通过使用概念隐喻和话语隐喻被表征，如"地球是一个身体"（"THE PLANET IS A BODY"）、"地球是一个机器"（"THE PLANET IS A MACHINE"）以及"地球是一个病人／瘾君子（"THE PLANET IS A PATIENT/ADDICT"）。Crist（2007）探究不同关于气候变化的话语，她强调一些有关气候变化的话语可能影响的人们的观点。她提出关于气候变化的一种科学解释，同时她也解释与气候变化以及应对机制有关的事情。然后，她还指出人们应对对气候变化带来的危险担当责任。Roelvink *et al.*（2011）对 Weatherstone 农民关于环境退化话语进行了分析，揭示了围绕着 Weatherstone 道德立场的生态关怀和生态责任。

（三）气候变化话语分布

"气候变化＋话语"；检索式：（"Climate chang*" OR "climatic chang*" OR "climate variation" OR "climatic variation" OR "climatic evolution" OR "climate evolution"）AND discourse，命中文献有742篇，文献分布基本情况：

1.文献年代分布

关于气候话语的研究从1992年起就开始被关注，到2006年间陆陆续续有一些研究，直到2006年开始，每年有较大幅度的增长趋势。可以见得，以话语为视角的气候变化研究越来越引起学界的重视。

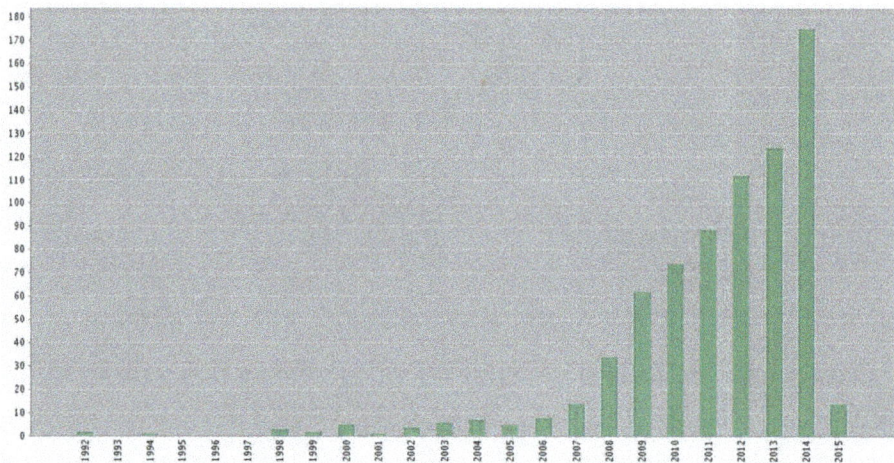

图 2.8　"气候变化＋话语"文献年代分布

2.国家或地区分布（5篇以上）

从地区分布的情况看，英国、美国、澳大利亚、加拿大、德国、瑞典等发达国家的气候话语研究较为集中，另外还有挪威、芬兰、法国、丹麦、奥地利、瑞士、比利时、匈牙利、南非、西班牙的学者，印度尼西亚、新西兰、印度、意大利、日本、中国也列在其中。

ENGLAND	219
USA	164
AUSTRALIA	90
CANADA	56
GERMANY	47
SWEDEN	46
NORWAY	27
NETHERLANDS	23
SCOTLAND	19
WALES	19
FINLAND	15
FRANCE	14
DENMARK	13
AUSTRIA	11
SWITZERLAND	11
BELGIUM	10
PORTUGAL	9
SOUTH AFRICA	9
SPAIN	8
INDONESIA	7
NEW ZEALAND	7
INDIA	6
ITALY	6
JAPAN	6
PEOPLES R CHINA	6

图 2.9 "气候变化＋话语"国家或地区分布

3. 研究领域（5 篇以上）

这些研究分布面很广，涉及近 30 个学科，主要集中在：环境生态科学、地理学、政府法律、传播学、公共管理学、经济学、大气科学、森林学、公共环境健康学、科学史学、数学、水资源；也有社会学、哲学、历史学、语言学、心理学、国际关系学等学科。

ENVIRONMENTAL SCIENCES ECOLOGY	351
GEOGRAPHY	158
GOVERNMENT LAW	95
COMMUNICATION	87
PUBLIC ADMINISTRATION	63
BUSINESS ECONOMICS	58
METEOROLOGY ATMOSPHERIC SCIENCES	44
HISTORY PHILOSOPHY OF SCIENCE	36
SOCIAL SCIENCES OTHER TOPICS	31
INTERNATIONAL RELATIONS	26
EDUCATION EDUCATIONAL RESEARCH	23
SOCIOLOGY	23
PUBLIC ENVIRONMENTAL OCCUPATIONAL HEALTH	17
ANTHROPOLOGY	15
PSYCHOLOGY	12
URBAN STUDIES	12
ENERGY FUELS	11
ENGINEERING	10
LINGUISTICS	9
PHILOSOPHY	9
AREA STUDIES	8
SCIENCE TECHNOLOGY OTHER TOPICS	8
FORESTRY	7
HISTORY	7
PHYSICAL GEOGRAPHY	7
GEOLOGY	6
MATHEMATICS	6
WATER RESOURCES	6

图 2.10 "气候变化＋话语"研究领域分布

4. 期刊或会议分布（5 篇以上）

相关的会议主题也涉及面很广，如：全球环境变化与政策、公众对科学的理解、环境政治、气候变化、气候政策、人文地理的进展、生态经济、能源政策、地理政治、生态与社会、环境政策与治理、风险分析、科学传播等。

GLOBAL ENVIRONMENTAL CHANGE HUMAN AND POLICY DIMENSIONS	54
ENVIRONMENTAL COMMUNICATION A JOURNAL OF NATURE AND CULTURE	27
PUBLIC UNDERSTANDING OF SCIENCE	25
WILEY INTERDISCIPLINARY REVIEWS CLIMATE CHANGE	22
ENVIRONMENTAL POLITICS	19
GEOFORUM	17
CLIMATIC CHANGE	14
GLOBAL ENVIRONMENTAL POLITICS	13
ENVIRONMENTAL SCIENCE POLICY	12
GEOGRAPHICAL JOURNAL	11
ENVIRONMENT AND PLANNING A	10
ENVIRONMENT AND PLANNING C GOVERNMENT AND POLICY	10
POLITICAL GEOGRAPHY	9
CLIMATE POLICY	8
PROGRESS IN HUMAN GEOGRAPHY	8
FUTURES	7
ECOLOGICAL ECONOMICS	6
ENERGY POLICY	6
GAIA ECOLOGICAL PERSPECTIVES FOR SCIENCE AND SOCIETY	6
GEOPOLITICS	6
INTERNATIONAL ENVIRONMENTAL AGREEMENTS POLITICS LAW AND ECONOMICS	6
JOURNAL OF RURAL STUDIES	6
CLIMATE AND DEVELOPMENT	5
ECOLOGY AND SOCIETY	5
ENVIRONMENTAL POLICY AND GOVERNANCE	5
RISK ANALYSIS	5
SCIENCE COMMUNICATION	5

图 2.11　"气候变化＋话语"期刊或会议分布

5. 机构（6 篇以上）

从研究机构的分布看，英国的高校居多，如东英格丽大学、牛津大学、诺丁汉大学、利兹大学、埃克斯特大学、伦敦大学学院、卡迪夫大学、曼城大学、杜伦大学、伦敦大学、萨塞克斯大学、兰卡斯特大学、谢菲尔德大学，另外还有澳大利亚墨尔本大学、悉尼大学、皇家墨尔本理工大学、澳大利亚国立大学、塔斯马尼亚大学；美国的科罗拉多大学、加拿大的卡尔顿大学、瑞典的乌普拉萨大学、新西兰的威灵顿大学等。

UNIV E ANGLIA	22
UNIV OXFORD	19
UNIV NOTTINGHAM	18
UNIV LEEDS	16
UNIV EXETER	15
UCL	14
CARDIFF UNIV	12
UNIV COLORADO	11
UNIV MANCHESTER	11
CARLETON UNIV	10
UNIV DURHAM	9
UNIV MELBOURNE	9
LINKOPING UNIV	8
UNIV LONDON	8
UNIV SUSSEX	8
UNIV TASMANIA	8
WAGENINGEN UNIV	8
AUSTRALIAN NATL UNIV	7
RMIT UNIV	7
UNIV LANCASTER	7
UNIV OREBRO	7
UNIV QUEENSLAND	7
UNIV SHEFFIELD	7
UNIV SYDNEY	7

图 2.12 "气候变化＋话语"机构分布

6. 高频主题词分布

从国内外的研究现状看，以媒体报道为研究对象对低碳经济的话语建构研究国内外尚无一例。本书将从话语分析的视角考察 2000 年以来中英美三国主流媒体关于低碳经济的话语建构，观察这些话语所反映的社会现实，以及其对经济增长方式，实现经济的可持续发展的意义。本书所涵盖的报刊有中国《人民日报》；英国《泰晤士报》、《金融时报》、《卫报》、《独立报》、《电讯报》；美国《纽约时报》、《华盛顿邮报》。本研究结合批判话语分析和语料库方法分析中国、美国、英国主流报刊对低碳经济的话语建构，通过比较中国以及西方主流媒体关于低碳经济的话语，进一步了解世界发达国家政府关于低碳问题的政策取向，以及不同时期的话语嬗变对社会发展所产生的影响。

编号	频次	主题词	编号	频次	主题词
1	262	climate change	12	13	risk
2	62	discourse	13	13	vulnerability
3	38	adaptation	14	12	Migration
4	30	sustainability	15	11	critical discourse analysis
5	29	discourse analysis	16	11	development
6	25	media	17	11	mitigation
7	21	framing	18	11	REDD
8	21	governance	19	11	Resilience
9	19	environment	20	11	Sustainable development
10	17	global warming	21	10	communication
11	13	climate policy	22	10	news media

图 2.13　"气候变化＋话语"高频主题词分布

第五节　本章小结

　　本章讨论了话语与话语分析的定义，并对批判性与非批评性的话语研究方法进行了文献综述。对媒体语言的研究以及低碳经济研究的前期成果进行回顾，近年来从话语视角的方法越来越受到学界的重视，相关的研究成果丰硕。以话语为纽带可以整合人文社科的各学科，这种趋势越来越明显。以上的研究在大规模文本的处理上大多用人工阅读的方法，很少使用语料库技术。

　　20世纪80年代计算机技术的迅速发展成就了语料库语言学，开辟了语言研究的新天地，正如Leech（1992）指出，语料库技术就像"芝麻开门"一样开启人们对语言研究的新思路。在过去的半个世纪，特别是近20多年来语料库语言学取得了丰硕的成果，语料库及语料库分析软件被大量运用于语言研究的方方面面，被当作语言研究默认的工具（Teubert，2005）。近年来西方尤其是英国许多学者开始将语料库方法和批判话语研究有机结合起来运用到媒体话语研究中，下一章将讨论语料库的诸方法。

DOI https://doi.org/10.24103/CD3.cn.2019.3

第三章

语料库方法论

在第二章中我们已经对话语的定义、话语研究的批判性与非批判性方法、话语研究的现状以及低碳经济等研究进行了综述；本章将概述语料库的发展历史，语料库在现代语言学中的应用，语料库方法在话语分析中的应用等，同时，我们将介绍用于本研究中所建的专题语料库的采样、语料处理以及用于语料库分析的软件 WordSmith Tools 6。

第一节　语料库概述 [1]

　　语料库在现代语言学中指"书面语和口语的采样文本集合，以机器可读形式，并且可以以各种语言信息形式赋码（McEnery *et al.*, 2006: 4）。自上世纪 90 年代以来，基于语料库的语言研究方法不断创新，研究范式不断丰富，成果层出不穷，如：McEnery *et al.*（2006）突破以往单以英语数据为对象的研究，深入探索了多语种语料库语言学研究，将以往语料库数据分析的多种方法有机结合，在分析 Sinclair（1996）和 Leech（1992）等学者对语料库的定义后，提出了语料库定义的四个要素，即：1）机器可读性；2）真实文本（包括口语记录的文字）；3）采样；4）某种语言和语言变体的代表性。不同的学者对此有不同的定义，各种定义的共同之处在于"机器可读的真实语言的收集"，然而，学界对于语料库的代表性却有争议。没有一个语料库能穷尽所有语言的收集来代表一种语言，这些收集的语言数据只能代表"语言变体的主要维度，比如：口语、书面语，正式、非正式，小说、非小说，英国英语、美国英语，或者代表不同年龄层次、专家还是普通人所使用的语言（Stubbs, 2001b: 305）。毋庸置疑，过去的几十年里，语料库语言学作为一种新的语言学研究方法已经渗透到语言研究的各个分支，比如：句法学、语义学、语用学等。

一、现代语言学中的语料库

　　自 20 世纪 60 年代计算机技术开始迅速发展以来，计算机在对语言的理解和教学中发挥了越来越重要的作用。例如，计算机出现之前，是凭编者积累卡片来编词典和语法，效率较低，也几乎没有办法检查这些语言规则在现实世界中的真实使用情况。语料库的出现改变了人们思考语言的方式，就像望远镜改变了天文学，X– 光机器刺激了医学的进步，录音机推动了社会语言学和口头话语研究的发展，录像机促进了小组互动的研究，摄谱仪（和类似的设备）深化了仪器语音学的发展（Simpson & Swales, 2001）。

---

[1] 本节第二部分内容已发表于《外语教学与研究》2007 年第 3 期。

随着语料库的不断扩容，用于处理语料库的软件也在不断更新。上世纪 90 年代出现了一场"语料库革命"（Chapelle，2001）。语料库的使用越来越受到几乎所有和语言相关领域的关注，经过几十年的发展，已渗透到语言研究的各个分支，如句法学、语义学、语用学、话语研究等；实现了McEnery & Wilson（1996，2001）的预言，在语料库形态、语料库规模、语料选择、语料处理、专题语料库、语言理论、翻译研究、文体学、语法和词典开发、"数据驱动"学习和话语研究等方面取得卓著成就。如今语言研究中，语料库相关的学问，即便不是显学，也称得上热门无疑。对此，学界有激赏，也有质疑（许家金，2017）。

尽管语料库语言学的概念在 20 世纪 80 年代初才出现，但基于语料库的研究已有相当长的一段历史了。语料库的发展史可以追溯到 1898 年Kaeding 编写的德语频率词典，1921 年美国 Thorndike 编写的教师词汇手册，1953 年 Micheal West 做的常用词义项频率统计，以及 1959 年 Quirk的英语用法调查等（参见梁茂成、李文中、许家金，2010）。在我国，从20 世纪 20 年代开始，就有学者建立文本的语料库，采用统计的方法来研究汉字的频率，其目的在于制定基础汉字的字表，如：《语体文应用字汇》（陈鹤琴，1925）。那时的语言学家也许用一个鞋盒子放入一些收集的书面语或者转写的文字纸片，并无代表性，只是些凭经验收集的小型观测数据（McEnery et al.，2006）。这些语料库并非计算机可读，但它们是现代语料库的雏形，在语料库的发展史上功不可没（冯志伟，2002）。1961 年美国布朗大学开始 100 万词规模机器可读语料库的建设，上世纪 70 年代英国开始 LOB 语料库的建设，中国也开始进行机器可读语料库的建设，如：汉语现代文学作品语料库（1979 年）；现代汉语语料库（1983 年），2000万字；中学语文教材语料库（1983 年），106 万 8 千字；现代汉语词频统计语料库（1983 年），182 万字。发展至今，语料库无论是从规模到类型都发生了深刻的变化。20 世纪 60 年代布朗家族语料库的诞生为语料库的发展做出了巨大的贡献，为后来的系列更大型的国家语料库以及更大型的平衡语料库建设提供了重要的参考。近年来，许多超大型的档案资料式语料库以及以网络为数据的语料库陆续建成，如：Google Books、LexisNexis、Hansard、NOW 等，为多学科的研究开辟了新的路径和方法。

（一）布朗家族语料库

1962 年在美国布朗大学 Nelson Francis 和 Henry Kučera 的带领下开始创建世界上第一个计算机可读的英语通用语料库 Brown Corpus，1964 年完工（Francis & Kučera，1964）。该语料库的建成意义重大，不仅因为它是历史上第一个机器可读通用语料库，而且是在当时美国乔姆斯基的转换生成语法理论盛行的背景下创建。乔姆斯基的理论引领了当时语言研究的方向，他明确反对使用语料库，认为语言研究应该围绕着语言能力而非语言表现。Brown Corpus 收集了 1961 年出版的美国英语的读物，共有 1014312 字，由 500 篇 2000 字的文本构成，包含 15 种文类，即：新闻报道、新闻社论、新闻评论、宗教、技能、行业和爱好、流行的传说、传记和散文、其他（报告、官方文件）、科学（学术散文）、普通小说、神秘与侦探小说、科幻小说、西方与冒险小说、浪漫小说、幽默。文本的选择标准注重代表性，其采样标准被许多语料库所采用，并先后建成了系列布朗家族语料库，如：Lancaster–Oslo/Bergen Corpus（Johansson *et al.*，1978）、Kolhapur Corpus of Indian English（Shastri *et al.*，1986）、Wellington Corpus of Written New Zealand English（Bauer，1993）、Macquarie Corpus of Written Australian English（Collins & Peters，1988）、Frown Corpus（Hundt *et al.*，1999）、Flob Corpus（Mair *et al.*，1999）、British English 2006 Corpus（Baker，2009）、Lancaster 1901（Leech & Smith，2005）、Lancaster 1931（Leech & Smith，2005）、Crown Corpus & CLOB Corpus（许家金、梁茂成，2009），以及汉语的 Lancaster Corpus of Mandarin Chinese（McEnery & Xiao，2004）和 ToRCH 语料库（许家金，2009、2014）。

布朗家族语料库成为语言研究极好的资源，成果层出不穷，有历时比较研究、共时比较研究，也有语法测量研究（Mair *et al.*，2002；Hudson，1994；Rayson *et al.*，1997；Granger & Rayson，1998；Biber *et al.*，1999；Rayson *et al.*，2002），如 Mair *et al.*（2002）发现英语中名词的使用在 1961—1991 年间有显著的增加，这和越来越多的名词化风格相关，而动词却处于稳定状态。这些研究中还有对单个语言细节和语法特征变迁的观察，如：McEnery & Xiao（2005）对英国英语和美国英语中 help 的用法做了历时和共时的比较研究，发现历经 30 年语言的发展，help 后面的不定式

to 的脱落现象在英国英语中（相比美国英语）更明显。Leech（2004）和 Leech & Smith（2006）对英英和美英的语言发展趋势进行了研究，发现了英国英语"口语化"和"美语化"的趋势。Rayson（2007）、Hundt（2004）对进行时的被动语态进行了观察，Leech（2004）和 Leech & Smith（2006）通过对核心情态动词与半情态动词的历时变迁以及英音和美音的差异研究，发现30年间情态动词使用的下降趋势和社会"民主化"以及"避免不平等"或"面子威胁"的趋势相关。还有其他的一些成果，不胜枚举。如今，这些语料库依然是研究语言变体和语言变迁的重要依据。

布朗家族语料库作为语料库的先行者为拓开语言研究的新思维功不可没，但它存在许多缺陷，比如，语料库中不同单词形式的频率通常呈离散幂律概率分布（Zipf，1935），其中第二个高频词出现的频率约为最高词频单词的一半，第三个高频词出现的频率约为三分之一，依此类推。如：Brown 语料库中出现次数最多的词"the"占语料库中所有词出现次数的7%，排名第二的是"of"占3.5%。因此，如果语料库要反映尽可能多的用法以及语言特征，那就需要大型的、多种类语料（Aston & Burnard，1998）。针对 Brown 和 LOB 语料库，Sinclair（1991：24）也指出它们能提供的只是大量文本中出现的相对高频单词的可靠信息，对于只出现在某些文本类型中的单词，它们的可靠性要低得多。所以，扩大各文类的量能在很大程度上解决这一问题。随着计算机技术的迅猛发展，大型语料库建设成为可能，国家语料库是其中重要的代表。

（二）国家语料库

通用语料库以系列的国家语料库为代表，如：英国国家语料库、美国国家语料库、波兰国家语料库、捷克国家语料库、匈牙利国家语料库、俄罗斯参考语料库、西班牙参考语料库、希腊国家语料库、德国国家语料库、斯洛伐克国家语料库、现代汉语语料库。国家语料库一般是通用语料库，代表一个国家的民族语言。它们取样时力求样本的全面性，能代表一种语言的全貌。虽然理想的国家语料库应按比例覆盖书面和口头语言，但大多数现有的国家语料库和正在建设中的语料库仅由书面数据为主，因为口头数据比书面数据更难获取，也更昂贵。以下以英国国家语料库和汉语通用语料库为例，观察其语料的构成。

1. 英国国家语料库（BNC）

第一个也是最著名的国家语料库当属英国国家语料库（BNC），第一版于 1994 年完成。设计的意图是尽可能广泛地代表现代英国英语。BNC 包含约 1 亿词，其中 90% 为书面文本，10% 现代英国英语的语音记录。时间跨度为 1960—1993 年间，使用三个标准选择书面文本："领域""时间"和"媒介"。领域是指文本的内容类型（即学科领域）；时间是指文本生产的时期；媒介是指文本出版的载体，如书籍、期刊或未出版的手稿。

BNC 中的口语数据收集基于两个标准："人口统计学"和"语境控制"。人口统计部分由 124 名志愿者的非正式的交谈录音组成，这些志愿者是按年龄组、性别、社会阶层和地理区域选择的，而"语境控制"部分则是在更正式的场合采集，如会议、讲座和无线电广播的录音，口语数据的两个组成部分相互补充，涵盖双向交流和单项交流的口语实例（参见 Aston & Burnard，1998）。

2014 年，英国兰卡斯特大学 CASS 中心受 ESRC 基金的资助，与剑桥大学联手开始 Spoken British National Corpus 2014（简写为 SPOKEN BNC 2014）的创建工作（Love et al.，2014）。新的口语语料取自 2012—2016 年间，来自 668 位志愿者的 1251 个录音，共计 11422617 个词。2017 年 9 月该语料库已经在兰卡斯特大学的 CQP 服务器上发布，免费使用。WRITTEN BNC 2014 为书面语部分，包含小说、学术期刊、报纸、杂志、博客等语料，建设正在进行中，可望 2019 年内发布。更新后的英国国家语料库将与 1994 年版一样，达 1 亿词。许多国家语料库项目仿效了 BNC 的建库标准，例如，美国国家语料库、波兰国家语料库和俄罗斯参考语料库等。

2. 现代汉语语料库

国家语委现代汉语通用平衡语料库于 1991 年 12 月由国家语言文字工作委员会提出立项，1998 年底建成，被列为国家语委"九五""十五"科研重大项目。全库约为 1 亿字符，时间跨度为 1919 年—2002 年。其中 1997 年以前的语料约 7000 万字符，均为手工录入印刷版语料；1997 之后的语料约为 3000 万字符，手工录入和取自电子文本各半。由人文与社会科学、自然科学及综合三个大类约 40 个小类组成。具体地说，人文社科分 8 个小类，占 59.6%，自然科学分 6 个小类，占 17.24，综合类，如：官方文件、法规、司法文件、商务文件、礼仪演讲、临时文件占 9.36%，报纸语料占 13.79%。

国家语料库的诞生为研究目标语语言提供了海量极佳的语言使用的例证，汉语平衡语料库还有北京大学中国语言学研究中心建设的汉语通用语料库，共计 4.77 亿字，包含现代汉语和古代汉语两部分，《人民日报》标注语料库（简称"PRF 语料库"）由北京大学计算语言研究所、富士通、人民日报三家单位联合开发。这些语料库的诞生改变了传统语言学研究用手工方法来获取语言知识的局面。也大大挑战了传统语言学所谓"例不过十不立，反例不过十不破"的朴学精神（冯志伟，2002）。

（三）口语语料库

虽然像国家语料库这样的一般语料库可能包含口语材料，但是还有一些知名的英语口语语料库和汉语口语语料库。如：London Lund Corpus（LLC）是首个即兴语言的机器可读语料库。该语料库由 1953—1987 年期间的录音文字构成。语料库来源于两个项目：伦敦大学学院的 The Survey of English Usage（SEU）和隆德大学 The Survey of Spoken English（SSE）。随后建成的兰开斯特 /IBM 英语口语语料库（SEC）包含大约 53000 个英语口语单词，主要取自 1984 年至 1991 年之间的广播节目。SEC 语料库旨在涵盖适合语音合成的语音类别。另外，伦敦青少年语言（COLT）的卑尔根语料库是第一个集青少年言语的大型英语口语语料库。它包含了 50 万个词（大约 55 个小时的记录），这些语料是 1993 年由来自 5 个不同学校的 31 名志愿者用正字法记录下来的青少年自发性谈话。这部分语料被纳入第一代英国国家语料库。其他还有各种用途的口语语料库，如：机器可读的英语口语语料库（MARSEC）是 SEC 的一个扩展，其中对原始的声学记录进行了数字化，并包括转录本音和声学信号之间的字级时间对齐。色调重音符号也被转换成 ASCII 符号，使语料库具有机器可读性。根据不同的研究目的还建成了剑桥诺丁汉英语话语语料库 /The Cambridge and Nottingham Corpus of Discourse in English、英语方言调查语料库 /The Spoken Corpus of the Survey of English Dialects、密西根学术口语语料库 /

The Michigan Corpus of Academic Spoken English、国际英语变体语料库 / The International Variation in English Corpus、朗曼英国口语语料库 /The Longman British Spoken Corpus、朗曼美国口语语料库 /The Longman Spoken American Corpus、圣芭芭拉美国口语语料库 /The Santa Barbara Corpus of Spoken American English、萨尔布鲁克英语口语语料库 /The Saarbrücken Corpus of Spoken English、电话语料库 /The Switchboard Corpus、威灵顿新西兰英语口语语料库 /The Wellington Corpus of Spoken New Zealand English、利默里克语料库爱尔兰英语 /The Limerick corpus of Irish English、香港会话英语语料库 /The Hong Kong Corpus of Conversational English 等等。

国内方面，由中国社会科学院主持建成的汉语口语情景语料库（SCCSD），收集了 1000 小时的汉语口语。语料库由三个子库组成：工作坊话语、汉语主要方言、演讲。该语料库社会话语的抽样框架是在黄皮书的基础上从社会学角度建立的，而家庭话语则是根据居住地域和职业来定义的（参见 Gu, 2003）。此外，近 10 多年来，国内先后有许多口语语料库问世，如：汉语学习者口语语料库、HSK 动态口语语料库、汉语中介语口语语料库、汉语儿童多模态口语语料库、外国学生汉语口语语料库，这些语料库多用于语言习得研究。

（四）学习者语料库

学习者语料库是学习第二语言（L2）的学习者所产生的写作或言语的集合。世界上第一个也是最著名的学习者语料库是国际学习者英语语料库（即 ICLE）。该项目于 1990 年在比利时鲁汶大学启动建设，目前包含来自 21 个不同语言背景的大学英语学生的 300 多万个论辩性论文写作，并被用作分析书面中介语语法、词汇特征的研究工具（参见 ICLE 网站）。1995 年 The Louvain International Database of Spoken English Interlanguage（LINDSEI）开始筹建，该库是 ICLE 对应的学习者口语语料库。最初，该库包含与法语母语学习者的 50 次访谈（30 名女性受试者，20 名男性受试者）的转写，除此之外，还编制了一份与英语母语者进行比较的访谈语料库，这种类型的语料库使口语中介语的各种特征的新研究成为可能。另外两个比较知名的学习者语料库是 The Longman Learners' Corpus 以及 The Cambridge Learner Corpus，前者包括来 1990—2002 年间自 21 个国家的学习者的 1000 万规模的课堂作文，每篇作文都做了详细的附码，部分做了错误标注。后者作为剑桥国际语料库（ICC）的一个子库，包含来自世界各地参加剑桥 ESOL 英语考试的学生的匿名考试作文，共有 150 个国家（100 个不同的母语背景）的 50000 篇作文。每篇作文都以学生第一语言、国籍、英语水平、年龄等信息进行编码。使用剑桥大学出版社开发的"学习者错误编码系统"，已对 800 多万个单词（或约 25000 个转写文本）进行了错误标注。

　　国内中国英语学习者语料库（CLEC）是 1999 年，由桂诗春和杨惠中主持，李文中、濮建忠、杨达复等学者主要参与下建成的。该语料库收集了包括中学生、大学英语 4 级和 6 级、专业英语低年级和高年级在内的 5 种学生的语料一百多万词，并对言语失误进行标注。其目的就是观察各类学生的英语特征和言语失误的情况，希望通过定量和定性的方法对中国学习者英语作出较为精确的描写，为我国学生的英语教学提供有用的反馈信息（桂诗春、杨惠中，2003）。该语料库的姊妹库中国学习者英语口语语料库（COLSEC）（卫乃兴、李文中、濮建忠，2007），收集了中国英语学习者的口语转写文本，采用 XML 语言对转写文本的错误、语音及非语言因素（语气、语调、停顿等）等进行标注，旨在建设可用于我国英语学习者口语能力研究的数据资源并进行书面语表达与口语的对比研究。

（五）监控语料库

　　监控语料库方法是上世纪 80 年代在 Sinclair 的倡导下发展起来的。Sinclair 反对像布朗这样的静态样本语料库，支持不断增长的动态监控语料库，从而可以观察语言的实时变化，以做共时研究所用。这种开放性的语料库不仅为字典编纂提供了重要的语言来源，也为许多学科通过语言观察态度和信仰等问题的动态变化开辟了独特的渠道。伯明翰大学最早开发一个监控语料库 Aviator，以泰晤士报为语料，以每年 1000 万的词量，用软件自动监控语言变化，使用一系列过滤器来识别和分类新的单词形式、新的单词或术语，以及意义的改变。1991 年伯明翰大学在 COBUILD 的项目中又创建了 The Bank of English 英国文库（BOE），该语料库是英语语言研究人员的重要资源，全库书面文本（75%）来自报纸、杂志、小说和非小说书籍、小册子、报告和网站，而口语文本（25%）包括电视和广播、会议、采访、讨论和对话等。语料库中的大部分材料代表英国英语（70%），而美国英语和其他英语变体分别占 20% 和 10%。目前英国文库拥有 6.5 亿字的书面和口头英语。随着新材料的不断添加，语料库规模在不断增长（见 Collins Corpus 网站）。

另一个著名的监控语料库是 The Global English Monitor Corpus/ 全球英语监测语料库，该语料库开建于 2001 年底，由世界主要英文报纸的电子文本构成。语料库旨在监测英文报纸上所反映的语言使用和语义变化，以便观察英国、美国、澳大利亚、巴基斯坦和南非的英语话语是否发生了相同或不同的变化。由于全球英语监测语料库将尽可能准确地监测态度和信仰的所有相关变化，因此，它不仅对于词典编纂者、历史语言学家和语义学家，而且对于全世界对社会和政治研究感兴趣的人来说，也是一个有用的工具。

（六）平行语料库

最早的平行语料库当属 Canadian Hansard Corpus，于 1995 年建成。它由加拿大议会以官方语言（英语和法语）出版的辩论组成。虽然其内容仅限于立法话语，但语料库涵盖了广泛的主题和风格，例如自发讨论、书面通信以及准备好的演讲，对翻译研究以及对比研究有着重要的意义。前期的平行语料库研究主要集中在欧洲，如奥斯陆大学的英语挪威语平行语料库、兰卡斯特大学早期创建的 ITU/Crater 平行库，以及爱丁堡大学 2005 年创建的 European Parliament Parallel Corpus（欧洲议会平行语料库），克姆尼茨英—德翻译语料库（ChemnitzE–GTranslation Corpus）、德—英文学文本平行语料库（GEPCOLT）、英语—挪威语平行语料库（ENPC）、英语—意大利语双向平行语料库（CEXI）、葡—英双向平行语料库（COMPARA），这些平行语料库的创建后，涌现了大量翻译研究成果（黄立波、朱志瑜，2013）。

近十几年以来，中国的平行语料库建设也取得很大的成绩，已建成多个英汉双语平行语料库。北京大学计算语言学研究所研制的英汉平行语料库、哈尔滨工业大学的英汉双语语料库、中科院软件所英汉双语语料库、中科院自动化所英汉双语语料库等。这些语料库主要是自然语言处理而非语言学研究。此外，国内近年来也建成了一些专门用途语料库，如外研社英汉文学作品语料库、冯友兰《中国哲学史》汉英对照语料库、李约瑟《中国科学技术史》英汉对照语料库、国家语委语言文字所英汉双语语料库、上海交通大学的莎士比亚戏剧英汉平行语料库（胡开宝、邹颂兵，2009），燕山大学的红楼梦译本平行语料库（刘泽权、田璐、刘超朋，2008），绍兴学院的鲁迅文学汉英平行语料库（杨坚定、孙鸿仁，2009）、常熟理工的英汉政治平行语料库（朱晓敏、曾国秀，2013）等，这些专门用途语料库为所在学科的 ESP 教学以及翻译和对比研究起到了重要的作用。

国内学界平行语料库研制方面值得关注的是 2002 年以来，北京外国语大学中国外语教育研究中心先后在教育部人文社科重点研究基地重大项目基金和国家社科基金的支持下，建成了规模约三千万字词的大型通用英汉平行语料库，在此基础上王克非教授主持完成的国家社科基金重大课题立项"超大型英汉平行语料库"，包括：1）通用英汉平行语料库 5000 万字词；2）专门英汉平行语料库 5300 万字词，分海事英汉平行语料库 2000 万字词，时政新闻英汉平行语料库 2000 万字词，财经英汉平行语料库 1000 千万字词，英汉口译语料库 300 万字词，是目前世界上规模最大、分类合理、采样规范、深度加工的超大型英汉平行语料库（王克非，2012）。围绕该平行语料库出现一批语料库翻译学研究成果，如王克非、秦洪武（2015）；胡开宝（2011）；王克非、刘鼎甲（2018）。

（七）历时语料库

建立历时语料库的目的除了一般意义上的语法研究之外，更重要的是能支持从变体角度研究语言演化的历史，更高的追求是让历时语料支持社会语言学研究（秦洪武、王克非 2014）。关于历时语料库建设不得不提美国杨百翰大学语料库研究团队，该团队创建了系列历时语料库。如：美国历史英语语料库（COHA）包含了来自 1810—2000 年的文本，总词量超过 4 亿。该中心还创建了谷歌书籍语料库（1470—1690），包含 7.5 亿词、汉莎语料库（1803—2005），包含 16.8 亿词；时代周刊语料库（1923—2006），包含 1 亿词；美国最高法院意见书语料库（1790 至今），包含了大约 1.3 亿词。还有新近为研究非正式口语所创建的电视语料库（1950—2018），含 3.25 亿词，以及电影语料库（1930—2018），含 2 亿词。这一组历时语料库的创建目的是服务于英语书面语和口语的历史演变研究。

另一个历时语料库群的建设集中在英国兰卡斯特大学的语料库研究中心，该中心创建和协助创建了近50个历时语料库，如：历时英语语料库/The ARCHER Corpus，英语对话语料库/Corpus of English Dialogues，帕顿书信第一卷/Paston Letters Vol 1，兰卡斯特新闻资讯（1654部分）/Lancaster Newsbooks Corpus（1654 part）等，这些语料库中有社会生活资料的内容，如The ARCHER Corpus包括日记、信件。这组语料库适用于语言变化、语篇和体裁惯例变化的广泛调查。该中心另一组引人注目的是超大型历时新闻语料库，包括大英图书馆C19新闻语料库系列，以及泰晤士报系列（1790—2000年每10年为一个子库）的新闻语料库。这些语料库规模宏大，为社会科学的研究提供了很好的历时文字资料。

历时语料库中值得一提的还有The Corpus of Early English Correspondence/早期英语函电语料库（Laitinen，2002），是目前国际上以书信为内容的最大的语料库，其建库宗旨是服务于社会语言学和语言历史的研究，全库包括96本已出版的约6000封个人信件，这些信件是1417年至1681年间由778人（女性占20%）所写，共计270万字。该库由芬兰学术院和赫尔辛基大学于1993—1997年资助的社会语言学和语言历史研究项目建成的。研究小组最初设想的数据必须满足以下五个条件：1）语料库的大小应足以研究词形的变化；2）作者及其读者的社会背景信息应易于获取；3）使用的语言必须是私人写作，并与口头习语密切相关；4）应易于获取材料，这些材料应以计算机形式提供或易于获得；（5）语料库应涵盖足够长的时间，以便进行历时比较（Nevalainen & Raumolin-Brunberg，1996：39）。该语料库附带一个发信者信息库，方便研究者查询各种社会语言变量，包括作者年龄、性别、出生地、教育程度、职业、社会阶层、住所以及与收件人的关系。

国内历时语料库的研制相对滞后，但近年来也有几个引人注目的历时语料库，如：2001年由北京大学研制的汉语语料库，分为古代汉语和现代汉语两部分。古代部分语料起点为周朝，直至民国初年，由经、史、曲、诗、词、诸子百家等构成，大多为全文收录，现代汉语分书面语和口语两部分组成，书面语由史传、应用文、报刊、文学、网络、电影电视、翻译作品、戏剧等语料构成，口语由1982年北京地区访谈资料以及电视访谈等语料构成。

汉语史语料库是另一项重要的汉语历时语料库，2010 年社科基金重大招标立项，由南京师范大学承担，是为深入研究汉语史所建设的专业语料库，该语料库取自东汉至隋朝的文献，其中含 1000 万字原始语料、1600 万字的深加工中古汉语语料，不仅可供汉语史研究者使用，同时也可供广大文史工作者及辞书编纂者使用（董志翘，2011a、2011b），该项目自主研发了"中古汉语语料库检索系统""中古汉语自动分词系统""中古汉语词义自动标注系统""中古汉语异文发现"等一系列创新软件，建成国内首个可用于汉语史研究的深加工中古汉语语料库（化振红，2014），为《汉语大词典》（第二版）修订、编纂等提供了 210 万字的中古语料。

语料库本身对于研究人员来说并无多大用处，只有通过语料库软件分析才能使语料库数据变得有意义。Baker（2006：2）指出语料库软件能帮助人们对大规模文本进行复杂的统计与计算，这些统计结果，诸如语言型式、词频信息如果用人工计算的话恐怕要花几天甚至几个月的时间。McEnery *et al.*（2006：7）认为语料库语言学是真正的研究领域，这一研究领域已经成为新研究的目标以及语言研究新的哲学方法，但是他们还是认为语料库语言学是一种方法，而不是像句法学、语义学或语用学那样是一门独立的学科。

二、基于语料库的语言研究

在以往的传统语言研究中，很大程度上依赖于母语使用者的直觉。这些直觉有时未必准确，因为大部分人只掌握了一部分语言知识，可能还带着自己的偏见或偏好，人的记忆力也具有局限性，另外，人们总是去注意那些特别的词和结构，却往往忽略普通词，这一点在凭直觉编造的例句的字典里尤为典型，尤其是词的搭配（Krishnamurthy，1996）。语料库的出现改变了语言研究的许多范式，为语言研究提供了有力工具，由于语料库语言学中的统计数据来自真实语言，且基于大型语料库所得到的数据避免了偶然性，因此，其结论更有说服力（梁茂成、李文中、许家金，2010：10）。基于语料库研究和基于直觉的研究各有特点，两者不应互相排斥而是相辅相成。自上世纪 90 年代以来，语料库在词汇、语法、语言变体、语言历时变迁、教学、翻译研究成果层出不穷。

（一）词汇与语法研究

　　词频统计能提供语言使用的频率信息，帮助人们测量各种语言现象在多大程度上可能会在实际语言使用中发生。检索则进一步提供文本更多的语境信息，这些信息使我们看清意义是如何呈现出来的。词语搭配观察可以了解语言意义的构成，通过在语料库中提取搭配信息进行词汇和语法的研究，是语料库对语言研究的一大贡献。常用于语料库搭配统计概念的有：互信息值（mutual information，即 MI）、对数似然值（log-likelihood，即 LL）、双对数值（log-log）、观察值与预期值之比（observed/expected）、z 值（z-score）以及 MI3 等，研究者可以根据研究问题选择统计方法。McEnery *et al.*（2006）基于 BNCweb，以"sweet"为例，提供了获取 sweet 的搭配信息的 9 个步骤（详见 2006：210），包括详细的分布统计信息。Krishnamurthy（2000）总结了语料库语言学对词汇搭配研究的四个要素，即搭配型式的识别，词频表的生成、检索、搭配工具。他认为，搭配是语料库语言学发展中受益最大的语言概念之一，只有在大规模的语料库中，我们才能把词语搭配的地位提升到超越简单定义的"两个词汇在一定距离内共现"的高度，从而优先考虑"表现误差"（performance-error）、"个体创造性"（idiolect creativity）等各种变化，把词语搭配确立为语言的一个强有力的组成规则。Partington（2004）在 Sinclair 研究的基础上，通过语料库中获取的搭配信息，对语义韵和语义偏向做了进一步的研究，研究发现一种语言的每一种语类都有它自己的语法和词汇，在不同的语境下可以有不同的功能、行为和意义（包括评价的）。

　　Carter & McCarthy（1999）利用口语语料库对英语中"get ＋ 被动语态"结构进行研究。Kreyer（2003）在英国国家语料库中 45000 词的书面语料中提取了 519 个"of 结构"以及 179 个"所有格"，考察它们在书面语中的用法，发现两种用法的选择与内在的两个因素有关，即："次序性"和"人的参与程度"。McEnery & Xiao（2005）基于 BROWN 系列的 4 个语料库，对影响语言使用者在 help 后选用两种不定式形式的潜在因素如：语言变体（英国英语和美国英语）、语言变迁（60 年代初和 90 年代初）等进行调查。结果表明与英式英语相比，在美语中人们更倾向于在 help 后使用不带 to 的动词不定式。从 1961 年到 1991 年 30 年间，语言使用发生了变化，英语和美语都趋向于在 help 后用不带 to 的动词不定式。美语中 help 后接名词短语时，后面多用不带 to 的不定式，而在英式英语中影响不是很稳定。在 help 的被动语态后面却无一例外都用带 to 的动词不定式。这些研究表明语料库在词汇教学中大有裨益，也可在语法研究中形成和检验句法理论。

（二）语言变体研究

语料库为语言变体的研究提供了大量的语言例证，打开了研究的思路，自上世纪 90 年代以来成果层出不穷。Biber（1995）基于 23 个语域的 500 个语篇的语域变异进行分析，他发现不同的语域或语类呈现一致的语言型式。Hyland & Polly（2004）通过对 240 篇总计 400 万字的二语研究生论文的分析，对元话语进行了重新评价，提出了一个更可靠的模型来探讨这些学生是如何使用元话语的，元话语提供了一种理解作者用来呈现命题材料的人际资源的方法，因此也是揭示学科群体的修辞和社会特性的一种手段。Lehmann（2002）基于 BNC 和 Longman Spoken American Corpus 对英国英语和美国英语中"零主语"关系从句进行调查分析。Kachru（2003）收集了印度、尼日利亚、新加坡及美国报纸读者给编辑的信件建成小型语料库对英语变体中的特指（definite reference）进行调查。McEnery et al.（2006）　基　于 Santa Barbara Corpus of Spoken American English 及 Corpus of Professional Spoken American English，采用 Biber（1988）多维（Multifeature/ 和 Multidimensional approach）方法对美国英语对话和演讲这两种语体进行比较分析。为了更加突出两种口语的语体特征，该研究还分析了 Frown 语料库中的学术文本子库，解释各语体语言特征，与 Tribble（1999）主题词分析的方法获得了殊途同归的结果。

（三）对比与历时研究

对比研究大都基于类比语料库（comparable corpora）及平行语料库（parallel corpora）。Altenberg & Granger（2002）著文介绍了基于语料库的跨语言研究的新趋势和新方法。2003 年 McEnery、Xiao 和 Mo 基于 FLOB/Frown 及 Lancaster Corpus of Mandarin Chinese（LCMC）对汉语、英语、美语中关于动词体标记的分布进行调查，发现汉语比英语更频繁地使用体标记，而英国英语和美国英语也有所不同。Rissanen（2014）基于 Helsinki

Corpus 对状语连接词 that 的用法从中世纪英语到现代英语进行历时分析。Mair *et al.*（2002）对 LOB 和 FLOB 两个英语语料库中的句子成分标注频率进行了调查，发现"名词＋名词"结构在 20 世纪末大幅上升。利奇、程晓（2012）通过 ^I 布朗家族语料库的 4 个子库，集中探讨英国英语和美国英语中最近的语法变迁。该研究方法对匹配的对应语料库进行比较，所用语料库均采用准确对等的抽样方法对间隔大致相同时间的书面语进行抽样提取语料样本。该研究揭示了英语用法增加和减少极为显著的模式，如进行体使用的增加与被动语态使用的减少，并通过口语化、语法化、美国化、密集化和规约化进程来解释上述变化。

（四）语言教学

Gavioli & Aston（2001）　在"Enriching reality : language corpora in language pedagogy"一文中指出，语料库不仅应该作为帮助教师选定教学内容的资源，而且可以成为学习者直接学习的资源。Thurstun & Candlin（1998）撰文介绍了许多利用语料库检索的新方法以用于学术英语词汇教学。他们认为基于语料库的材料给学习者提供了丰富的语言经历。学习者通过语料库检索去发现更多的例子及更多的上下文，这种经历能加强他们对词语搭配关系的认识以及对词语的理解。Conrad（1999）指出语言教师除了在课堂上用语料库检索的方法学习词汇和语法，还应利用语料库的方法帮助自己更好地理解语言的用法为学生设计出合理的教材，同时帮助学生更深入地利用语料库去理解语言的使用。

学习者语料库为研究二语习得提供学习者学习语言的实例，为更系统、更综合的二语习得研究提供有效依据。McEnery *et al.*（2006）立足 Longman Learners Corpus 的日本英语学习者子库中的语料来验证有关语法词素的习得次序先前研究的结果是否与真实语料一致。该研究用语料库分析软件 Wordsmith Tools 来统计词素错误的频率，以及 8 个语法词素的正确率排行。研究显示前人研究过关于语法词素习得的次序和基于学习者语料库的研究结果有所不同，值得人们再次探讨这一论题。勿庸置疑，基于大型学习者语料的研究将对此提供有效的依据。但怎样采集及设计学习者语料库对研究结果意义重大。一个设计不健全的语料库只能误导人们的研究，即使是设计完美的语料库，如果使用不当则结果亦然。

（五）语料库翻译研究

Mona Baker 于 1993 年 发 表 的 "Corpus linguistics and translation studies: Implication and applications" 一文，开启了真正意义上的基于语料库的翻译学研究之门，一些翻译语料库及基于翻译语料库的成果应运而生，这些研究旨在通过理论的建构和假设、各种各样的数据的描述、方法的探讨、产品导向、过程导向及翻译的功能等方面研究揭示翻译的普遍性和特殊性以及翻译的风格与翻译策略。各类翻译语料库的研制和应用也是其中的热门话题。Balirano（2013）以多模态的方法研究美国情景喜剧《生活大爆炸》中的幽默话语，他发现这些幽默并非被意大利观众所共享，建议翻译过程中译者必须找到当地观众能接受的幽默表达进行翻译。Xin（2014）则从翻译的英文旅游文本以及原创英语旅游文本比较中发现翻译的英文文本无论词长、句长、词汇密度、时态、互动功能，还是现代旅游观念都与原文本有所偏离。这种偏离不仅发生在翻译过程，同时还受到语言体系以及文化传统的影响，据此要求译者必须具备修辞技巧与目标语文化的写作能力。Leon & Luque（2013）对西班牙语、英语及法语三语语料库中关于旅游住宿场所相关的术语比较分析，从而辨别和描述这些概念和术语的共性，提出翻译当地旅游文本的建议和策略。Merakchi & Rogers（2013）基于 287, 306 个字的《科学美国人》杂志与阿拉伯语的 Majallat Al-Oloom（1995—2009）平行语料库做了当代英语和阿拉伯语科普文章翻译中教育隐喻的文化差异问题分析，他指出翻译科普文章过程中译者将阿拉伯读者的文化期许以及经历融入翻译中，意味着科普在不同文化之间存在细微差异，因此不能将翻译单纯看成是另一种语言的版本。McEnery *et al.*（2006）利用以下语料库展开了对比研究：1）英汉平行健康语料库 English-Chinese Parallel Health Corpus（CEPC-health），语料库涉及的语域为公共健康，文本类别为说明和叙事；2）汉语健康语料库（Chinese Health Corpus（C-health））；3）汉语南方周末报语料库（Weekly Corpus），该研究首先运用 ParaConc（version1.0）探究英汉平行语料库并检测怎样将英语的"体"的含义翻译成汉语。然后比较"体"标记在汉语译文和汉语母语中、在健康领域和一般领域中、在叙事文本和说明文本中的分布，来看相关因素对"体"标记分布有何影响。该研究发现，在对汉语语料库中

"体"标记进行合理的标注后，即使不懂汉语的读者也能从标注中理解汉语"体"的含义。该研究证明了平行语料库和类比母语语料库在翻译和语言比较研究中的价值，同时也向读者展示了如何利用 ParaConc 来探究平行语料库，以及 MonoConc Pro 在单语种语料库研究中的实际应用。

我们不难看出语料库作为研究工具已渗透到语言学研究的方方面面。语料库语言学已从以往以英语研究为主转向多语种、多层面、多视角的研究。语料库已经成为语言学研究人员不可或缺的资源。只讲内省的研究法无法抗拒真实语料的使用。语料库研究已经成为所有语言研究的重要内容，这预示着语言学研究的范式趋向多元化（钱毓芳，2007）。

第二节　语料库方法[1]

　　语料库结合语料库分析软件能使我们通过语言分析的新理念对常见的语言现象有新的领悟。语料库工具能够以各种方法分析数据，帮助研究人员更清晰地辨别语言型式。语料库诸方法被广泛应用于语言研究的方方面面，尤其近10年来，越来越多地应用于话语分析中。

　　语料库不包含语言本身新的信息，而它却蕴含着说话者的直觉信息。然而，将语料库与语料库语言分析软件相结合能够给予我们一个新的语言分析视角。语料库工具能够以多种方式帮助研究者以多种方式分析语言数据，厘清语言型式。鉴于本研究所用的语料库分析方法，以下将逐一讨论语料库分析的各个方法，即词频、词丛、主题词、搭配以及检索行。

一、词频及词丛

　　McEnery（2006）认为词频也许是语料库能够提供的最重要的数据类型。它能够帮助人们辨别最基本的语言特征，这些特征往往包含话语的意义。定量分析的最直接的方法是根据特殊的框架将数据（词符）分类并且计算这些数据的数量，在文本内部将这些数据归类（词类）。据此，我们可以利用这些测算出的词频对各种语言进行研究，包括字典的编撰。词频统计有助于我们建立模糊类别和梯度的概念（McEnery and Wilson，1996）。Mindt（1991）在英语对话语料库和12个当代戏剧语料库中调查人称和非人称主语在4个将来时的结构中的使用频率。他证明了先前的理论出现误差。鉴于语言中梯度和模糊度概念的普遍存在，量化分析在语言研究中必不可少。

　　词频信息也许是比较多个语料库时最有意思的信息。语料库统计的词频表能够用于分析和辨别与其他语料库的差异，这些差异可以为今后进一步深入研究提供切入点。词频表还能用于主题词表测算。然而，值得注意的是解读所有的语料库数据时要十分谨慎。词频表本身并不能解释那些高

---

[1] 本章部分内容已发表于《外语教学与研究》2010年第3期。

频或低频词的缘由，它也无法展示这些词汇的语境。因此，研究者需要结合定性研究对这些词频现象的解读。语料库软件 WordSmith Tools 能够帮助研究者快速生成词频表。

除了考察词频表中的个体词汇外，我们还可以观察每个词左右共现的固定型式，Scott（2004）将它们称之为词丛。词丛展示的是一个词的上下文以及其惯用的结构。词丛能够提供某个词的搭配语境信息，有时还能观察到那些惯用语结构，比如，我们可以考察分布在 bucket 这个词左二和右二范围内的 3 字词丛，结果可能出现 *kick the bucket* 之类的惯用语。WordSmith Tools（Scott 2004）能用来辨别高频的词丛，词丛的长度可以根据研究者需要来设定，一般为 2—5 个词。比如：我们设置 bucket 一词的左 5 到右 5 的 3 字词丛，结果将显示含 bucket 一词的 3 字词丛，也有可能 bucket 一词不出现在 3 字词丛中，但是所产生的 3 字词丛均在 bucket 一词的左 5 至右 5 的词汇中生成，比如：he kicked the。

二、主题词

语料库语言学中的主题词含义和传统上表示"重要"之意有所区别（参见 Williams，1976）。它指在和参考语料库（reference corpus）比较时统计出的具有特殊词频的词。Mike Scott（2004）的语料库分析软件 WordSmith Tools[1] 统计主题词时遵循以下标准：

1）主题词必须在语料库中出现率达到使用者设定的次数。

2）在和参考语料库比较时，它在语料库中的频率通过对数可能性（log-likelihood）或者卡方（chi-square）等概率统计后的值小于或等于使用者设定的 P 值。由此可见，主题词是指统计意义上拥有特殊频率的词。在统计主题词时，参考语料库的大小、体裁、时间跨度都需根据研究目的考虑在先。Berber-Sardinha（2000）曾经做过一个实验性研究，他将 5 个英语语料库作为目标语料库和大于他们 2 倍到 100 倍的参考语料库做比较，结果表明参考语料库大于目标语料库五倍和大于五倍以上所产出的主题词相似。由此可见，参考语料库大于目标语料库五倍可最大限度地产出主题词。值得一提的是，在选择英语参考语料库时还应该考虑语言变体问

---

[1] WordSmith Tools 是第一个能够提供主题词统计的公开发行软件。近年来其他的一些软件如 AntConc 及 Wmatrix 也可以用作此统计。

题，如英国英语和美国英语之间存在的诸如拼写及词汇的差异，如 mom/mum、realisation/realization、aubergine/egg plant，这些因素会影响主题词产出的差异（Qian, 2010）。

　　主题词在批判话语中具有重要意义，因为他们显示某种表达信息的方式，主题词所提供的这种信息促使研究人员进一步用定性的方法去解读某种语言现象，不失为很好的研究切入点。比如 McEnery（2005）在对关于"粗鲁语言"的语料库考察时发现 and 是一个主题词，深入探究其原因发现粗鲁语言总是和其他表示不良行为的词汇联系在一起，如 drunkenness、wantonness 等。又如钱毓芳（2010）在对中国《人民日报》关于恐怖主义的报道中发现"合作"这一主题词，表明在反恐问题上中国强调国际合作，同时也说明反恐问题是国际间合作必须达成的共识。

　　在做主题词的比较分析时，我们可以采取互为参考语料库的方法，发现各自的主题特点，以便帮助研究者看清不同的话语特征。比如钱毓芳、田海龙（2011）在比较朱镕基和温家宝两届总理在任期间的政府工作报告的话语特征时，采用互为参考语料库的方法测算主题词，结果发现朱镕基的政府工作报告中突出建立现代企业制度、安置下岗工人，而温家宝政府工作报告中则聚焦节能减排、解决农民工问题等主题。不同时期的主题词帮助研究者很快找到话语的轨迹，深入考察这些话语的嬗变，可以清晰地看到它与社会现实的互动关系，话语在建构社会的同时，社会也推动着话语的变化。

　　主题词分析可用于描述某一语体并且在语言中找出话语的轨迹（Baker, 2004：347）。近些年来主题词分析被许多学者用于话语分析中，然而 Baker（2004：348）指出："一个主题词表只提供给研究者语言型式，为了回答特殊的研究问题，研究者必须进行深入的阐释。"只有正确、有效地解读这些语料库方法所提供给我们真实的语言例证，才能充分发挥语料库的作用，因为词频本身并不能解释其高低之缘由，也不能提供这些词的语境信息。只有通过研究人员对定量的语言型式作定性的分析，才能透过这些现象看到话语的本质。

三、搭配

　　追溯搭配一词的起源，我们不得不提及 Firth，他在 1951 年发表题为 "Modes of Meaning" 一文，Collocation 一词首次由 Firth（1951）提出。1957 年该文被收集在《J. R. Firth 语言学文集 1934—1951》中，作为纪念文集由牛津大学出版社出版。[1]Firth（1951，1957：195）指出搭配是"习惯性相伴的词"。Hunston（2002：68）作出了类似的定义，她认为搭配指"单词共现的趋向"。Brown & Yule（1983：62）举了英语中的搭配例子：*hair is blond, trees are felled, eggs are rotten*（but *milk is sour*, and *butter is rancid*），*we kick with our feet*（but *punch with our fists*, and *bite with our teeth*）。"习惯性"和"趋向性"都表明其在语言词汇结构中的重要性，因为他们重复的频率很高。单凭操本族语言的人的直觉要准确掌握所有搭配的知识是不可能的（Stubbs，1996）。语料库为大规模词搭配研究提供了更可靠的技术支撑（Stubbs，1996；Hunston，2002）。

　　语料库分析软件测算搭配词（collocate）有三种最基本方法。它们分别是互信息分值（Mutual Information score，简称 MI）、T- 值（the T-score）及 Z- 值（the Z-score）。在本文的案例分析中采用的是互信息分值的方法，它用来测算搭配的强度，公式如下（Oakes，1998：174）：

$$MI\ (n,\ c)=\log_2 \frac{F(n,c)}{F(n)*F(c)}$$

　　在以上公式中，F（n, c）指节点词以及测算范围内搭配词的频率，F（n）等于中心词的频率，F（c）是搭配词的频率。该公式被 WordSmith Tools 所采用。

　　分析搭配的另一种方法是使用语料库检索功能，考察检索行并观察那些经常出现在节点词周围的共现词（co-occurrences），同时考察那些高频的型式。在第四、第五、第六章中将进行搭配分析，同时进行搭配网络分析。

四、检索和话语韵

　　检索是语料库语言学的核心，因为它可以让我们看到文本中许多重要的语言型式（Sinclair，1991：170）。很多语料库分析软件可以用来研究一个词的上下文，研究者可以根据自己的需要设定标准。检索程序最基本的功能是提供中心词在语料库中的词频信息，并展示该词的上下文信息。

---

[1] 感谢许家金教授为此提供的文献。

以下界面是 Wordsmith Tools 展示关联词 however 在美国低碳语料库中的例子。

N	Concordance
1	on their emissions. Heading into 2011, however, there were some surprising
2	, inevitably to pass. At Candle 79, however, a fine-dining organic vegan
3	again. One potential hurdle for aid, however, is the proposed merger of G
4	time, and distant in space." In Alaska, however, there was already evidence
5	2.3 tons per person. The analysis, however, offers solid ground for hope.
6	these are ballpark figures, but however you crunch the numbers, the
7	could get the job done. In California, however, most electricity already
8	tastier food. The research in California, however, offers the prospect of a
9	the political spectrum. In China's case, however, there is a huge bonus that
10	the political spectrum. In China's case, however, there is a huge bonus that
11	businesses that fit neither category, however. One of these was Kleiner's
12	we get to the main Darwin challenge, however, here's a simple puzzle to get
13	at several other oil companies, however, are more active in
14	B.T.U. This will be small consolation, however, if the total number of
15	. Open building lots were too costly, however. Instead, they bought a
16	from architects and developers, however. Wang Shu, the architect
17	or redwood trees. Rogers does, however, talk frequently about "the
18	reasons. Scarce American dollars, however, must be invested in the
19	without trying to dominate it. Events, however, are forcing Europe to retreat
20	the program kicks in." For farmers, however, this process isn't easy.

图 3.1　however 在 WordSmith Tools 中的检索行

通过检索行我们可以看到节点词左右的共现语境，以及词丛、语言型式、分布等信息，同时，还可以显示检索词的原文语境信息。计算机统计大大超出人们凭直觉能想象出的语言现象。比如：Stubbs（2001a）对英语 degree of 的语料库调查。

他发现 degree of 的左边总是伴随着数量形容词，而右边却是抽象名词（如表 3.1 所示）。因此他认为语料库检索功能对辨别词汇所处的典型词汇语法框架（typical lexicogrammatical frames）是非常有用的工具。

检索是怎样用于揭示话语的内在含义？Partington（2003）指出语料库检索功能有诸多途径来帮助解释说话者和写作者的态度。第一，检索情态动词，如：can, may, might, could, would 等；第二，研究诸如名词化（norminalisation）和形容词化（adjectivisation）等现象。我们可以检验词频表，特别是主题词表考察名词化现象，这些能告诉我们各种文本中高频的名词化词汇。在考察形容词化时，我们可以检索新闻标题中诸如

problem, *issue*, *question*, *concern*, *situation* 等词，再考察他们的修饰语（详见 Partington 2003: 14—17）。

表 3.1   Stubbs（2001a）对英语 degree of 的语料库调查

a certain	degree of humility
an enormous	degree of intuition
a greater	degree of social pleasure
a high	degree of accuracy
a high	degree of confidence
a large	degree of personal charm
a mild	degree of unsuitability
a reasonable	degree of economic securi
a reasonable	degree of privacy
a substantial	degree of association

检索分析可以延伸到语义偏向（semantic preference）的研究。语义偏向是指词项与一组语义相关的词或所谓的"词汇集"的频繁共现（Hoey，1997: 3）。以上的例子表明，短语 degree of 左侧语义偏好与数量词搭配，如：*enormous*, *high*, *greater*, *substantial* 等，而右侧偏向于和不具有评价性的词搭配，如：humility, intuition 等。

与语义偏向不同的是话语韵，Stubbs（2001a: 307）指出话语韵是一种语言特征，这种特征延伸至线性字符串中的多个单位，话语韵表达说话者的态度。假如我们检索普通语料库中 provide 一词，我们可以发现与 provide 搭配的都是表示积极的词汇[1]。因此我们认为如果某人说要 provide 什么，那么意味着他也许赞同那东西。既然他们具有评价性，话语韵通常表达说话者的说话意图，因而能分辨功能话语单位（Stubbs，2001b: 65）。Stubbs（2001b: 105）还指出单个字和其不同的搭配可以表达极其不同的评价结果。如汉语中"全力"一词，它右边的大部分搭配词语义偏向于警察努力打击犯罪，如：全力侦破、全力缉拿、全力清巢、全力铲除

---

[1] 在 British National Corpus，和 provide 搭配最多的内容有：*services*, *information*, *opportunities*, *support*, *funds*, *care*, *training*, *protection*, *entertainment*, *education* and *data*.

等，但也与表示积极的语义搭配，如：全力支持、全力维护。又如英语中 lead to 一词，它右边的搭配词既有积极的也有消极的，比如积极搭配词有：notable improvement/ 显著的完善、great successes（巨大的成功）、permanent opportunities（永久性的机会）、new developments（新发展）、professional qualification（职业资质）、improved human health（改善人类健康）、happiness（快乐）、formation（生成），specification（规范）等等；消极的搭配词：loss of life（人生伤害）、more problems（更多的问题）、unfair advantage and conflict（不公平的优势和冲突）、immediate withdrawal（即刻撤退）、drug taking and crime（吸毒和犯罪）、anxiety attacks（焦虑症发作）、serious problems（严重的问题）等等。

现代大型语料库能够提供给我们大量话语韵可靠的例证。这对话语分析无疑是一个重大的贡献。以下将讨论近年来基于语料库的批判话语分析的主要成果。

第三节　语料库与话语研究

一、语料库在话语研究中的优势

　　基于语料库研究和基于直觉研究各有特点，两者不应互相排斥而是相辅相成。语料库语言学作为调查语言学研究的工具，经过数十年的发展，已渐渐趋向成熟。它作为实证研究的源泉被用于以语言为对象的各个分支，如口语研究、词汇研究、语法、语义、语用、话语、社会语言学、文体学和篇章语言学研究，它渗透到语言研究的各个方向，同时也渐渐被用于社会科学各领域。在过去的几十年中，语料库语言学已然是语言学研究的一种必备的工具。语料库研究已经成为所有语言研究的一个重要的成分。Biber *et al.*（1998：3）指出，语料库方法有两个明显的优势，文本语料库提供了大量真实语言的例证，使得人们能够对使用中的语言进行实证研究，结合语料库自动分析软件，基于语料库的方法使得大规模的语言研究成为可能。

　　许多学者批评基于语料库的话语研究，认为这种方法有一定的局限性。Widdowson（2000）认为从语料库中抽取的信息和人们的直觉存在很大的差异。我们可以从语料库中获取第三人称信息来了解"人们在做什么"，而不是"人们知道什么"，也不是"他们认为他们做什么"等信息。我们只是从观察者的角度去旁观，而不是从一个当局者的内省出发。Cameron（1997：40）认为语料库语言学没有从历史的视角出发。她说无论数据库有多大，你都无法通过机器来还原历史和文化的重要性。她还指出语料库语言学有过多依赖报纸和共时资料的倾向。Borsley（2002）观察到语料库功能和人们的搜索能力有关。人们可能想知道在"She is the kind of person that friends of would do anything for"这个句子中是否存在寄生语缺现象，在这个句子中在 of 后面有一个寄生语缺，而在 for 后面有一个普通的语缺。目前还没有办法用计算机来检索这样的句子。语料库的另一个问题是人们难以从一个例子缺失的语料库中得出结论。Baldry（2000）批评语料库语言学将语言看做是一个脱离语境的独立的客体。因此，将语料库语言学和批判话语分析相结合是解决上述批评的有效途径。就像 Baker *et al.*（2008：283）所指出的那样，批判话语分析的缺陷在于将聚焦放在主观选择的小型文本上，而语料库语言学却不在意文本的语境、文本的生产、文本的接收及历史因素。那么，学界是如何来解决以上问题呢？

　　语料库在语言研究中的价值不言而喻，语料库包含大量的自然发生的语言数据，能够对某语言使用中的真实型式进行实证分析。语料库方法一方面能帮助研究者发现大量反映语言现象的例证，另一方面语料库分析展示给我们预期不到的语言型式。因此，"它能强化、反驳或者修正研究人员的直觉"（Partington，2003：12），事实上，语料库作为经验数据的源泉被用于调查许多关于语言的研究命题，如言语研究、词汇研究、语法、语义、语用、话语分析、社会语言学、文体学和篇章语言学等（McEnery & Wilson，1996）。

　　语料库在批判社会研究领域起到相当大的作用，它作为控制数据在话语研究中有着巨大的潜力（McEnery & Wilson，2001），它能使研究更加全面可靠。让研究人员客观地辨别自然发生的语言的型式，提供广泛使用的或鲜为人用的例证，这些例证在小型的研究中可能被疏忽（Baker & McEnery，2005）。比如，钱毓芳（2010）在《人民日报》语料库中发现"恐怖主义是毒瘤"的隐喻出现在检索行中，"毒瘤"一词在300多万的语料库中仅出现3次，如果没有检索行的分析，这个隐喻恐怕被忽视了。收集真实的语料，并将它们用于支持研究人员的推论，或者，更重要的是这些也许是反证，让人们重新思考。语料库的分析软件不仅展示那些在某一语篇并非一目了然的现象，而且也揭示研究者预料之外的隐含之思想，有时也许作者本人都没有察觉（Partington，2003）。例如，钱毓芳（2010）在分析英国《太阳报》关于恐怖主义的语料库时发现大量与二战相关的词汇，如：blitz，Churchillian 等，这些话语反映了英国媒体将"9.11"事件构建成"战争"，并支持美国的"反恐之战"，对"反恐之战"充满信心，如同二战期间战胜德国法西斯的"丘吉尔般的信心"。Hunston（2002）认为语料库方法是批评语言学家得力的工具，因为通过语料库可以观察到不断重复的语言，这些重复使用的语言能够帮助他们辨别隐含的意义。批判语言学家可利用语料库对高词频的调查更清晰地识别和描述语篇。

近十多年来越来越多的学者将语料库的方法和批判话语分析相结合。Partington（2004）生造了"语料库辅助下的话语分析"（CADS）这一术语。尽管语料库与话语分析相结合的研究历史很短，但成果层出不穷。在此将介绍一些具有代表性的研究成果。

二、语料库与话语研究的结合

Hardt-Mautner（1995）是第一位倡导运用语料库方法来做批判话语分析的学者，她认为语料库强大的检索功能有效地打破了定量和定性的研究的界限，语料库提供给我们强大的量化分析的基础。Stubbs（1996年）运用语料库的方法分析了 Baden Powell 对童子军（Boy Scouts）和女童军（Girl Guides）的最后一次报告，考察了隐含在单个词、语言型式、词汇和语法中的意识形态，他对最高频率的实词 happy 和 happiness 在两个语料库中的搭配分布进行了考察，发现男孩被告知要快乐（Boys are told to be happy），而女孩却被教诲让别人快乐（Girls are told to make others happy）。这些高频的语法结构引人瞩目，很大程度上能够影响人们对世界的看法。

Morrison & Love（1996）利用语料库检索方法结合批判话语分析方法对 1990 年两本津巴布韦杂志读者给编辑的信进行了研究，旨在考察隐含在受国家严格控制的新闻杂志上的"欢庆话语"。他们揭示了这种话语与津巴布韦的媒体和民间社会密切相关。他们认为语料库检索功能和批判话语分析策略可以有效地运用于研究大家共同的关注点和态度以及语料库中与信件相关的其他观点。

Flowerdew（1997）曾用基于语料库的批判话语分析方法对香港最后一任港都 Chris Patten 在任期间的话语策略进行研究，他收集了 Chris Patten 在任期间（1992—1997）所有的演讲、采访、公众大会发言、文章以及通知等，分析了 Patten 的话语策略即"旧式政治文体风格的转换""新文体风格的引进""预设策略"。Flowedew 认为 Patten 的话语是最后一任殖民官员体面交出政权的成功范例。

Piper（2000）基于一个包含关于终身学习的官方文件及学术出版物的语料库，讨论了个人的语言行为。她运用语料库检索方法发现关于终身学习的话语充满各种各样的议题、不同的权力关系和文化困惑。她指出语料库分析尽管不能回答所有的问题，但它确实是一种有力的工具，更主要的是为人们思考语言本身提供了新的途径。

Teubert（2001）集中研究了 25 个主题词，考察了这些主题词的词丛、短语搭配等揭示英国的"反亲欧派话语"。利用主题词研究的学者还有 Faiclough（2005），他对新工党语料库中的主题词"new"进行了深入的解读，他发现在基于新知识经济背景下的企业赢得了更大的社会公平。一种新的政治超越了新旧两种立场的界限。这种新现象和新逻辑反映在新工党的语言中。

Partington（2003）收集克林顿执政早期（1996—1999）白宫的 48 篇新闻发言稿，建成含有 25 万词次的专题语料库，借助语料库的很多方法分析了白宫的媒体顾问（spin-doctor）和狼群记者团（wolf-pack）的话语以揭示政客们和新闻界的关系。他发现语料库打开了研究的新视野，引发人们很多预见之外的思考，同时语料库的方法还可以融合其他的分析方法。

Baker & McEnery（2005）基于 UNHCR 语料库，考察了难民的话语建构，他们发现在新闻报道中难民一词经常用于比较结构，如"Like some refugee from Ricky Lake Show"，同时它还和一些表示水的隐喻相连，如："flood of refugees"，这些现象表明报纸以一种消极的语气来建构难民。此外，UNHCR 还包含着官方设想帮助难民的话语。

Orpin（2005）通过语料库检索和搭配统计功能对和腐败相关语义的词汇进行了研究，他发现这些分析提供了每个词的语义资料，突出了词汇内涵的不同并分辨了这些词所代表的地域差异。比如当这些词用来指英国之外发生的事件通常具有消极的内涵，反之，当指向和英国相关的类似事件时这些词的消极的程度则降低了许多。

Baker *et al.*（2008）基于 1 亿 4 千万的英国新闻语料库调查了英国大报及小报对难民、政治避难者、移民及移居者的话语建构。他们进行了主题词分析，发现语料库语言学和批判话语分析的互动研究能够帮助研究人员找到切入点并创建一个良性的研究循环。在该文中他们提出了一个基于语料库的 9 步话语分析框架（2008：295），具体步骤如下：

1. 通过历史、政治、文化做基于语境的主题分析，通过广泛的阅读，参考其他的批判话语研究，提炼出现存的话题、话语、策略；

2. 确定研究问题 / 语料库建设；

3. 进行词频、词丛、主题词、分布等语料库分析，在语料库中辨别那些有趣的点、与其他研究相关的话语、策略等；

4. 定性分析或者对小型具有代表性的数据（如：某些词汇的检索行为分析、或者是语料库中某个特别的文本，或一组文本）进行批判话语分析——辨别话语与策略等；

5. 形成新的设想或者研究问题；

6. 进一步做语料库分析，进一步辨别话语与策略；

7. 基于语料库分析进行互文性和互话语性分析；

8. 新的设想；

9. 深入的语料库分析，辨别更多的话语和策略。

该框架呈螺旋式上升的趋势，基于真实的语料将话语研究环环相扣，使定性和定量分析有机结合起来，使基于语料库的话语研究更全面、可靠。Baker 等人在 2013 年的另一项更大规模的研究中再次进行了实证性的考察，他们认为这是一个开放性的框架，研究者在定性和定量研究中循环往复，每个阶段都为下一阶段服务，旨在帮助提出新的假设，因此这个框架并没有穷尽（Baker *et al.*, 2013：27）。该框架的提出意味着基于语料库的话语研究方法走向成熟。

国内大部分的媒体研究从社会学和心理学的角度研究媒体的机构及新闻产出过程、新闻对受众的影响以及媒体对社会和文化的影响；另外有一些英汉新闻对比研究，主要从新闻的作用、新闻写作技巧，中英文语言的结构和思维特征的异同等角度进行研究，还有一些研究关注的是新闻词汇、句法、语篇的风格特点。这些研究把大众媒体与话语隔离开来，没有把语言层面与社会背景结合起来。更少有学者将语料库方法与批判话语分析的方法相结合对媒体语言进行研究。

媒体在当今世界的重要性不容置疑。既然话语在建构现实中起到至关重要的作用，媒体话语的威力及影响不言而喻。媒体话语研究是一个多学科交织的领域。它不仅涉及媒体及文化研究，同时也是语言学的研究命题。比如：对话分析、批判话语分析、人类交际学、语言人类学、语用学及社会语言学。它还包括文化地理学、心理学、社会学和旅游研究等等。

批判性的方法关注话语对社会认同、社会关系以及知识和信仰体系的影响，将之运用于媒体话语的研究对社会舆论环境、政策宣传、公众动员、公众沟通等方面的研究提供了新的视角。本书探讨的批判性的方法以及语料库辅助媒体话语研究的方法是值得我们深入研究的课题。

第四节　语料库的创建

Biber（1993）发表的《关于语料库设计的代表性问题》一文指出：在语料库的设计中，首先要进行理论研究，确定语言社区中区分文本的情境参数，确定语料库中要分析的语言特征类型。这些理论上的考虑应该辅之以对目标语料库中语言变异的实证研究，作为具体抽样决定的基础。然后，语料库的实际构建将按周期进行：最初的设计基于理论和初步研究分析，然后是文本收集，随后是语言变体的进一步实证调查和设计的修订。Atkin、Clear & Ostler（1992）提出了语料库建设基本流程的建议：（1）规格和设计；（2）来源的选择；（3）获得版权许可；（4）数据捕获和编码/标记；（5）语料库处理。

一、媒体的选择

在做媒体话语研究中，数据的采集至关重要，无论你采用何种研究方法，首先要做出的决定是收集什么样的数据，Bell（1991：12）认为在收集研究数据时应该从以下三方面考虑：内容形式（如新闻、广告、观点等）、内容载体（如出版社、电台、电视台等）、作品（如特别的新闻、节目以及所覆盖的时间）。

如何收集合适的新闻数据？ Bednarek & Caple（2012）提醒研究人员针对所收集的单篇新闻文本，应该谨慎对待他们的研究发现以确保所选择文本的典型性，而处理大规模文本的语料库语言学方法则要强调它的平衡性与代表性。同时我们还应该注意报纸之间的差异，比如地方报与全国性报纸之间、日报与周刊之间、大报与小报之间的关系，他们各自都有自己的风格，这意味着研究设计除了要考虑新闻话语中语言变体的因素外，还需要考虑传播以及社会历史语境。

二、媒体语料的采样

通过问询词方式在某个文本库中抽取数据建成专用语料库或称主题语料库（Specialised corpus），我们在收集语料时需要全面考虑如何达到数据的精准性问题。也就是说这个问题一方面所收集的文本都与主题相关，但却没有把数据库所有的相关文本收入；另一方面收集了所有相关的文本但同时将许多不相关的文本也纳入其中。从另一个角度说，建库时有可能存在收集文本不够全面或存在不相关的文本（noise）的问题。前一种情况有可能因为问询词项不足或缺失，后者却是因为问询词有所偏倚，在后续文本标记和标注中无谓的浪费时间。因此，精确合适的问询词显得尤其重要。它能帮助研究者获取精确、相关的文本。

为了赋予相关文本意义，建库者需要明确该专用语料库的用途，然后根据具体情况调整问询词的范围（Sinclair, 2004：81）。问询词范围的确定可依据研究问题所涵盖的时间跨度内所将涉及的相关主题，概念、人物、机构等特殊词项。这些特殊词项有利于聚焦研究问题，挖掘文本意义。从这点看，关于低碳经济的话语建构的研究，"低碳经济"毫无疑问是核心问询词，必将获取许多相关有用的文本，尤其是时间跨度大的情况下。但是，目前的研究目标之一是要考察围绕着低碳经济话语的政策走向。因此，建一个更内容丰富的语料库势在必行。

内容丰富的专题语料库存在着一些收入的文章不相关的问题。如果我们把问询词扩大到"低碳"，那么低碳生活、低碳环保、低碳能源等等都涵盖在其中，但是同时也发现与研究主题无关的"低碳钢"等也含在其中。研究者需在分析过程中考虑到这些因素，排除与主题无关的词项。

三、本研究语料的收集

本研究在 LexisNexis 数据库中收集了英国《泰晤士报》《金融时报》《卫报》《独立报》《电讯报》、美国《纽约时报》《华盛顿邮报》从 2000 年 1 月 1 日至 2014 年 1 月 31 日所有含有"low-carbon"一词的文本，同时还在中国《人民日报》图文数据库中，收集了同时期含有"低碳"一词的文本分别建成"英国低碳经济子库""美国低碳经济子库""中国低碳经济子库"，如表 3.2 所示：

表 3.2 低碳经济语料库

低碳经济语料库	时间	字数
英国低碳经济子库	2000.1.1—2014.12.31	3, 769, 340
美国低碳经济子库	2000.1.1—2014.12.31	439, 031
中国低碳经济子库	2000.1.1—2014.12.31	3, 787, 313

由于《人民日报》在中国的特殊的地位，收集它的语料具有代表性，能反映中国媒体中的低碳话语。自从 1949 年 8 月成为官方报纸以来，一直是国家的代言人，传递着政府的声音，也是中国发行量最大的报纸。第六章将分析它的发行方式以及读者群对低碳经济话语所构成的影响。

英国的报纸涵盖了五份在英国最有影响力的大报中包含"low-carbon"一词的文本。以纯文本的格式保存，每一年为一个文件。共有 180 个文档。这五份大报创办时间各异，由不同的公司拥有，有各自的政治立场，也有不同的读者群，具有很大的影响力。

表 3.3 报刊基本情况

报刊名称	《泰晤士报》	《卫报》	《每日电讯》	《独立报》	《金融时报》
创刊时间	1785 年	1821 年	1855 年	1886 年	1988 年
政治倾向	右倾	左倾	右倾	左倾	右倾

中国和英美国家有着截然不同的政治体制与经济状况，比如说，英美是发达国家，没有政府控制的报纸，而中国是发展中国家，报纸均为国有，拥有政府强大的舆论监督机制。英国是最早倡导减少温室气体排放，将气候变化的负面因素降低到最少的国家之一，也是最早开展低碳经济研究的国家，而美国作为发达国家的代表，对应对全球气候变化，发展低碳经济中也想展现一下世界领袖的风范。因此探寻其媒体关于低碳经济的话语建构具有重要意义。本研究所选三国的报刊以其在本国的重要性作为标准，每份报纸的观点都在本国具有影响力和代表性，他们都具备设置话语议程的能力，拥有话语权。

另外，在做中英美主流报刊的比较时，涉及两种语言，不同的语言比较无法测算出其主题词，因此，它必定要有各自的参考语料库。用于测算主题词的参考语料库通常要大于目标语料库，那么到底要多大呢？ Berber-Sardinha（2000）做了一个实验性研究，他对 5 个英语语料库，分别用不同大小的参考语料库（大于 2 倍到 100 倍不等），结果表明大于目标语料库 5 倍以上的参考语料库要比小型语料库参考语料库所产出的主题词多。那么什么参考语料库是合适的呢？至于这个问题 WordSmith Tools 的作者 Mike Scott 认为不存在差的参考语料库（2008）。但是，根据参考语料库主题的不同，会产出不同类型的主题词。比如，我们将低碳经济为主题的语料库与一个也是以低碳经济为主题的大型语料库相比，得出的主题词都集中到与报刊相关的词汇，如 yesterday，said，甚至是报刊的名称也列在主题词当中。假如我们将低碳经济语料库与普通的新闻语料库相比较，我们才会得到与低碳经济相关的主题词。

因此，斟酌了本研究的目的，我们采用了由美国宾夕法尼亚大学 LDC 数据中心出品的新闻语料库 Chinese Gigaword 和 English Gigaword 作为参考语料库。

Chinese Gigaword 是一个综合的新闻库，该库包含的语料从 1990—2014 的新华社、《人民日报》《联合早报》等新闻语料，由于本研究用于人民日报关于低碳经济的话语研究，因此，只采用了新华社的新闻语料库，总计字数 64，060，728。English Gigaword 是一个综合的英语新闻库，包含的语料从 1990—2014 的美联社、法新社等语料，我们提取了美联社语料，总计字数 144，977，032。

四、语料处理

本研究使用的是 WordSmith Tools 6，该软件不能识别汉语 GB2312 编码，只能识别 unicode 编码，因此，我们首先将语料通过 ICTCLAS 分词软件进行处理后（张华平、刘群，2013），再用 MLCT（Multilingual Corpus Toolkit）（Piao，2005）将他们转为 unicode 编码。英语语料使用 ANSI 编码。

〈 版次 〉 = 6
〈 版 名 〉 = 要闻
〈 标题 〉 = 深入 实施 创新 驱动 发展 战略 （ 学习 贯彻 党 的 十八 届 五中全会 精神 ）
〈 副标题 〉 = 刘 延 东
〈 作者 〉 = 刘 延 东
〈 正文 〉 =
刘 延 东
实施 创新 驱动 发展 战略 ， 是 《 中共中央 关于 制定 国民经济 和 社会 发展 第十三 个
议 》 的 重点 和 亮点 。 充分 体现 了 以 习 近平 同志 为 总书记 的 党中央 确立 发展
心 与 历史 担当 。 我们 要 深刻 领会 其 精神 实质 ， 准确 把握 其 根本 要求 ， 切实 增强
和 坚定性 。
　〈b〉一 、 深刻 理解 实施 创新 驱动 发展 战略 的 重大 意义 〈/b〉
　创新 发展 是 《 建议 》 提出 的 五大 发展 理念 之首 ， 是 贯穿 《 建议 》 全 篇
是 落实 创新 发展 理念 的 具体 行动 ， 是 一个 立足 全局 、 面向 全球 、 聚焦 关键
短期 的 、 局部 的 战略 。 这 是 党中央 在 我国 发展 关键 时期 作出 的 重大 决策 ， 契
创新 发展 是 我国 发展 的 形势 所 迫
　（ 一 ） 经过 几十 年 的 持续 快速 发展 ， 我国 经济 总量 跃居 世界 第二 ， 人均 GDP 接近 8000
不 平衡 和 资源 环境 刚性 约束 增强 等 矛盾 愈加 凸显 ， 处于 跨越 “ 中等 收入 陷阱 ”
新 常态 ， 基本 特点 是 速度 变化 、 结构 优化 和 动力 转换 ， 其中 动力 转换 最为 关键
程 和 质量 。 从 国际 经验 看 ， 二战 后 只有 少数 经济体 从 低收入 成功 迈向 高 收入 ， 从
代化 ， 他们 的 一 条 重要 经验 在于 紧紧 依靠 科技 创新 打造 了 竞争 的 新 优势 ， 从 而
位 势 。 未来 五年 是 全面 建成 小康 社会 决胜 阶段 ， 能否 成功 转变 发展 方式 ， 能否
“ 中等 收入 陷阱 ” ， 关键 是 看 能否 依靠 创新 打造 发展 新 引擎 ， 创造 一个 新 的
　（ 二 ） 创新 发展 是 国际 竞争 的 大势 所趋
　当前 世界 范围 内 新 一轮 科技 革命 和 产业 变革 蓄势 待发 ， 信息 技术 、 生物
泛 渗透 、 带动 以 绿色 、 智能 、 泛 在 为 特征 的 群体 性 技术 突破 ， 重大 颠覆 性
军事 、 安全 、 外交 等 产生 深刻 影响 ， 甚至 改变 国家 力量 对比 ， 成为 重塑 世界
各 大国 都 在 积极 强化 创新 部署 ， 如 美国 再 工业化 战略 、 德国 工业 4.0 战略 、 低
术 战略 等 应运而生 。 创新 已经 成为 大国 竞争 的 新 赛场 ， 谁 主导 创新 ， 谁 就 能
面临 赶超 跨越 的 难得 历史 机遇 ， 也 面临 差距 进一步 拉 大 的 风险 ， 只有 努力 在 创

图 3.1　ICTCLAS 分词软件分词后文本

第五节　语料库分析

一、语料库分析工具

如上所述，本研究采用了 WordSmith Tools version 6.0（Scott, 2014）。该软件是一套集语料库调查与统计分析包括检索、主题词、词频表为一体的语言分析软件。是被广泛使用的语料库分析软件。Version 4.0 问世后，克服了前几版的许多限制，比如检索行的封顶数量为 16868 行，4.0 版以后增加了许多新的功能，最重要的是它增加了支持 unicode 编码的语料分析，意味着可以用以分析包括中文文本在内的 140 多种语言。本研究使用的 6.0 版本，增加了自动按时间编序、词云计算等功能。比如我们要观察"低碳经济"的词丛，通过该软件的词云计算就可以得到以下的信息（见图 3.2），为我们观察词丛的分布提供了有力的帮助。

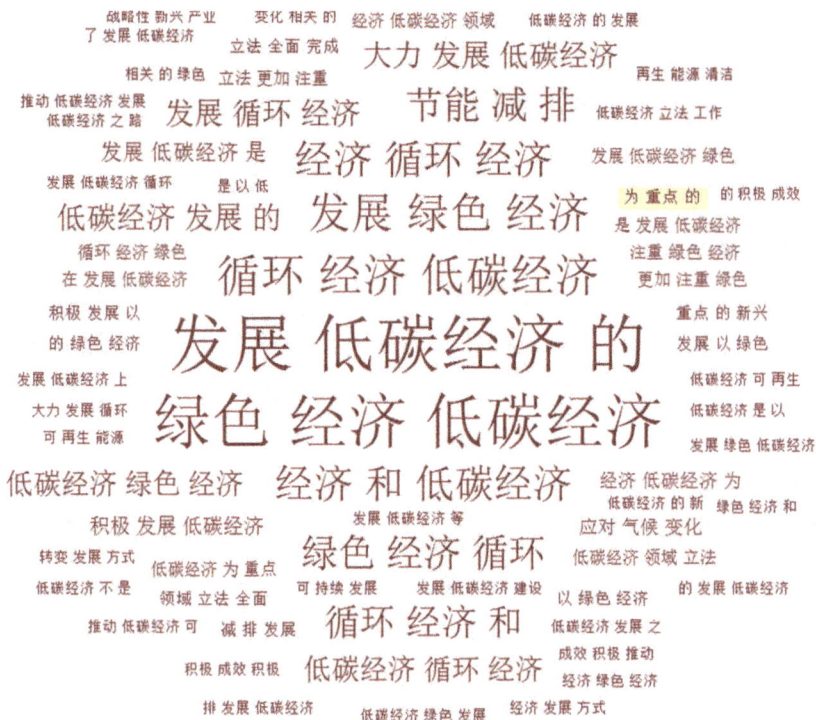

图 3.2　低碳经济的词云

二、语料库数据分析

　　第四、第五、第六章将展开基于语料库的媒体话语分析。确定本研究的方法后，利用 WordSmith Tools 6 通过词频、主题词、词丛、搭配、检索行进行定量分析，观察中国（第四章）、英国（第五章）、美国（第六章）主流报刊如何建构低碳话语，以及 15 年来低碳概念在不同时期的话语特征。第七章将比较三国主流报刊的异同并阐释这些差异所反映的社会现实。

　　第四、五、六章中也将结合定性的批判话语分析方法，比如为了更全面阐释某些词汇的特别用法，本研究将深入考察那些具有代表性的特别型式的检索行，通过这些检索行，我们可以观察到一些特殊的语言现象的使用情况，比如：隐喻、名词化、预设策略、引述以及互文等现象。最后，在第七章我们将通过社会、政治以及经济等语境，同时观察这些报刊的生产过程以及受众的定位等因素阐释语料库分析中的发现。

第六节　本章小结

本章讨论了基于语料库的话语分析方法，首先，我们介绍了基于语料库的语言研究方法，并且也综述了语料库在话语研究中的应用相关重要成果。随后，我们还介绍了为本研究所创建的语料库，以及使用的语料库分析软件 WordSmith Tools 6。最后，概述了如何使用这些方法来辅助回答本研究所提出的研究问题。

语料库技术与批判话语分析方法各有所能，相得益彰。语料库可弥补以往单凭直觉推断的缺陷，为人们提供自下而上的话语研究方法。如词频（frequency）、主题词（keywords）统计能反映一些有趣的语言现象和特殊的话语含义，是很好的研究切入点。语料库检索（concordance）则进一步提供文本语境信息，搭配（collocation）、词丛（cluster）、型式（pattern）等信息使我们看清话语是如何呈现出来的。语料库技术加上批判话语分析，使定量定性分析有机结合起来。语料库本身并不能解释语言现象存在之缘由，只有挖掘分析其社会情境（social context）才能使这些话语变得清澈明了。接下来三章将运用这些技巧来分析中国、英国、美国主流媒体围绕低碳的话语建构。

DOI https://doi.org/10.24103/CD3.cn.2019.4

第四章

《人民日报》围绕低碳的话语建构

本章收集了《人民日报》2000 年 1 月 1 日—2014 年 12 月 31 日含有"低碳"一词的所有文章，共计 3，787，313 字，旨在观察该报对低碳概念的建构，以及它所反映的中国在应对全球气候变化中所采取的行动、政策导向，以及低碳话语在媒体、政府、百姓之间的互动中的意义，这些意义对推动低碳经济的发展所起到的作用。我们按年建成一个文档，统计出每年该报对低碳的报道的总篇数，从而观察《人民日报》15 年来媒体对低碳话题的关注的分布情况以及当中的重要节点。

第一节   语料分布趋势

从图 4.1 中我们可以看出 2007 年之前《人民日报》对低碳的关注甚少，2001 年第一次出现"低碳"一词，之后报纸偶尔提及，直到 2007 年（27 篇）数量开始逐步增加，2010 年达到的 1115 篇，2011 年有 667 篇，2012 年后趋缓，但是底部较 2007 年前抬高了许多，2012—2014 年间每年保持 500 左右的篇数，显示了《人民日报》对于低碳话题持续的关注度。究其报道关注度的变化缘由，我们可以发现 2007 年 6 月国务院批准了国家发展和改革委员会会同有关部门制定的《中国应对气候变化国家方案》，该方案的公布大大提高了媒体对低碳概念的关注度。

鉴于《人民日报》对低碳报道的不同周期，我们以《中国应对气候变化国家方案》和"哥本哈根联合国气候变化大会"为节点，将《人民日报》的报道分为 3 个时期，2000 年 1 月 1 日至 2007 年 6 月 30 日为第一时期，2007 年 7 月 1 日至 2009 年 11 月 30 日为第二时期，2009 年 12 月 1 日至 2014 年 12 月 31 日为第三时期，观察不同时期报纸对低碳话语的建构，以及其话语的嬗变与社会变迁的关系。

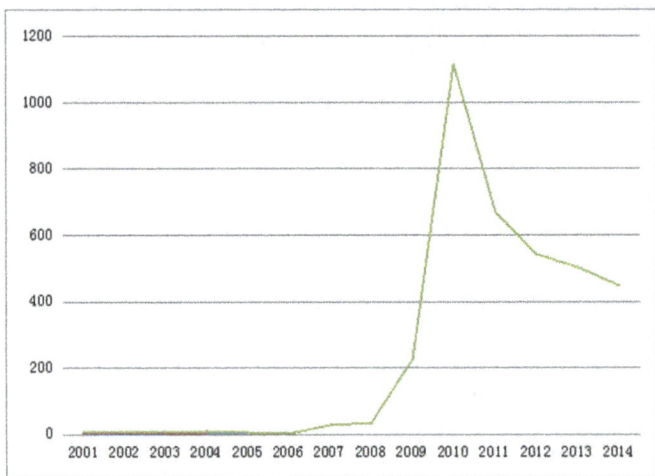

图 4.1 《人民日报》2000—2014 年间提及低碳的报道分布图

第二节　主题词分析

　　我们利用 WordSmith Tool 6（Scott 2014）将 Chinese Gigaword 作为参考语料库对《人民日报》三个时期的语料进行了主题词统计，观察围绕低碳概念的高频主题词（见表 4.1）。结果显示共现在三个阶段的主题词有气候、变化、能源、排放、中国、全球、减排、低碳、环境等，表明气候变化、减排、环境问题、能源问题是三个阶段围绕低碳概念的共同主题。围绕这几个主题不同时期的话语是否有变化？如果有，是以怎样的方式呢？我们从主题词表可以观察到除了共现的词以外，每个阶段还出现不同的高频主题词，如第一阶段：双方、欧盟、二氧化碳、议定书、英国、领导人、发达国家、对话、伙伴等；第二阶段：吴邦国、温家宝、美国、生态、节能、危机、产业、低碳经济、国际等；第三阶段：创新、城市、理念、环保、资源、转型、提升、世博会、推动、上海、北京、未来等。这些不同的主题词正体现了不同时期围绕低碳主题不同的关注点。

表 4.1　《人民日报》三个时期的前 30 个主题词

第一时期	第二时期	第三时期
气候、变化、双方、能源、排放、气体、温室、中国、欧、全球、欧盟、减排、二氧化碳、应对、合作、议定书、循环、发展中国家、伙伴、再生、京都、低碳、公约、英国、领导人、清洁、环境、同意、发达国家、对话	气候、变化、应对、中国、能源、全球、危机、排放、合作、绿色、节能、减排、吴邦国、生态、低碳、产业、美、论坛、气体、低碳经济、温室、国际、委员长、温家宝、发展中国家、持续、美国、再生、环境	生态、绿色、低碳、产业、中国、创新、城市、环境、文明、能源、气候、全球、方式、理念、环保、资源、排放、转型、节能、减排、提升、世博会、推动、成为、上海、北京、园区、合作、馆、未来

　　细读原文，我们可以看到，第一阶段《人民日报》重点报道与英国及欧盟关于应对气候变化的对话与合作，如 2004 年 5 月 11 日发表的《中英联合声明》，声明中部分内容涉及气候及能源问题，双方对《联合国气候变化框架公约》达成一致的意见，并希望尚未批准《京都议定书》的各方

尽早批准该议定书。双方同意共享科学和经济经验，以促进双方共同实现低碳经济和可持续发展。这是"低碳经济"一词首次见诸于《人民日报》，进入读者视野。

2005年9月5日，中国和欧盟签订《中国和欧盟气候变化联合宣言》，强调双方对《联合国气候变化框架公约》和《京都议定书》的目标和原则的承诺，并同意在此框架下建立气候变化伙伴关系。该伙伴关系将加强气候变化，包括清洁能源方面的合作与对话，促进可持续发展。伙伴关系将定期在适当高层，包括在中欧领导人会晤框架下，通过双边磋商机制开展后续活动。中欧双方商定在低碳技术的开发、应用和转让方面加强务实合作，以提高能源效率，促进低碳经济。

一、第一阶段

从主题词特征看，第一阶段《人民日报》的报道都是围绕着这两个重要文件所展开的讨论，频率较高的主题词"发达国家"与"发展中国家"，表明《人民日报》强调在应对全球气候变化过程中两者所扮演的角色，认为中国作为一个负责任的发展中国家，自1992年联合国环境与发展大会后，从国情出发采取了一系列政策措施，为减缓全球气候变化做出了积极的贡献。发达国家有责任也有能力为应对气候变化作出更大贡献，应继续率先承诺减排义务，并积极向发展中国家提供资金、技术、培训等援助，帮助发展中国家提高应对气候变化的能力。我们不难看出，发展中国家对发达国家的期许，发达国家应该履行对发展中国家的技术转让和资金支持承诺，切实帮助发展中国家提高减缓和适应气候变化能力。就像胡锦涛2007年6月8日在八国集团同发展中国家领导人对话会议上的讲话中指出的那样："国际社会应该本着尊重历史、立足现在、着眼未来的精神，树立新的利益观和合作模式，积极开展务实合作。要加强研发和推广高效利用化石燃料技术、节能技术、环保技术、可再生能源技术等，并使广大发展中国家买得起、用得上这些技术。"

主题词"英国"在这个时期被构建成应对全球气候变化的"引领者"（2004/9/23），《人民日报》的报道中经常介绍英国在发展低碳经济方面的经验，比如英国提出在建筑行业中推行"零碳"标准、在零售业中提倡"低碳"和"零排放"，建议超市上架商品都附带碳排放标签，以表明其

"生态足迹"，即产品在制造过程中使用一次能源所产生的温室气体排放量，从而让购买者很容易区分环保型产品和污染型产品（2007/5/11）。这些经验型的介绍，有利于读者更具象地理解低碳概念，了解那些使用诸如风能、太阳能、氢能等清洁能源生产出来的产品，唤醒人们低碳的消费意识，得到一种道德和良心上的满足感。这种对新能源生产的产品营销策略大大刺激新能源的市场活力，为普及和推动公众的减排意识也起到了重要作用。

第一阶段《人民日报》的报道主要以 2004 年 5 月 10 日发布的《中英联合声明》、2005 年 5 月《中国和欧盟气候变化联合宣言》、2007 年 3 月《欧盟新能源政策》《中国应对气候变化国家方案》（2007.6）为主线，构建了中国作为发展中大国在应对全球气候变化中负责任的形象。应对气候变化"挑战"和"机遇"并存，它已从"科学问题"演变为"经济和政治问题"。除了以上几个层面外，还传达了低碳减排将面临的问题，比如成本问题、国情问题等。

二、第二阶段

"低碳经济"一词出现在第二阶段的主题词表中。"低碳经济"提出的大背景，是全球气候变暖对人类生存和发展的严峻挑战。随着全球人口和经济规模的不断增长，能源使用带来的环境问题及其诱因不断地为人们所认识，不只是烟雾、光化学烟雾和酸雨等的危害，大气中二氧化碳（CO_2）浓度升高带来的全球气候变化也已被确认为不争的事实。《人民日报》曾多次引用专家对低碳经济的定义，比如：

例 1）低碳经济是以能效技术、可再生能源技术和温室气体减排技术的开发和运用为核心，以市场机制、制度框架和政策措施为先导，以减少化石燃料消耗和温室气体排放为标志，以经济社会与生态环境相互和谐为目标的新型发展模式。（2008/7/7）

例 2）低碳经济是以低能耗、低排放、低污染为特点，以减少碳基能源为标志，以实现可持续发展为目的的生产方式和生活方式。（2009/9/8）

例 3）低碳经济实质是能源高效利用、清洁能源开发、追求绿色 GDP 的问题，核心是能源技术和减排技术创新、产业结构和制度创新以及人类生存发展观念的根本性转变。（2009.11.3）

例4）"以低能耗、低污染、低排放为基础的经济模式，而且是人类社会继农业文明、工业文明之后的又一次重大进步。"（2009/11/30）

低碳经济被构建成是"新型发展模式""生产方式和生活方式""技术创新和制度创新""重大进步"，人们以不同的视角解读低碳经济，可持续发展是围绕低碳经济的主题。这些话语在很大意义上促进了低碳经济的发展，同时影响着人们的行为和生活方式。

在第二阶段的主题词表中出现时任领导人温家宝总理和吴邦国委员长的名字，考察与"温家宝"和"吴邦国"的共现动词有：说、讲话、主持、发表、出席、指出、强调、访问等，与吴邦国共现的动词是：指出、表示、调研、考察、前往、走进、会见、听取等。《人民日报》报道领导人发表对应气候变化的讲话以及他们的行动，表明发展低碳经济已经列到政府的议事日程，这些动词构建了领导人的行动力，《人民日报》转述领导人发表关于应对气候变化的讲话，旨在传递中国政府在应对全球气候变化的立场和原则。例如：

例5）在谈到气候变化问题时，温家宝说，气候变化是当今世界面临的共同挑战。中国政府对此高度重视，坚持可持续发展战略，采取有力措施应对气候变化和改善生态环境，并取得显著效果。我们愿在《联合国气候变化框架公约》及其《京都议定书》框架下，按照"共同但有区别的责任"原则，积极参与2012年后气候变化的国际讨论。中方愿在此问题上同德方保持协商与合作。（2007/8/27）

这个阶段"美国"一词频频出现在《人民日报》的报道中，这一阶段中美建立应对气候变化的战略伙伴关系，美国应对气候变化的政策以及国际社会对美国的期待成为这个时期的关注点。如中美签署《能源和环境合作十年框架》，举办中美清洁能源务实合作战略论坛，美国加入国际新能源组织并出台《美国清洁能源安全法案》等。其中"碳关税"等不合理因素引起格外关注。

美国作为目前世界上最大的温室气体排放国，对解决全球气候变化问题引全世界关注，《人民日报》援引联合国系统驻华协调代表马和励的观点："如果拿美国人均碳排放量作为衡量标准，我们需要消耗9个地球，但现实是我们只有一个地球。"（2007/12/7）显然美国的排放标准不可取。关于对美国的报道，《人民日报》多以转引的方式，构建在全球应对气候变化的过程中美国的形象。记者借用他人之口来表达对美国排放标准设置的不满。以上引述隐含着对美国的一个警示：我们只有一个地球。也隐含着对美国时任政府对气候变化采取积极态度的期盼。

10多年来，美国近两届政府和五届国会对气候变化问题的态度，从反对、质疑到关注、积极推动立法，也已经发生明显的转变。美国国会和各界都已经深刻意识到了气候变化的真实性和严重性。奥巴马自执政以来积极推动经济转型，敦促国会对气候问题进行立法，他也呼吁美国必须转变生产和能源消费方式，因为在这一领域的成功必然会创造出新的数以百万计的就业机会。奥巴马认为，这一新的可持续发展的战略转型也必然有利于美国经济在21世纪继续领先全球，不负众望奥巴马上任后，俨然以变革的姿态，通过调整气候政策，严肃对待气候谈判，把美国推向应对气候变化全球领袖的道义制高点（熊焰，2010：55）。但是我们可以看到一些民众的不满情绪，例如：

例6）一些绿色和平组织成员冲进美国南达科他州罗斯摩尔国家公园，爬上有着华盛顿、杰斐逊、西奥多·罗斯福和林肯巨大石雕头像的黑岗山上，悬下一幅有着奥巴马画像的巨幅标语，上面写着："尊敬的美国领导者而不是政客，请制止全球变暖"。参与此举的米勒女士说，他们对奥巴马总统在气候变化政策上的幻想已经破灭，因为奥巴马"妥协太多"。（2009/7/23）

《人民日报》还援引了对美国应对气候变化，发展低碳经济的各种观点，表明国际社会对美国行动的一种关注和期待如：

例7）随着哥本哈根联合国气候变化大会召开的日子越来越近，气候变化的话题日益受关注。22日和23日，由中国战略与管理研究会和美国布鲁金斯学会主办的首届中美清洁能源务实合作战略论坛在北京成功举办。中国和美国的国际能源资源环境相似，推进清洁能源战略的利益相近。在此前提下，中美双方在发展清洁能源领域方面有着广阔的合作前景。（2009/10/24）

例8）在回答有关美国减排目标的提问时，苏伟表示，美国能拿出怎样的方案，对哥本哈根大会能否取得最后成功至关重要，但美国的减排目标并不理想。（2009/12/10）

例9）尽管奥巴马总统信誓旦旦，要推动绿色经济和新能源计划，使美国成为应对全球气候变化的国际合作的领导者，但是，现实不尽人意。（2009/10/24）

三、第三阶段

哥本哈根会议使媒体对低碳经济的关注推向了高潮，也使世界各国对全球气候变化的危害达成了空前的共识，低碳一词成为家喻户晓的热词，上至政界要员下至平民百姓都关注低碳这一新词，世界各大媒体也冲锋在前，传播低碳的概念，一时间低碳的生活当时成为国际潮流。《人民日报》在哥本哈根会议以后对低碳的报道从低碳技术创新、生态文明理念、低碳发展理念、低碳环保理念到资源利用、经济结构转型全方位为发展低碳经济展开了讨论。为提高全社会对气候变化和低碳经济的认识水平做出了贡献，如：

例10）低碳技术研发与技术转让是发展中国家实现节能减排、发展低碳经济的关键环节之一。在这方面，我国面临低碳技术创新能力不足、国际先进低碳技术难以获得且引进成本高昂、低碳技术成果难以转化推广等方面的问题。同时，我国目前缺乏有效的激励机制去推动低碳技术发展。这主要体现在两个方面：一是还没有形成完整的政策支持体系；二是还没有形成稳定的投入机制。（2010/8/5）

中国 2010 年在上海举办第 41 届世界博览会（Expo 2010），此次世博会也是首届由中国举办的世界博览会。上海世博会以"城市，让生活更美好"（Better City, Better Life）为主题，《人民日报》进行了大量的专访，无论是政要还是专业人士观点都加深了人们对世博会理念的理解，如：

例11）胡劲军（上海世博会事务协调局副局长）：意味深长的是，价值观时有冲突的东西方，在低碳的旗帜下，在上海世博会拥有最大的共识。我们用彼此都听得懂、能理解的"低碳语言"交流，为城市更美好的未来共同努力。中国需要低碳，需要可持续发展，世界也需要低碳，需要人与自然和谐共处。在低碳理念与实践的交流中，我们才能拥有前所未有的发展动力。（2010/2/25）

例12）杨洁篪：上海世博会的绿色"低碳实践"是世博会历史上的创举，也为绿色外交提供了难得契机。我们与来访各国就合作应对气候变化深入探讨，为加强合作注入新动力。绿色外交昭示了中国坚持可持续发展和合作应对气候变化的政策理念，是世博外交最富时代内涵的亮点。（2010/11/1）

世博会的举行对低碳概念的普及与传播起到了重要作用，人们从各国的展馆领会低碳的理念，低碳理念实实在在走进了人们的生活，悄然改变着人们的生活方式。《人民日报》在报道时，将"低碳"概念构建成一个"和谐之源""发展动力""中西方对话的平台"。可以见得，《人民日报》设置的低碳议程，已经从技术层面延伸到政治、经济、健康、环境、道德、外交等领域。

第三节 "低碳经济"趋同化分析

一、"趋同化"概念

根据 Hall *et al.*（1978：223）的观点，趋同化发生于两个或更多的活动在表意的过程中联系在一起并以内隐或外显等形式趋向并行。考察趋同化的意义在于观察 10 多年来《人民日报》如何围绕低碳经济，不断融合新的概念建构可持续发展的核心理念，使它更加深入人心。本研究通过WordSmith Tools 统计了三个不同时期低碳经济的共现词（见附录二），从中可以看到"可持续发展"均为"低碳经济"的共现词，低碳经济在不断融合新概念的表意过程中，"可持续发展"始终是其趋同化的核心意义。三个不同时期可观察其趋同过程的变化。

"可持续发展"（Sustainable Development）是 20 世纪 80 年代提出的一个新概念，是人类对发展的认识深化的重要标志。1987 年，世界环境与发展委员会在《我们共同的未来》报告中，首次阐述了"可持续发展"的概念。报告指出，所谓"可持续发展"，就是要在"不损害未来一代需求的前提下，满足当前一代人的需求"。换句话说，可持续发展就是指经济、社会、资源和环境保护协调发展，既要达到发展经济的目的，又要保护好人类赖以生存的大气、淡水、海洋、土地和森林等自然资源和环境，使子孙后代能够永续发展和安居乐业。可持续发展的核心是发展，但要求在保持资源和环境永续利用的前提下实现经济和社会的发展。[1] 在此，低碳经济和可持续发展概念的趋同化表明发展低碳和经济可持续发展贯穿整个低碳概念话语。

二、"低碳经济"共现词

从三个阶段并列词的数量上看，我们不难看到他们分布的不均衡，第一阶段"低碳经济"只有两个并列词：吸碳经济、可持续发展，第二个时

---

[1] http://news.xinhuanet.com/ziliao/2002-08/21/content_533048.htm（2015.9.22）

期的并列词有：循环经济、生态经济、绿色经济、绿色发展、能源环境、节能减排、高科技、节能环保、清洁能源、可再生能源；第三个时期的并列词出现了井喷的现象，它与诸多其他的概念连接在一起。三个阶段无论从数量上还是并列词的内容上都出现较大的差异，在围绕着可持续发展的主题概念不变的大背景下，第二、第三阶段加入了更多的趋同概念。

随着人们对低碳经济的认识的不断提高，发展低碳经济的路子也在不断地拓展，第二阶段与低碳经济趋同的概念概括起来有：绿色经济、循环经济、节能环保、清洁能源、节能减排等，如下图所示：

国际金融危机，加强在	低碳经济	、绿色经济、节能环保等方面
将学生培养成具有发展	低碳经济	和低碳社会的理念和全球视野
绿色经济、循环经济、	低碳经济	是国际上一大趋势
绿色经济、循环经济、	低碳经济	成为重要趋势
绿色经济、循环经济、	低碳经济	有利于促进资源节约型节约型
一致认为向绿色经济、	低碳经济	转型十分关键，未来数年清洁能源
首批排污权交易，	低碳经济	、生态修复、排污权交易
两国在节能环保、	低碳经济	、循环经济领域拥有广阔的合作空间
要大力发展	低碳经济	、绿色产业。南昌是一座山水绿色城市
将面临发展清洁能源和	低碳经济	的新的竞争，要求我们
发展绿色能源科技与	低碳经济	的浪潮
积极发展	低碳经济	和绿色经济，优化能源结构
创新发展产业基地和	低碳经济	产业示范园区，计划三年内引进
高科技，节能环保	低碳经济	等方面互利合作
新能源、循环经济、	低碳经济	等新的发展趋势对科学技术
后京都议定书时代	低碳经济	和低碳生活已成为拯救地球
坚持绿色经济、	低碳经济	、循环经济的拓展方向，加强宜居
我们必须将生态和	低碳经济	融入最初的规划阶段，而不是最后
我国经济结构调整，将使	低碳经济	、可再生能源和清洁能源，洁净煤
希望两国企业将	低碳经济	、可再生能源和清洁能源以及高新
发展绿色经济，积极发展	低碳经济	和循环经济，研发和推广气候
加快发展	低碳经济	、绿色经济，努力占领国际产业竞争
中国将从六个方面推动	低碳经济	和社会的发展
长期竞争力主要集中在	低碳经济	和环保技术方面
集中优势力量，注重发展	低碳经济	循环经济和生态经济，提升传统
特别是在节能减排、	低碳经济	、环保技术上

在丹麦哥本哈根召开，	低碳经济	、低碳生活等，成为人们关注的热点
在这个背景下，	低碳经济	、低碳发展等一 burr 新概念

图 4.2 《人民日报》第二阶段"低碳经济"的并列词检索行

　　第三阶段将低碳经济概念延伸到国民经济的方方面面，如土地集约、生态集成、资源高效利用、创新发展、资源精深加工、科教兴国、新兴产业、高科技、高等教育、金融服务、医疗卫生、基础设施、资源开发、新能源、新材料、生物医药、节能环保、高端发展、物联网、区域经济、高速列车、新兴产业、扩大内需、调整结构、自主创新、节能减排、生态环保、"三农"工作、城乡和区域协调发展、生态文明、农业、旅游产业、世界能源革命。这些并列词的增加表明低碳经济的理念已经渗透到各行各业。围绕低碳概念的话语体系建构渐趋丰富及完整。《人民日报》不断将低碳经济话语带入新的语境，进而促成在新的社会语境中被转变为物质世界实在在的变化，话语在不经意间被物质化，使我们感受到社会变化（钱毓芳、田海龙，2011）。为了进一步考察围绕低碳经济的话语嬗变，以及它与社会的动态关系，以下我们将展开分析三个时期"低碳经济"一词的检索行（见附录 3）。

第四节 "低碳经济"的检索行分析

一、第一阶段

第一阶段,"低碳经济"一词共出现9次,我们可以发现2004年5月11日《人民日报》在报道《中英联合声明》时首次提及这一概念,直至2007年7月前,《人民日报》对低碳经济的关注度不高,只提及概念而已,这一时期报道多为转述政治人物、专家对如何提高能源效率,促进低碳经济的建言,同时,从技术和国际合作等层面上探讨走低碳经济和可持续发展之路,既体现可靠性、权威性又表明其重要性,低碳经济一词出现在人们的视野。如:

例13)双方同意分享科学和经济方面的经验,以利于双方共同努力实现低碳经济和可持续发展,通过"可再生能源和有效利用能源伙伴关系"等,加速开发对气候有益技术的全球市场。(2004/5/11)

例14)英国财政部在今年2月发布的《能源白皮书》中,将其经济定性为"低碳经济",具体的温室气体减排目标是:到2050年左右,将排放量由目前水平降低60%。(2004/9/23)

例15)英国环境、食品和农村事务大臣玛格丽特·贝克特在大会开幕仪式上说:"技术是实现向低碳经济转型的关键,是推进社会发展的重要力量。遏制全球变暖的时间表是大自然、科学和可以预见的气候变化决定的,我们在这个问题上不能讨价还价。"(2005/11/3)

例16)我们将在低碳技术的开发、应用和转让方面加强务实合作,以提高能源效率,并促进低碳经济。(2005/9/6)

例17)2005年9月5日,中国和欧盟发表了《中国和欧盟气候变化联合宣言》,确定在气候变化领域建立中欧伙伴关系。中欧双方将在低碳技术的开发、应用和转让方面加强务实合作,以提高能源效率,促进低碳经济。2006年1月12日,美国、澳大利亚、日本、中国、印度和韩国等六国在澳大利亚正式启动了"亚太清洁发展与气候新伙伴计划"。中国还与一些国家开展了双边气候合作。(2006/2/16)

例 18）中国要向低碳经济转型，减排成本远比想象的大。例如，建筑节能改造需要额外投资约为 15%，可再生能源相比传统能源需要额外投资在 30% 以上。巨额资金从何而来？（2007/4/5）

例 19）曾培炎说，全球气候变暖对自然生态系统和人类生存环境产生了严重影响。中国高度重视应对气候变化问题，已于近期颁布了应对气候变化国家方案和节能减排综合性工作方案。我们将以科学发展观为指导，坚持"共同但有区别的责任"原则，大力推进结构调整，节约能源资源，加强生态工程建设，控制人口增长，积极发展"低碳经济"和"吸碳经济"，努力控制温室气体排放，不断提高适应气候变化的能力，为改善全球环境做出贡献。（2007/6/6）

这个阶段，报道都聚焦国际合作，构建一个负责任的大国的形象，推进低碳经济的发展，由于处于探索阶段，报道通过转述政治人物、专家对发展低碳经济的观点，支持和推动这一经济模式的发展，但是也转达人们对这一新的经济模式的忧虑。

二、第二阶段

第二阶段出现了 212 次"低碳经济"，这个阶段国务院发布的《中国应对气候变化国家方案》（2007）和《中国应对气候变化的政策与行动》白皮书（2008），探索适合国情的低碳经济发展战略是这个时期的要点，为了发展低碳经济，节能减排被比喻成"攻坚战"，表明了虽然走低碳之路任重道远，将面临很多的困难和挑战，但政府具有坚定信心朝目标迈进。

例 20）低碳经济是当前以及未来国际社会的潮流与方向，是降低温室气体排放和减缓气候变化的根本途径。在借鉴国际经验的同时，中国目前正在积极开展低碳经济发展的相关政策和技术研究，探索适合国情的低碳经济发展战略……在国际金融危机的背景下，今年 3 月十一届全国人大二次会议通过的《政府工作报告》提出要毫不松懈地加强节能减排和生态环保工作：突出抓好工业、交通、建筑三大领域节能；大力发展循环经济和清洁能源；健全节能环保各项政策，按照节能减排指标体系、考核体系、监测体系，狠抓落实；开展全民节能减排行动；继续强化重点流域、区域污染防治；推进农村环境综合整治；实施应对气候变化国家方案，提高应对气候变化能力。在这些方面，全国各地都有积极的行动……当前，中国的环境形势依然严峻，保护环境任重道远。让我们每个人从自身做起，更加珍惜来之不易的环境保护成果，在减少污染的过程中尽到自己的责任。（2009/6/5）

例21）转得坚定，就是通过转变观念，清醒认识转变经济发展方式的主要抓手，以更有力的手段推动节能减排，强化目标责任制、工作问责制和一票否决制，坚决淘汰落后生产能力，严格控制新建高耗能高污染项目，大力发展循环经济和低碳经济，务必打赢节能减排攻坚战。（2008/8/29）

人们普遍认为实现向低碳经济的转型，不仅要从政府侧面制定正确的政策、法规等，还要通过市场手段，引导资源向低碳方向配置，同时必须大力推动科技进步。整个低碳经济的核心引擎，其实就是在技术上的进步（熊焰，2010：Ⅳ）。这个阶段，对应对全球气候变化走低碳之路的探索已经有了更长足的认识，除了上述提到的3个机制外，改变人类的行为方式和生活方式也倍受人们的关注。《人民日报》转引了各方倡导低碳生活方式的观点。

例22）马和励强调，我们除了要稳定全球温室气体排放量，更要告诉人们应当如何控制温室气体排放和提高适应气候变化能力。最重要的是，我们应当逐渐过渡到低碳经济模式，提倡低碳的生活方式。（2007/12/7）

例23）吴晓青（民建）：我国社会经济正处于资源、环境约束最为严重的时期，低碳之路无疑为中国的可持续发展提供了一条新的途径。应结合我国建设资源节约型、环境友好型社会和节能减排的工作需求，尽快研究制定国家低碳经济发展战略，开展社会经济发展碳排放强度评价，指导和引领政府、企业、居民的行动方向和行为方式。（2008/3/5）

这一阶段，也表现了中国在未来国际经济竞争的憧憬以及强烈的竞争意识，调整经济结果、增强抵御气候变化的能力，争取占领未来国际经济竞争的制高点。如：

例24）目前，作为世界经济发展的一个潮流，从美国、德国、日本等西方发达国家到巴西、印度等发展中国家，都推出了一系列发展低碳经济的举措。我国要抢占未来国际经济竞争的制高点，就必须把发展低碳经济作为战略选择，通过调整经济结构、优化能源结构、节能、提高能效、开

发利用可再生能源和新能源、植树造林等政策措施，控制温室气体排放，增加森林碳汇，促进绿色经济增长。（2009/9/8）

例 25）清华大学—剑桥大学—麻省理工学院低碳能源大学联盟（简称"三校联盟"）成立仪式今日在北京举行，三所著名大学将聚合各自的能力与资源，致力于将学生培养成具有发展低碳经济和低碳社会的理念和全球视野、引领低碳经济发展的年轻一代领军人物。目前，三校联盟已经明确了洁净煤技术和 CCS（碳捕获和埋存）等 6 个主要合作领域。（2009/11/16）

从政府层面也能看到其对发展低碳经济的重视程度，将之作为落实科学发展观的"内在要求""主攻方向"以及社会发展的"动力"。

例 26）吴邦国指出，发展低碳经济，促进节能减排，是落实科学发展观、实现可持续发展的内在要求，是应对气候变化、参与国际竞争的客观需要，也是结构调整、产业升级的主攻方向。我们一定要抓住当今世界开始重视低碳经济发展的机遇，加快发展太阳能、风能等可再生能源，加快开发洁净煤、智能电网、新能源汽车、碳捕捉等技术，加快建筑节能步伐，为实现经济社会可持续发展提供新的不竭动力。（2009/7/8）

承接第一阶段对发展中国家减排标准有区别地对待的呼吁，这一阶段仍然重申这一国际社会的共识，即"损有余，补不足"，一方面限制发达国家排放权，另一方面也给历史排放很少的发展中国家预留出发展空间。同时发达国家要对发展中国家给予技术和资金的援助，帮助后者实现节能减排的目标。

例 27）气候变化是国际社会普遍关心的重大全球性问题。气候变化既是环境问题，也是发展问题，但归根到底是发展问题。《联合国气候变化框架公约》指出，历史上和目前全球温室气体排放的最大部分源自发达国家，发展中国家的人均排放仍相对较低，发展中国家在全球排放中所占的份额将会增加，以满足其经济和社会发展需要。《气候公约》明确提出，各缔约方应在公平的基础上，根据他们共同但有区别的责任和各自的能力，为人类当代和后代的利益保护气候系统，发达国家缔约方应率先采取行动应对气候变化及其不利影响。（2009/6/5）

例 28）报告强调，人类必须而且可以转向采用低排放、高增长的途径来应对发展和气候的挑战，它将伴随着发展中国家前所未有的巨大的社会和经济调整。要实现这种转变必须提高投资并将资源引导到低碳经济领域，以增强抵御气候变化的能力。（2009/9/3）

中国作为一个负责任的发展中国家，对气候变化问题高度重视。2007年发布实施了《应对气候变化国家方案》，成为第一个制定应对气候变化国家方案的发展中国家。在实际行动中，中国政府在调整经济结构、发展循环经济、节约能源、提高能效、淘汰落后产能、发展可再生能源、优化能源结构等方面采取了一系列政策措施，取得了显著效果。国际合作也是发展低碳经济的重要举措之一，如：

例29）双方一致认为，向绿色经济、低碳经济转型十分关键，未来数年清洁能源产业将为两国民众提供大量机会，欢迎在今年七月首轮中美战略与经济对话期间宣布并于奥巴马总统访华期间正式签署的《中美关于加强气候变化、能源和环境合作的谅解备忘录》基础上，双方为推进气候变化、能源和环境的政策对话和务实合作采取重要步骤。（2009/11/18）

例30）2003年至2008年，世界环境日的主题分别关涉水资源、海洋、绿色城市、旱地沙漠化、冰川消融和低碳经济等具体问题，今年世界环境日主题回到宏观行动层面，向世界发出呼吁：联合起来应对气候变化。今年年底世界各国将在丹麦的哥本哈根举行国际气候协商会议，在年中的世界环境日活动中彰显这一主题，为年底的会议能够取得积极成果作了铺垫，强调了国际合作在环境保护中的重要作用。（2009/11/18）

三、第三阶段

2009年12月7日—18日为期两周的《联合国气候变化框架公约》第15次缔约方会议暨《京都议定书》第5次缔约方会议在丹麦首都哥本哈根召开，这一会议也被称为哥本哈根联合国气候变化大会，192个国家的环境部长和其他官员们商讨《京都议定书》一期承诺到期后的后续方案，就未来应对气候变化的全球行动签署新的协议。这是继《京都议定书》后又一重要的全球气候协议书，对地球今后的气候变化走向将产生决定性的影响。这次会议被喻为"拯救人类的最后一次机会"。时任温家宝总理在会上发表了题为《凝聚共识、加强合作，推进应对气候变化历史进程》的重要讲话（见附录六）。

这次会议将世界各国媒体对应对气候变化，走低碳之路的关注推向了高潮，各国政要、东西方媒体、企业家和老百姓，都不约而同地在热议这个诞生还不到7年的新词。"低碳"生活方式已成为国际潮流，我国也明确把"低碳经济"纳入"十二五"国民经济和社会发展规划。十六大以来，党中央相继提出走新型工业化发展道路，发展低碳经济、循环经济，建立资源节约型、环境友好型社会，建设创新型国家，建设生态文明等新的发展理念和战略举措。十八大报告，首次提出"美丽中国""三个发展"理念。《人民日报》也全方位传递低碳经济的理念以及它所面临的问题与挑战。如：

例31）中国社会科学院城市发展与环境中心主任潘家华也认为，对低碳经济应该全方位理解，中国对"低碳经济"应该有自己的认识，"节能就是发展低碳经济，利用可再生能源也是发展低碳经济，而且消费方面我们有非常大的空间，现在所有的广告都说是尊贵奢华，这绝对不是低碳的，所以需要每个消费者也要做相应的努力，帮助我们走向低碳经济。"（2009/12/30）

例32）与会者强调，在能源问题、环境问题日益成为经济社会发展制约瓶颈的大背景下，城市的发展必须有节能意识、环保理念，这也是实现"绿色北京"的必然要求。当前，应抓住世界能源革命和低碳经济发展的机遇，将节能减排与培育新的经济增长点相结合，加快新能源、替代能源和节能产业发展，把北京建设成为资源节约型和环境友好型城市。2009/12/25

例33）货币政策目标不应只盯通货膨胀率，将围绕保持较低通货膨胀率，保持经济增长，保持较高的就业率，保持国际收支平衡四大目标来设定向低碳经济转型过程中有大批传统产业改造、大量新兴产业成长，必将产生巨大"绿色信贷"需求。"低碳金融"将成中国金融业新的"兴奋点"。（2009/12/23）

例34）发展低碳经济，是中国实现科学发展、和谐发展、绿色发展、低代价发展的迫切要求和战略选择。既促进节能减排，又推进生态建设，实现经济社会可持续发展，与国家正在开展的建设资源节约型、环境友好型社会在本质上一致，与国家宏观政策吻合。（2010/1/28）

例35）引领农民过低碳生活，关键是要解决好农村能源使用问题。近年来，固安县积极推行"畜—沼—果、畜—沼—菜、畜—沼—粮"的种养循环发展模式，把沼气用途进一步向生产生活延伸，不仅解决了群众的生活用能，还带动了生态养殖业和高效种植业的发展，有效地促进了农民收入快速增长。（2010/10/17）

例36）低碳经济的健康发展离不开相关道德规范对低碳营销行为的指导和约束。研究建立低碳营销的道德规范是一个系统工程，需要政府、企业、消费者和全社会的共同参与。当前，应在以下几个方面着力。（2013/5/6）

例37）随着当代科学技术的飞速发展，科技新词汇层出不穷，从节能环保领域的循环经济、低碳经济到信息领域的物联网、云计算、大数据，以及高端制造领域的3D打印甚至4D打印，每每令人眼花缭乱、心动脑热。对于这些新技术、新概念，科技界、产业界和媒体迅速跟进无可厚非，地方政府、相关企业抢先"卡位"的做法也可以理解。但是，众口一词的热炒和一哄而上的跟风往往会使科技发展难以承受炒作之重。（2013/5/6）

例38）健全政府主导的投融资机制。低碳产业发展投入大、见效慢，需要政府发挥主导作用，着力形成完善的法律体系和连贯的政策措施，充分发挥财税政策的调控作用。首先，加大低碳经济的财政投资，突出重点，采用灵活的资金使用方式促进低碳经济发展。其次，建立地方绿色税收制度，适时开征碳税、环境税，鼓励企业增加节能减排投资。第三，建立地方政府低碳经济发展基金，支持低碳环保项目、环境监管信息系统建设。第四，创新财政贴息贷款模式，鼓励银行支持低碳经济项目和碳排放权交易发展。（2012/12/6）

例39）在全球倡导低碳经济的背景下，风能正逐步成为绿色能源的主角。不论是刚结束的国际海上风电商务洽谈会还是早些时候举行的世界风能大会，都传递出这样一个信息：海上风电在不远的未来，将成为绿色能源的新趋势，并被视为拯救风电颓势的一剂良方。（2012/12/3）

例40）今年的《政府工作报告》强调，"大力发展低碳经济，推广高效节能技术，积极发展新能源和可再生能源，加强智能电网建设"。（2011/4/27）

学界相继做出了回应，例如由社会科学文献出版社出版的《中国低碳经济发展报告》（薛进军2011—2013）是中国第一本以低碳经济为主题的系列研究报告，汇集了一批罗马俱乐部核心成员，IPCC工作组成员，碳排放理论的先驱者，政府气候变化问题顾问，低碳社会和低碳城市计划设计人等世界顶尖学者、政府官员和有识之士，探讨世界金融危机后国际经济的现状，比较各国发展低碳经济的经验和政策，总结 COP15 以来各国应对气候变化的新动向，为研究人员、政府决策人员和一般读者提供参考资料。该报告对政府间气候变化政策制定、特别是中国的低碳经济发展有特别参考意义。

综上，我们可以看到《人民日报》通过围绕低碳的话语建构，普及低碳知识，唤醒人们的低碳意识。同时，构建了从政府到普通百姓走低碳之路的行动力，以及中国负责任的大国形象，传递了政府走低碳之路的信心与决心。进而，《人民日报》在倡导低碳的生活方式，呼吁人们树立国际竞争意识等方面做了重点报道。随着哥本哈根气候会议的召开，低碳话题得到了媒体空前的关注，低碳成为家喻户晓的新名词，走低碳之路成为浪潮、主流经济模式。低碳话语被构建成"和谐之源""发展动力""国际对话平台""国际共识"。从概念到共识，从共识到行动，最终推动结果改变，彰显了《人民日报》为营造良好的发展低碳经济的社会氛围和舆论环境起到的积极作用。

第五节　讨论

　　话语不仅在社会实践中产生，而且还反作用于社会。这种反作用的一个明显标志就是话语参与社会实践，再现并构建社会现实（田海龙，2009）。纵观15年《人民日报》关于低碳经济的话语建构，我们清楚地看到，当低碳经济这一新话语问世，它一直参与着社会实践，提高人们对低碳的认知，并不断参与社会变革。话语对社会的这种反作用并非自发产生。在低碳经济的发展道路上，如果社会工作机构或社会行动者不愿意采纳新话语，新话语就难以发挥其作用。因此，低碳经济的发展归功于社会行动者重新将外部话语置于新的低碳经济发展语境之中。换言之，外部话语不是直接涌入新的语境，而是被社会活动参与者带入其中的。用Fairclough（2006）的话说，外部话语被重新置于新语境并引起社会变革，其前提是这些新话语被新语境中的社会机构或行动者成功地实施策略使其适用于新语境。

　　Fairclough 对话语和社会辩证关系的研究对透视中国社会的变迁轨迹和机制具有重要意义。在我们的研究中，《人民日报》作为一个重要媒介，以传递政府声音为主线，为中国低碳经济重构提出的新话语，为社会变迁设定了方向。这些新话语被社会机构或行动者实施的成功策略带入新语境，进而在新的社会语境中被转变为物质世界中实实在在的变化。话语在不经意间被物质化，使我们能感受到社会变化。同时为探索低碳发展之路，形成公众对发展低碳经济的态度起到了重要作用（钱毓芳、田海龙，2011）。

　　《人民日报》作为机关党报以自身的力量参与社会变革，透过它对低碳话语的建构，我们可以看到中国走低碳之路的轨迹，这些话语影响人们对生活方方面面的所思所感（钱毓芳，2016）。"低碳"从一个不为人知的概念，变为热词，并成为时尚的生活方式和生活态度。低碳经济从一种新的经济模式上升为国家战略、中西方对话平台。从技术话语、时尚话语、和谐话语、外交话语到政治话语、道德话语、共识话语，低碳话语不断参与社会实践和社会变革，可以见得，在低碳话语与社会变革的互动中，低碳话语被不断重构，逐渐发展出一套日趋成熟的低碳话语体系。《人民日报》的低碳话语建构对于大众的低碳认知具有重要的塑造作用。同时它也构建了中国倡导建立公平有效的全球应对气候变化机制、实现更高水平全球可持续发展、构建合作共赢的国际关系的形象。一套不断完善的具有中国特色的低碳话语体系，无论对转变经济增长方式，实现经济的可持续发展，还是与西方国家的合作及利益博弈上争取主动地位都不可或缺。

第六节　本章小结

　　本章运用语料库主题词、检索行、并列词等分析方法对 2000—2014 年《人民日报》关于低碳概念的报道进行了考察，研究发现不同时期《人民日报》对低碳经济的关注有着显著的变化，将应对气候变化的发展低碳经济模式从"科学问题"演变为"经济、政治、道德等问题"，在国际关于低碳经济的话语博弈中，《人民日报》将中国构建成"负责任的大国形象"，同时折射出低碳理念已渗透到国家建设的方方面面。不同的政体有着不同的政治理念，英美国家在应对全球气候变化，走低碳经济之路上是怎样的一番情形呢？英美主流报刊又将怎样表征低碳这一概念？第五及第六章将聚焦英美主流报刊揭示低碳的话语建构。

DOI https://doi.org/10.24103/CD3.cn.2019.5

第五章

英国主流报刊围绕低碳的话语建构

　　本章将基于 2000 年 1 月 1 日到 2014 年 12 月 31 日英国五份最有影响力的全国性日报:《泰晤士报》(*The Times*)、《每日电讯报》(*The Daily Telegraph*)、《卫报》(*The Guardian*)、《独立报》(*The Independent*)、《金融时报》(*Financial Times*) 所有含有 "low carbon" 的文本,共计 3,769,340 个词,通过词频分析、主题词描述、检索行分析等语料库诸方法,考察英国主流报刊关于低碳话语的建构,以及它所反映的社会现实。[1]

---

[1] 本章内容已发表于《外语与外语教学》2016 年第 2 期。

第一节　语料分布趋势

　　词频统计是语料库分析所能提供的最直接的方法。"低碳经济"一词在语料库中的分布趋势与这个词出现的频率密切相关。本研究对"低碳经济"一词在语料库中分布的观察有助于我们了解话语产生的节点，以及媒体对低碳经济的关注趋势（见图5.1）。

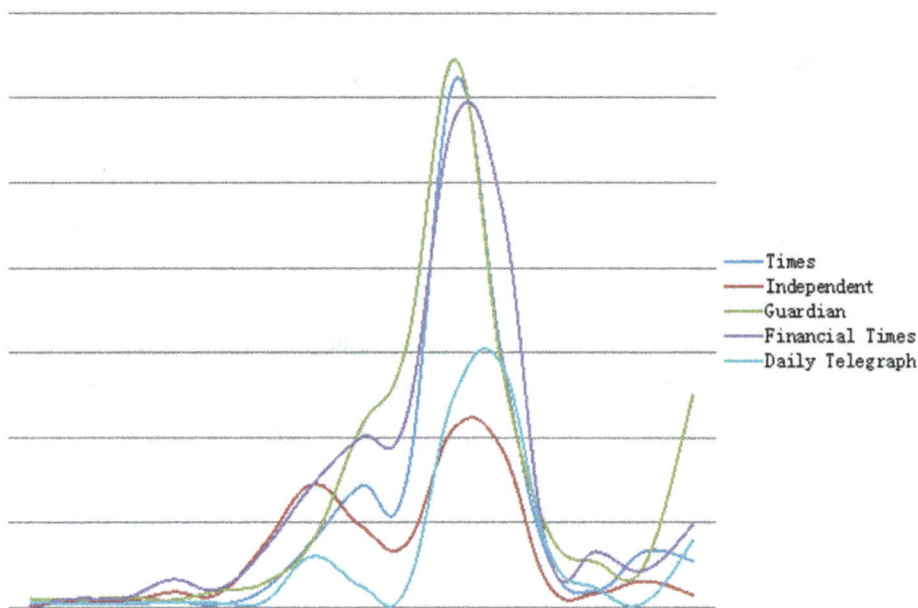

图 5.1　英国主流报刊 2000 年以来 Low carbon 一词的分布

　　显而易见，五份报纸对"低碳"主题的关注趋势基本一致，2000—2003 年低碳概念在报纸的分布频率较低，5 份报纸共 87 篇，2003 年白皮书发表后关于低碳的报道开始呈缓缓上升态势，至 2009 年 6 年间共 2200 篇，2009 年底的哥本哈根气候峰会将报纸对低碳经济的关注推向高潮，并延续到 2010 年，仅一年就有 2415 篇相关的报道。2011 年后趋缓，但底部明显高于 2003 年前。那么，不同时期媒体关于低碳经济的建构是否存在差异？如果有，是什么？本研究以 2003 年 2 月 24 日《白皮书》和 2009

年 12 月 24 日哥本哈根气候峰会为重要节点将文本分为 3 个阶段：第一阶
段 2000 年 1 月 1 日—2003 年 2 月 24 日白皮书发布之前；第二阶段 2003
年 2 月 25 日至 2009 年 12 月 24 日哥本哈根会议之前；第三阶段 2009 年
12 月 25 日至 2014 年 12 月 31 日。

第二节　词频分析

根据三个阶段的词频统计，我们可以发现前20高频词中（见表5.1），14个词共现在3个阶段，如：business, UK, says, carbon, energy, emissions, new, power, nuclear, government, said, climate, low, change, 能源、废气排放、低碳、气候变化是三个阶段围绕低碳经济共同的话题。然而，三个阶段围绕低碳话语却有明显差异。

表 5.1　英国主流报刊三个阶段前 20 位高频词

第一阶段	第二阶段	第三阶段
carbon, energy, emissions, new, power, nuclear, government, said, climate, low, change, fuel, tax, UK, gas, says, wind, industry, dioxide, **business**	energy, carbon, climate, emissions, change, said, new, power, government, low, nuclear, UK, US, green, companies, **business**, world, **says**, **gas**, global	energy, carbon, said, new, low, government, climate, change, power, emissions, UK, business, green, **nuclear**, investment, world, companies, industry, **says**, global

一、第一阶段

第一阶段出现的 fuel, tax, gas, dioxide, wind 等高频词，查看这些词的检索行，我们发现燃料电池技术、燃料税、能源税、温室气体排放、二氧化碳排放、风力能源等主题是这一时期报刊所关注的热点，这时的报道多引用研究机构或相关专家的观点及其相关研究发现以普及人们对人类碳排放的知识，同时也传递政府的相关部门针对发展低碳经济的政策、措施等。如：

例 1 ）Hydrogen, seen by several car manufacturers as the most likely fuel of the future, will be exempted from fuel duty" for a limited period to encourage its further development and early take-up". The Government will also grant enhanced capital allowances to encourage the opening of more filling stations offering compressed natural gas and hydrogen. (*The Times*, 18, April, 2002, Thursday)

译文：被许多汽车制造商看作是未来燃料的氢将在一定的时间内免除燃料税，目的是鼓励进一步的发展并尽早使用。政府将划拨津贴鼓励开设更多的压缩天然气和氢气站。

例 2）Ms Hewitt said she had accepted the team's seven recommendations, including the setting up of an automotive academy to train the engineers who should deliver leading-edge process improvement within firms, and two centres to work on low-carbon and fuel cell technologies, and on transport telematics. (*The Guardian*, 16, May, 2002)

译文：Ms Hewitt 说她已经接受团队的 7 条建议，包括成立汽车学会来培训公司内那些即将从事提供领先的工艺改进的工程师们，两个中心主攻低碳和燃料电池技术以及交通信息通讯系统。

例 3）By the end of the century, forests and soils would not be absorbing any man-made greenhousegas emissions. He stressed that there were still many uncertainties over whether soils would release carbon in this way. (*The Telegraph*, 09, Nov, 2000)

译文：本世纪末，森林与土壤将不再吸收人为温室气体排放。他强调我们还不是很清楚土壤是否以这样的方式释放碳。

例 4）Dr Peter Cox, leader of the research team, said the predicted rate of temperature rise was unprecedented in the Earth's history. "Our results suggest that vegetation and soils, which absorb about a quarter of human-made carbon dioxide emissions, could accelerate climate change by releasing carbon to the atmosphere as the planet warms." (*The Telegraph*, 09, Nov, 2000)

译文：这个研究团队的主任 Dr Peter Cox 说，对气温升高速度的预测在地球历史上没有参考资料。"我们的结果表明植物与土壤吸收了四分之一人类所产生的一氧化碳排放，它们可能因为地球变暖向大气释放碳来加速气候变化。

例 5）However, Mark Johnston, a campaigner for Friends of the Earth, said："The moratorium on new nuclear stations stopped in 1995, so if the advocates of nuclear believe it to be economic, they could bring forward a proposal now. We believe that by 2010, with gas prices rising, wind power will become the fuel of choice." (*Daily Telegraph*, August 03, 2001, Friday)

译文：然而，Mark Johnston，一个"地球之友"组织的活动家说：1995 年停止新的核电站的禁令颁布，如果那些倡导核能源的人士相信核能有经济价值，现在可以提出来。我们相信直至 2010 年随着天然气价格的上涨，人们将选择风能作为燃料。

例6）It is the world of the low-carbon economy, something most people have given no more thought to than the manufacture of ball bearings. But, the Energy Review is saying, let's start preparing because the low-carbon economy has to come. If the Government accepts the recommendations and sets out on this road, it will be the first in the world to do so. (*The Independent*, 23/01/2002)

译文：这是低碳经济的世界，大部分人可能还停留在滚珠轴承生产的认知上，但是《能源评论》上指出，让我们随时准备着，因为低碳经济时代即将来到。如果政府接受这一倡议并沿着这条路走下去，它将成为世界上的先行者。

媒体在此期间引用了大量的政治人物、行业专家、以及民间团体负责人关于低碳新能源的观点，拉近政府和百姓之间的距离，建构走低碳之路百姓受益的话语。当时背景下，媒体一方面支持英国乃至全球走向低碳经济，激发公众对发展低碳经济重要性的认知，另一方面，媒体也敦促政府出台相关法规，坚持引领世界走低碳经济发展的道路。媒体与政府间的互动为形成公众对发展低碳经济的积极态度起到了重要的作用。

二、第二阶段

第二阶段出现 US, companies, world, global 等高频词，通过观察这些词的语境，我们发现这一阶段报道除了英国股市创业板中新增了的能源上市公司外，将目光转向美国乃至全球的低碳经济发展，尤其是剖析发展中国家所面临气候变化导致的后果以及与发展中国家的合作。同时，媒体还构建了英国向低碳经济发展中的"先驱形象"。例如：

例7）He said that the recent surge in the number of renewable-energy companies listing on AIM, the junior stock market, highlighted the sector's increasing popularity："At present, there are 19 renewable-energy companies floating on AIM. (*The Times*, 25/08/2005)

译文：他说最近在伦敦股票的创业板中，再生能源公司的数量剧增：目前，有 19 家能源再生公司在伦敦股票市场的创业板中榜上有名。

例 8）The US Senate voted to debate the Climate Security Bill, which seeks to set an overall limit on greenhouse gas emissions, and auction tradeable permits to pollute. (*The Times*, 05/06/2008)

译文：美国参议院表决辩论气候安全议案以寻求设立一个全面的温室气体排放限制，以及竞拍排污权交易。

例 9）Stephen Peakewill tell students that a rise in global temperature of 2C over the next 100 years will bring floods, droughts and desertification, which could displace hundreds of millions in the developing world. (*The Times*, 26/10/2008)

译文：Stephen Peake 将告诉他的学生在未来 100 年全球气温升高 2 度将引发洪水、干旱及沙漠化，这些现象将在发展中国家频频出现。

例 10）Mr Blair wants a statement on the science of climate change, an agreement on the development of energy-saving technology and the beginnings of a climate change partnership with the developing world. He may still get all of them. If he does, he will have proved that he was right to put global warming at the top of the agenda at Gleneagles with Africa…(*The Independent* 05/07/2005)

译文：布莱尔先生想要一份关于气候变化科学的报告，一个节能技术发展的协议以及开启与发展中国家建立气候变化的战略伙伴关系。他也许都能如愿以偿。如果这样的话，这将证明他在格伦伊格尔斯峰会上对非洲的承诺将全球变暖问题放在议事日程的头等大事是正确的。

例 11）Our second ambition is for Britain to be a world leader in the discovery and development of new energy technologies. (*Financial Times*, 23/03/2003)

译文：英国第二个雄心是引领世界发现和发展新能源技术。

三、第三阶段

第三阶段承接第一、二阶段的主题，高频词中新增了 investment，考察其检索行我们发现媒体将低碳经济构建成"正确的经济模式"（right low carbon infrastructure），与之搭配的动词有：encourage（鼓励），boost（提高），

stimulate（促进），worth of（值得），guarantee（保证），promote（提升），support（支持），secure（保证）等词，构成积极的话语韵。媒体将低碳经济构建成一种正确的经济模式加以大力鼓励和推进。这一阶段突出报道新低碳技术的投资，包括全球首家专门致力于绿色经济的投资银行，以此推动英国向绿色经济的转型，如：

例12）As the EU has already cut emissions by 17% compared with 1990, a 30% target would "stimulate the right investment in low-carbon infrastructure and technology", according to the environment and energy ministers.（ *The Guardian*, 14/03/2011）

译文：根据环境与能源部长所述，相对1990年欧盟已经减去了17%的排放，减30%的目标将刺激对低碳基础设施以及低碳技术的正确投资。

例13）"A green investment bank will only be as successful as the environmental policy framework that underpins it."（ *Financial Times*, 30/06/2010）

译文：一个绿色银行宛如一项成功的环境政策的框架一样起到支撑作用。

综上，我们可以从高频词汇中了解到5份报纸3个不同时期最显著的异同点。第一阶段报纸在报道"低碳经济"这一新的经济模式时多为引述政界或专业人士的观点，旨在借权威人士之口增强提高其新闻报道的可信度以及报道的权威性，探索发展低碳经济内容、路径以及潜在的问题，白皮书发布后的第二阶段将视野扩展到全球，成立了许多上市公司，推出研发的低碳产品，同时，英国政府也积极与发展中国家建立合作伙伴关系，以此证明对发展中国家的承诺，以显示其领军的地位。第三阶段关于低碳能源、低碳技术的投资以及绿色投资银行成为关注点，鼓励和保护低碳投资。高词频分析让我们总体了解了这些报刊关于低碳经济的话语建构，为了深入解读媒体对低碳经济的话语建构，我们将进一步通过考察与低碳经济共现的词汇或语言型式，来全面阐释围绕低碳经济的话语建构特征。

第三节　Low carbon 搭配网络分析

为了考察低碳经济话语，我们通过搭配网络的方法来观察三个阶段围绕低碳经济的话语场域，运用在 WordSmith Tools 6（Mike Scott 2014）中测算搭配强度的互信息分值（Mutual Information score（简称 MI）的方法，观察 low carbon 的高频搭配词，以及这些词与低碳概念的相互关系（见图 5.2）。为了使搭配图表能清晰显示搭配词之间的关系，我们参照了 McEnery（2005）and Baker（2005）以及 Qian（2010）的选词方法，将搭配网络分为两层，首先选取了与"低碳"搭配强度最大的前 20 个搭配词，且他们之间互为搭配 2 次以上，入围第一层搭配的共 10 个词（图中用黑体标示）。第二层次同样方法将第一层未出现的搭配词收入网络中，如 renewable, power, energy, emission。

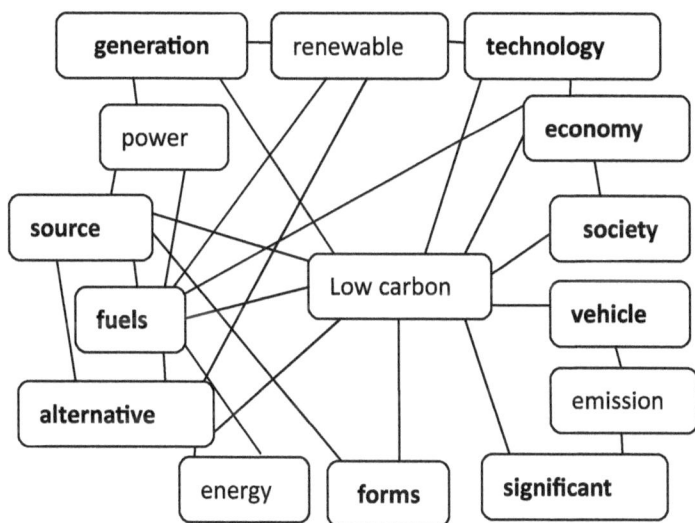

图 5.2　英国主流报刊 low carbon 的搭配网络

从搭配网络关系图中我们可以观察到 3 个阶段与"低碳"概念相互联系的主题有：低碳经济、低碳社会、能源再生、废气排放、低碳技术。互信息值统计帮助我们辨析那些与观察词汇搭配强度高的词汇，从总体看，这些搭配词在语料库中也许是不易被发现的低频的词汇，它是对词频分析的一个补充，能帮助我们全方位观察语言的型式以及话语之间的相互关系。但是从词的层面观察的同时，我们需要了解更多的语境才能拓展我们对话语的辨别，以下我们将展开"低碳经济"的检索行分析。

第四节　Low carbon 检索行分析

　　语料库索引能提供给我们问讯词（query word）的上下文信息，如与之左右共现的语言型式。它是语料库方法之核心。语料库索引功能有诸多途径来帮助解释说话者和写作者的态度，给研究者带来高频词表中不易察觉的低频词汇，这些低频词汇有时给研究人员带来意想不到的线索（钱毓芳，2010a；2010b）。本研究通过考察三个阶段围绕 low carbon economy 的共现词，观察围绕低碳经济的话语建构和嬗变，以及这些话语所折射的英国关于低碳经济的政策取向。

一、第一阶段

　　第一阶段，共现在 low carbon economy 左边的有许多表示动态方向的词汇，比如 move to, transition to, change to, on the path to, turn into（见图5.3），而深入考察检索行，我们可以看到"走向低碳经济之路"被构建成激进的议程（a radical agenda）、艰辛的道路（rocky road）等。

to make the transition to	a low carbon economy	in the time fran
trading in futures; moving to	a low carbon economy	makes good bo
to puts itself on the path to	a low carbon economy	Less reliant on
the UK's transformation to	a low carbon economy	and stunt the
50 million to turn us into	a low carbon economy	. Unfortunately
the UK transform itself into	a low carbon economy	. Conservatives
adds, if you are to move to	a low carbon economy	, you need to
may accelerate the move to	a low carbon economy	." The net work

图 5.3　英国主流报刊第一阶段"低碳经济"检索行

　　例 14）In a report leaked to The Independent, the Performance and Innovation Unit（PIU）proposes "a radical agenda to enable the UK to puts itself on the path to a low-carbon economy" less reliant on oil and coal-fired power stations. (*The Independent* 23/01/2002)

译文：在给《独立报》的报告中，性能与创新署提出了一个"激进的议程"，英国将置身于低碳经济的道路上，减少对石油以及碳能的依赖。

例 15）It is a review of energy policy for the British Government from a Government think-tank – the performance and innovation unit of the Cabinet Office – mapping out the rocky road to a true, low-carbon economy. Its basis：that a 60 per cent cut in carbon emissions is something Britain may have to make. (*The Independent* 15/02/2002)

译文：这是英国政府通过政府智囊团即内阁性能与创新署获取的关于能源政策的评论，计划了一条通向真正低碳经济的艰辛道路。英国必须要做到减少60%的碳排放量。

例 16）A vital part of the network's task will be to promote investment in low-carbon technologies that may accelerate the move to a low-carbon economy. (*Financial Times* 28/11/2002)

译文：这一网络的重要任务之一是促进在低碳技术上的投资，以加速向低碳经济转型的步伐。

例 17）"Moving to a low-carbon economy is essential to protect the environment. It is also essential to our future competitiveness. We must make people aware that switching to lower-carbon products is a win-win situation," the Deputy Prime Minister added. (*The Times* 21/03/2001)

译文："走向低碳经济最重要的是要保护环境。这也是未来竞争的关键所在。我们必须让人们清醒意识到转向低碳产品是双赢的。"副首相补充道。

以上例证显示在应对全球气候变化，环境遭到严重破坏的背景下，英国主流报刊所构建的"迫切心愿"和"坚定的信念"等话语，折射了政府走低碳经济之路的决心，以及政府为了未来竞争中立于不败之地，面临挑战，开发低碳产品，引领世界走上低碳经济的主要策略，同时向公众宣传及普及低碳意识也是这一阶段报刊话语的主要特征。

二、第二阶段

第二阶段"低碳经济"的检索行显示（见附录四），除了和第一阶段相似的表示方向的词汇外，还有 create(建立)、build(建设)、develop(发展)、accelerate（加快）、forge（稳步前进）、make（使）、plan for（计划）、ensure（确保）、promote（促进）、produce（产出）、pioneering（引领）、contribute（贡献）、put into（使进入）等动词与 low carbon economy 共现，表明了强烈的行动力。

自从 2003 年 3 月英国政府发布了《我们能源的未来：创建低碳经济》白皮书，这一能源纲领性文件阐释了英国面临的挑战，指明了新的能源政策方向。白皮书呼吁全球的行动确保碳排放的减低来应对气候变化，带头将英国的碳排放量到 2050 年降低 60%。白皮书中强调了组织科技力量研发低碳产品的重要性，并指出燃料电池、离岸风力、潮汐力技术的先行者迈向新的低碳经济时代，未来世界充满机遇。这些话语为形成公众态度，影响人们对英国社会走向低碳经济的认知，以及为低碳经济理念深入人心起到重要作用。

例 18) If Britain is to move from being a high-carbon to a low-carbon economy by 2050, the government will have to do more than promote energy efficiency and renewable energy. It will need to reduce energy consumption too. Two policy instruments are available to achieve this: carbon taxes and carbon rations.(*Financial Times* 14/03/2007)

译文：如果英国在 2050 年前从高碳经济走向低碳经济，政府将不仅仅提高能源效率以及推进再生能源，还要大大降低能源消耗。两种政策手段可取得这一成效：碳税及碳分配。

例 19)" This would force successive governments to put climate change at the core of all their policies and ensure that the UK moves towards a low-carbon economy," he said. "Most of the solutions to climate change already exist. It is the political will that's lacking."(*The Independent*, 30/03/2007)

译文："这将促使接任的政府将应对气候变化放在他们政策的核心位置，确保英国走向低碳经济。"他（Tony Juniper, director of Friends of the Earth(FoE)) 说："大部分应对气候的办法已经提出，只差政治意愿了"

例 20）Mr Brown said："Building a low-carbon economy is not just something to do with climate change. It is not just an energy security issue. It is not just part of economic policy. It is all of these things and more. It is nothing less than the basis for our future prosperity." The new focus marks a sharp change in the government's industrial policy.（*Financial Times*, 27/06/2008）

译文：布朗说："创建低碳经济不仅仅是和气候变化有关，也不仅仅是能源安全问题或是部分经济政策问题，而是关乎我们未来的繁荣之本"这个新的工作重心标志着政府的工业政策的重大变化。

例 21）He said the group's ability "to secure large amounts of capital to accelerate the transition to a low-carbon economy is enormously appealing – and necessary". Yesterday the government made a critical decision on Britain's contribution to tackling climate change. The decision reflects three principles：our ambition to be world leaders in creating a low-carbon economy and to balance environmental and economic objectives；our commitment to do this through collective action at a European level；and our determination to use market mechanisms to enable businesses to find the cheapest way possible of meeting our objectives.（*Financial Times*, 30/06/2006）

译文：他说团队确保大量资本加速过渡到低碳经济的能力是深得人心也是必要的。昨天政府就英国应对气候变化的贡献做出来一个重大的决定。决定反映了 3 个基本原则，即：我们成为创建低碳经济以及平衡环境和经济目标的领军人物的雄心；通过欧洲层面上的集体行动加以实施我们的行动；利用市场机制使得我们的贸易找到符合我们目标的最廉价的方式的决心。

三、第三阶段

2009 年 12 月 7 日 –18 日在哥本哈根召开了联合国气候会议，来自 192 个国家的环境部长和其他官员参加了这次气候峰会。大会商讨了《京都协议》后各国二氧化碳的减排指标的政策框架。这次会议被喻为是"拯救人类的最后一次机会"，对应对气候变暖今后的走向具有里程碑式的意义。哥本哈根会议后媒体将低碳经济的报道推向了高潮，我们可以看到，比起前两个时期，低碳经济的发展更加受到英国政府和国际社会的关注。

例 22）Mr Cameron described his offer to the Liberal Democrats as "big, open and comprehensive". It dealt with the four key issues on which Mr Clegg fought the election – a cross-party committee to come up with proposals for electoral reform, reform of the tax system, a pupil premium in schools, and a low carbon economy.(*The Independent*, 08/03/2010）

译文：卡梅伦先生将自己对自由民主党的贡献描述为"大而开放且综合"。它从四方面击败竞选对手 Clegg 先生：多党委员会来谋划选举改革建议、税制改革、学费改革、低碳经济。

例 23）When he made his first offer on the day after the election, Cameron placed building a low-carbon economy near the top of any coalition's agenda: it was one of the few things on which the two parties could wholeheartedly concur.(*The Daily Telegraph*, 15/05/2010）

译文：在大选后的第二天卡梅伦的第一个提议便是将建设低碳经济放在头等重要的议程上，这是两党少有的真心一致的主张。

例 24）The low carbon economy will be a fundamental step change in the way people lead their lives. But IPPR says that achieving the goal of a secure and affordable transition to a low-carbon economy would require "a revolution in political commitment". (*Financial Times*, 24/01/2003）

译文：低碳经济将是人们改变生活的最基本的一步。但是，公共政策研究所说要达到向安全且承担得起的低碳经济过度的目标需要一个革命性的政治承诺。

第三阶段低碳经济被建构成"头等重要""政治承诺"。可以看出 2000 年以来低碳经济话语从媒体首次出现，到正式写到政府文件，这一话语在媒体和政府的互动中显而易见，媒体为传递政府的声音，构成公众对应对气候变化而采取的应对措施的态度起到了重要作用。这些新话语被社会机构或行动者实施的成功策略带入新语境，进而在新的社会语境中被转化为物质世界实实在在的变化，话语在不经意间被物质化，使我们能感受到社会变化（钱毓芳、田海龙，2011）。

第五节　讨论

英国主流报刊对低碳经济话语构建从"低碳经济"一词2000年首次出现至今有着明显的变化，2000年至2003年期间的报刊在报道低碳经济时引用了大量的专业人士和政府要员的观点，大大增强了该主题的报道的影响力，引起公众和政府的关注，尽管走低碳经济之路被建构成艰辛并充满荆棘，但是报道运用了大量表示方向的动词，表明引领全球走低碳经济之路的迫切性，为公众形成走低碳经济之路的态度起到重要作用，同时为呼吁政府尽快出台相关政策提供了重要的公众协商平台。

2003年3月英国发布能源白皮书，首次将低碳经济作为一种崭新的"经济模式"写入政府文件，强调英国经济义无反顾地转变成低碳经济，开发、利用并出口最先进的技术，创建新的业务，提供更多的就业机会。此外，还将在欧洲和全球范围内领先开发无损于环境的、可持续的、可靠的、具有竞争力的能源市场，以促进世界各地的经济发展。低碳经济被构建成"繁荣之本"。2009年哥本哈根会议把媒体对低碳经济的关注推向了顶峰，低碳经济被构建成"重中之重"、"政治承诺"。英国首相卡梅伦将低碳经济作为自己大选获胜的筹码之一。"低碳经济"从一种新的经济模式渐渐被政治化，显现媒体化的政治话语之特征。

显然，低碳经济产业已经成了英国经济新的增长点，发展低碳经济成为英国追求更高生活标准和更好生活质量的手段，是英国在经济全球化中保持竞争优势，为其发展、应用和输出先进技术创造机会的途径，也是英国政府摆脱经济衰退的一剂良药（厉克奥博、王红领，2014）。2000年以来英国主流报刊设置的低碳经济议程，传递着英国政府的声音，媒体、政府、公众三者的互动推动着低碳经济的发展。

第六节　本章小结

媒体中的政治话语是机构话语、媒体话语和媒介化的政治话语的综合体，他们既有联系又有区别。作为机构话语它不同于那些从属于机构目标和机构程序的日常会话，作为媒体话语，它区别于针对大众传播受众而言的公众话语。作为媒介化的政治话语，它是政治与媒体两种不同的机构话语相结合的产物。英国主流报刊设置的低碳经济议程，传递着英国政府的声音，围绕低碳经济所构建的话语促使公众达成走低碳经济之路的共识，使低碳经济话语更加深入人心。

本章基于英国五份主流报刊，运用语料库词频分析、搭配网络分析、检索行分析等方法考察了 2000 年至 2014 年报刊三个阶段关于低碳经济的话语建构，研究发现自从 2003 年 3 月英国发布能源白皮书以及哥本哈根会议这些重要的事件对低碳经济的话语构建产生重要影响，低碳经济概念在不同的时期呈现不同的话语特征，"低碳经济"话语从一种为应对全球气候变化的新的经济模式渐渐政治化过程。这些变化中媒体起到了重要的作用。虽然英美都是老牌的发达国家，有着相似的政治体制，但有着各自的国家利益，那么美国主流报刊又是怎样构建低碳话语？下一章我们将考察美国媒体的低碳话语建构。

DOI https://doi.org/10.24103/CD3.cn.2019.6

第六章

美国主流报刊围绕低碳的话语建构

　　本章将基于《纽约时报》和《华盛顿邮报》2000年至2014年关于低碳概念的报道，两报都是全球最有影响力的报纸，也是西方主流媒体的典型代表。本章收集了两报2000年1月1日–2014年12月31日含有 *low carbon* 一词的所有文章，共计439,031字，旨在观察两报对低碳概念的建构，以及它所反映的美国在应对全球气候变化中所采取的行动、政策导向，以及低碳话语在媒体、政府、百姓之间的互动中的意义，这些意义对推动低碳经济的发展所起到的作用。我们按年建成一个文档，统计出每年该报对低碳的报道的总篇数，从而观察两报15年来媒体对低碳话题的关注的分布情况以及当中的重要节点。

第一节   语料分布趋势

从两份报纸关于低碳概念的报道分布中可以看出，趋势基本一致，2006 年前对低碳概念的报道零星点点，但是 2006 年后呈上升趋势，直至 2009 年达到高潮，尔后趋缓，但底部明显提高。2002 年 6 月 7 日《纽约时报》发表了一篇题为 Global Warming Dropout 的署名文章，作者是 Pew 全球气候变化研究中心主任 Eileen Claussen。文章批评了时任的布什总统在应对全球气候变化的不作为，他说："In its business-as-usual approach to climate change, the Bush administration isincreasingly out of step not only with other industrialized powers, but alsowith the growing support in this country for action to prevent global warming." 他呼吁走低碳之路刻不容缓，越等代价越大。Eileen Claussen 在文中指出走向低碳经济将带来一场工业革命。

"low carbon economy/ 低碳经济" 一词首次见诸美国报端。2005 年美国出台《能源政策法》，引起了媒体对低碳能源的关注，2006 年又启动了气候变化技术项目（CCTP），两报对低碳的关注开始增加，2009 年哥本哈根气候峰会后达到高潮。本研究将根据以上时间节点，分为 3 个阶段，2000—2005 为第一阶段，2006—2009 为第二阶段，2010—2014 为第三阶段，通过词频、主题词、词丛、搭配、检索行等语料库分析方法，考察 3 个不同阶段两份报纸对低碳概念的报道、围绕低碳的话语特征以及不同时期的变化。

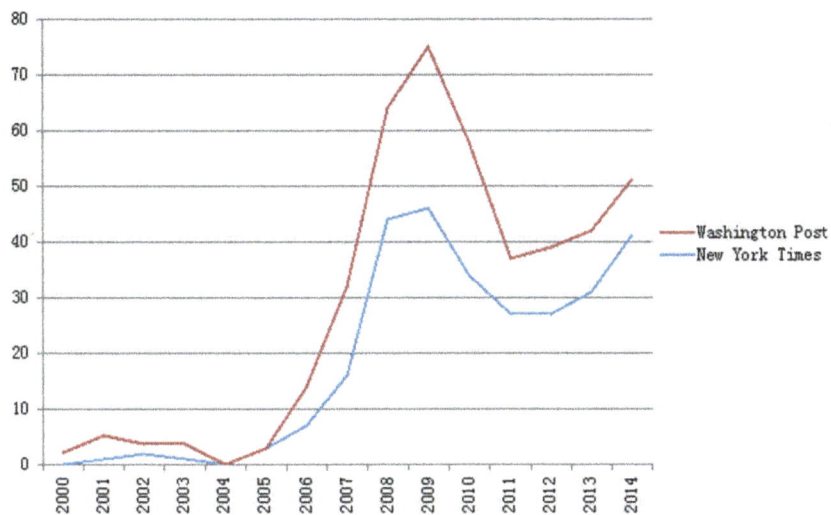

图 6.1　美国主流报刊 2000—2014 年低碳经济报道趋势图

第二节　主题词分析

为了观察不同时期《纽约时报》和《华盛顿邮报》围绕低碳概念报道的关注点，我们将 English Gigaword 作为参考语料库测出三个时期的主题词（见图 6.2，6.3，6.4）。从共现在三个阶段前 40 位的主题词，我们可以看出两份报纸的共同关注点是低碳、气候变暖、废气排放、污染等话题，但侧重点却有差异。

N	Key word	Freq.	%	Texts	RC. Freq.	RC. %	Keyness	P	N	Key word	Freq.	%	Texts	RC. Freq	RC. %	Keyness	P
1	CARBON	38	0.62	4	25		460.78	0.00	21	CYCLE	8	0.13	1	51		68.02	0.00
2	COAL	27	0.44	2	46		291.33	0.00	22	NATURAL	11	0.18	1	259		66.26	0.00
3	ICELAND	16	0.26	1	0		229.58	0.00	23	PROJECT	13	0.21	2	502		65.96	0.00
4	ENERGY	31	0.51	2	536		205.23	0.00	24	GASES	6	0.10	2	9		65.90	0.00
5	GASIFICATION	13	0.21	1	0		186.52	0.00	25	DAM	8	0.13	1	60		65.61	0.00
6	SMELTER	12	0.20	1	0		172.17	0.00	26	INDUSTRY	16	0.26	2	1043	0.01	65.26	0.00
7	EMISSIONS	18	0.29	2	67		170.61	0.00	27	ELECTRIC	10	0.16	1	240		59.87	0.00
8	GAS	24	0.39	2	383		162.55	0.00	28	COMBINED	10	0.16	3	241		59.79	0.00
9	DIOXIDE	9	0.15	2	0		129.13	0.00	29	CLIMATE	7	0.11	2	48		58.57	0.00
10	PLANTS	17	0.28	2	259		116.63	0.00	30	COUNTRY'S	4	0.07	3	0		57.39	0.00
11	ZIMBABWE	10	0.16	1	16		108.85	0.00	31	HLACA	4	0.07	1	0		57.39	0.00
12	ENVIRONMENTALISTS	12	0.20	1	81		100.77	0.00	32	TECHNOLOGY	15	0.24	2	1208	0.02	55.23	0.00
13	POWER	24	0.39	2	1607	0.02	96.70	0.00	33	INTEGRATED	6	0.10	1	33		52.64	0.00
14	ALCOA	11	0.18	1	66		94.77	0.00	34	CONVENTIONAL	6	0.10	1	49		48.25	0.00
15	GREENHOUSE	8	0.13	2	9		91.28	0.00	35	FUELS	5	0.08	2	17		48.18	0.00
16	MINING	9	0.15	3	53		77.84	0.00	36	COMPANY	21	0.34	4	3826	0.05	46.46	0.00
17	FUEL	13	0.21	2	320		77.21	0.00	37	TAMPA	9	0.15	1	362		44.96	0.00
18	HYDROPOWER	6	0.10	1	2		77.09	0.00	38	GLOBAL	9	0.15	2	381		44.08	0.00
19	WARMING	9	0.15	2	64		74.70	0.00	39	TURBINES	4	0.07	1	6		43.94	0.00
20	ALUMINUM	8	0.13	1	39		71.95	0.00	40	POLLUTION	6	0.10	2	77		43.12	0.00

图 6.2　美国主流报刊第一时期（2000-2006）主题词表

注：Freq. 和 RC. Freq. 分别代表观察语料和参照语料中主题词实际出现频率，其后的 % 分别表示频数占所在语料总量的百分比；Keyness 是主题性程度高低的数值指标；P 值列出的是显著性水平。

第一阶段出现许多人名和公司名称，如 ALCOA（美铝冶炼厂）、LAGARFLJOT（拉加尔湖发电站）、TAMPA（电站名称）、FALCON（津巴布韦金矿公司），企业的产能的效益以及低碳概念所带来的商机是这个时期的热门话题。

第二阶段新能源技术、再生能源效率成为美国报刊的新名词，从小布什政府开始，美国就把对未来战略产业的设想纳入宏观规划，并把目光锁定在以新能源为核心的新兴战略产业上。源于与众不同的发展历程、鹤立鸡群的国际地位、居安思危的战略思维，美国政府一直以来都以超前的眼光看待未来的战略产业布局，在依靠航天、新材料、生物科技、纳米技术尤其是IT产业称雄世界多年以后，从小布什政府开始，美国就未雨绸缪，把对未来战略产业的设想纳入自己的宏观规划，并把目光锁定在以新能源为核心的新兴战略产业上。

N	Keyword	Freq.	%	Texts	RC. Freq.	RC. %	Keyness	P	N	Keyword	Freq.	%	Texts	RC. Freq.	RC. %	Keyness	P
1	CARBON	543	0.58	3	25		4648.28	0.00	21	ENVIRONMENTAL	120	0.13	3	373		533.30	0.00
2	ENERGY	604	0.65	3	536		3834.30	0.00	22	KLEINER	61	0.07	1	2		527.15	0.00
3	EMISSIONS	387	0.42	3	67		3079.50	0.00	23	CHANGE	149	0.16	3	808	0.01	521.90	0.00
4	THE	5086	5.48	3	236165	2.96	1625.40	0.00	24	EFFICIENCY	66	0.07	3	20		496.68	0.00
5	CLIMATE	199	0.21	3	48		1535.56	0.00	25	ROGERS	71	0.08	3	42		486.01	0.00
6	DIOXIDE	166	0.18	3	0		1482.86	0.00	26	GASES	59	0.06	3	9		474.03	0.00
7	COAL	188	0.20	3	46		1448.54	0.00	27	FOSSIL	56	0.06	3	9		448.10	0.00
8	GLOBAL	213	0.23	3	381		1136.32	0.00	28	NUCLEAR	113	0.12	3	524		425.97	0.00
9	WARMING	144	0.16	3	64		1031.01	0.00	29	CAP	67	0.07	3	106		369.92	0.00
10	SOLAR	108	0.12	3	12		886.94	0.00	30	FOOTPRINT	40	0.04	2	4		330.55	0.00
11	OIL	228	0.25	3	1030	0.01	869.87	0.00	31	WORLD'S	37	0.04	3	0		330.47	0.00
12	GREENHOUSE	95	0.10	3	9		787.51	0.00	32	WIND	81	0.09	3	324		325.65	0.00
13	GAS	151	0.16	3	383		721.64	0.00	33	CLEAN	74	0.08	3	238		324.63	0.00
14	POWER	231	0.25	3	1607	0.02	710.88	0.00	34	EFFICIENT	49	0.05	3	38		319.32	0.00
15	ELECTRICITY	125	0.13	3	212		676.99	0.00	35	LOW	110	0.12	3	877	0.01	312.84	0.00
16	FUELS	85	0.09	3	17		667.70	0.00	36	INDUSTRY	113	0.12	3	1043	0.01	293.35	0
17	PLANTS	126	0.14	3	259		644.66	0.00	37	FOOD	87	0.09	2	599		269.16	0
18	RENEWABLE	79	0.09	3	13		630.98	0.00	38	KLEINER'S	30	0.03	1	0		267.94	0
19	OBAMA	64	0.07	1	0		571.64	0.00	39	REDUCE	70	0.08	3	328		262.6	0
20	GREEN	133	0.14	3	482		556.94	0.00	40	ALLOWANCES	35	0.04	3	13		256.83	0

图 6.3 美国主流报刊第二时期（2007—2009）主题词表

第三阶段承接第二阶段的话题外，词表中新出现奥巴马、中国、哥本哈根等名词。考察这个时期美国的社会情形，我们可以看到奥巴马政府执政后出台了《2009年恢复与再投资法》，引起了媒体的高度关注，该法案具体规定了国家对开发绿色能源和提高能效方面的拨款以及可再生能源项目、改造智能电网，清洁能源项目，州一级能效的拨款，改造家庭住房的越冬防寒性能，帮助提高联邦政府的建筑能效，打造"绿色交通"等方面的政府拨款。2009年6月，众议院通过的《美国清洁能源安全法》，审议并通过了可再生能源部分，表明美国国会在新能源的议题上具有基本共识。奥巴马政府在新能源、教育和基础设施等方面不断增加投资并呼吁使用节能的车辆。第三阶段"中国"成为美国主流报刊的关注的对象，中国被美国媒体构建成是一个"碳污染者"，而哥本哈根气候会议被构建成一次"混沌事件"，可见美国为了自己的利益，不惜引导对其有利的话语环境。

　　三个阶段的主题词既有联系又有区别。主题词帮助我们清晰地找到话语的轨迹，我们需要深入考察这些话语的嬗变，才能清晰地看到它与社会现实的互动关系，话语在建构社会的同时，社会也推动着话语的变化的内在联系。

N	Key word	Freq.	%	Texts	RC. Freq.	RC. %	Keyness	P	N	Key word	Freq.	%	Texts	RC. Freq.	RC. %	Keyness	P
1	ENERGY	1442	0.63	6	536		8057.43	0.00	21	ELECTRICITY	244	0.11	6	212		1130.19	0.00
2	CARBON	1082	0.47	6	25		7518.31	0.00	22	FOSSIL	159	0.07	6	9		1069.42	0.00
3	CLIMATE	942	0.41	6	48		6370.29	0.00	23	LOW	341	0.15	6	877	0.01	1048.31	0.00
4	EMISSIONS	768	0.34	6	67		5041.30	0.00	24	ENVIRONMENTAL	259	0.11	6	373		1021.19	0.00
5	GAS	707	0.31	6	383		3674.97	0.00	25	OIL	353	0.15	6	1030	0.01	1016.14	0.00
6	POWER	742	0.32	6	1607	0.02	2477.81	0.00	26	COUNTRIES	301	0.13	6	752		938.76	0.00
7	COAL	374	0.16	6	46		2392.09	0.00	27	WORLD'S	126	0.06	6	0		902.66	0.00
8	CHANGE	584	0.26	6	808	0.01	2336.89	0.00	28	FUEL	225	0.12	6	320		891.15	0.00
9	GLOBAL	444	0.19	6	381		2064.01	0.00	29	EUROPEAN	273	0.12	6	629		885.37	0.00
10	GREENHOUSE	235	0.10	6	9		1607.09	0.00	30	CHINA	284	0.12	6	842		810.40	0.00
11	SOLAR	231	0.10	6	12		1560.07	0.00	31	UNITED	485	0.21	6	3162	0.04	794.00	0.00
12	NUCLEAR	381	0.17	6	524		1527.52	0.00	32	NEW	1190	0.52	6	15913	0.20	786.39	0.00
13	PLANTS	320	0.14	6	259		1511.12	0.00	33	CLEAN	189	0.08	6	238		781.16	0.00
14	RENEWABLE	214	0.09	6	13		1434.31	0.00	34	ELECTRIC	188	0.08	6	240		773.42	0.00
15	DIOXIDE	198	0.09	6	0		1418.53	0.00	35	GASES	114	0.05	6	9		752.80	0.00
16	WIND	301	0.13	6	324		1309.27	0.00	36	POLLUTION	138	0.06	6	77		712.48	0.00
17	OBAMA	177	0.08	6			1268.07	0.00	37	EFFICIENCY	115	0.05	6	20		711.72	0.00
18	NATURAL	277	0.12	6	259		1256.76	0.00	38	INDUSTRY	282	0.12	6	1043	0.01	707.38	0.00
19	FUELS	186	0.08	6	17		1216.66	0.00	39	STATES	455	0.20	6	3455	0.04	642.66	0.00
20	WARMING	200	0.09	6	64		1144.04	0.00	40	COPENHAGEN	93	0.04	6	3		639.71	0.00

图6.4　美国主流报刊第三时期（2010—2014）主题词表

第三节　Low carbon 的搭配网络分析

低碳的搭配网络让我们进一步观察与之相关的搭配词，搭配网络的制作方法同于第五章《人民日报》中低碳一词的搭配网络。我们注意到低碳一词搭配的高频词有 fuel（燃料）、development（发展）、source（资源）、future（未来）、energy（能源）、economy（经济）、research（研究）、technology（技术）、standard（标准）。在第二层次的搭配词中我们可以看到 fossil（化石）、power（量能）、climate（气候）、emission（排放）、renewable（再生）、center（中心）、institute（机构）等。

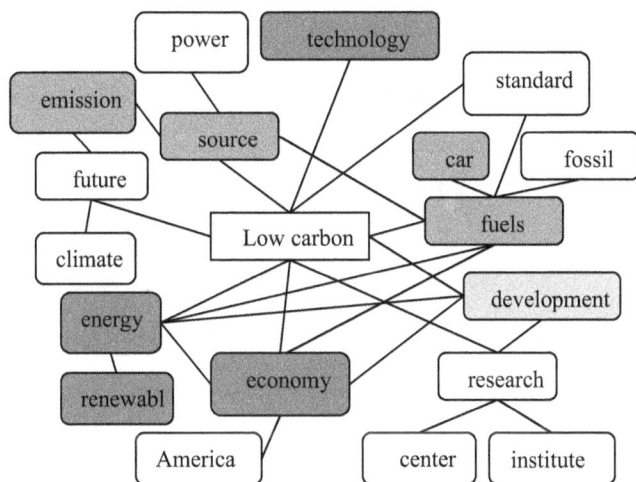

图 6.5　美国主流报刊低碳的搭配网络

两份报纸围绕着低碳概念包括低碳技术、低碳标准、低碳研究、低碳能源、低碳未来、低碳发展等。值得注意的是，区别于英国报刊和中国报刊的主题词，美国报刊的主题词中出现的低碳研究、低碳标准这些富有发达国家的特殊标记的词汇。美国重视成立研究机构和研究中心研究低碳经济的各项指标，从而制定碳排放标准，又以世界领导者的身份设定关于低碳的议程，总是以自己的利益为根本出发点。

第四节　Low carbon 的检索行分析

一、第一阶段

从第一阶段聚焦排放造成的污染问题，走低碳之路的理念正处于萌芽状态，人们重视摸索能源利用、减排等政策的制定，同时也探寻着"低碳商机"，并且预言着走低碳经济将带来一场"工业革命"，这个过程充满机遇与挑战。这一阶段用科学家的研究发现来表征化石燃料带来的气温升高的现实，目的是为了使得表述观点更加令人信服，同时我们观察到通过引用商界高层人物的观点来传递走低碳路充满商机的话语。充满着呼之欲出的低碳"政策话语"。

例 1）The local unit of Anglo American, which mines gold, chrome, nickel and ironpyrite in Zimbabwe, shut down its low-carbon ferrochrome operation this month because of a rapid rise in production costs.（ *The New York Times*, 3/31/2001）

译文：当地英裔美国人开采的黄金矿山，铬，镍和津巴布韦硫铁矿本月关闭了其低碳铬铁操作，原因在于生产成本的快速上升。

例 2）The company has agreed to do the dirtier parts of its operation overseas. It mayswitch to new low-carbon dioxide technology and will supply the plant by shiprather than truck.（ *The New York Times*, 7/16/2002）

译文：公司同意将在海外组装有污染的零部件。它将转入新的低二氧化碳技术，不用卡车而是用水运为工厂提供原材料。

例 3）Scientists project that a century's worth of greenhouse gas releases, mostlyfrom burning fossil fuels, have already bought us a few degrees of warming inthe decades ahead. The challenge is heading off further warming by graduallyweaning ourselves from fossil fuels. This transition to a low-carbon economywill require a new industrial revolution.（ *The New York Times*, 6/7/2002）

译文：科学家所做本世纪来自燃烧化石燃料温室气体释放的项目在过去的几十年中已经造成了温度的升高。要阻止地球的不断升温，我们必须渐渐对化石燃料断了念想。向低碳经济过渡将需要一次新的工业革命。

例 4 ）BP, the oil company, plans to double its investment in greener energy sourceover the next three years, in reaction to soaring demand for low carbon energy, the company said. BP may invest up to \$8 billion in wind, solar, hydrogen andhigh efficiency gas-fired power generation projects over the next 10 years amidgrowing concern over global warming. Technological improvements, governmentincentives and higher energy prices mean that wind, hydrogen and solar energyprojects are more economical than in the past. We are now at a point where wehave sufficient new technologies and sound commercial opportunities within ourreach to build a significant and sustainable business in alternative andrenewable energy, BP's chief executive, Lord John Browne, said. (*The New York Times*, 12/29/2005/)

译文：BP 汽油公司说：未来响应低碳能源的激增需求，计划在未来 3 年加倍投资绿色能源资源。为应对越来越关注的全球气候变暖问题，BP 将在未来 10 年在风能、太阳能、氢气以及高效燃气发电项目的投资 80 亿美元的资金。科技进步、政府支持以及高能源价格意味着风能、太阳能项目将比以往更经济。如今我们在一个拥有高效新技术以及触手可及的良好的商机的时刻，在替代和可再生能源方面去创建重要的、可持续的业务。BP 执行总裁 Lord John Browne 如是说。

例 5 ）The good news is that not all fuels store the same amount of ancient carbon. Andthe United States can have a cleaner, low-carbon energy future if it makesgreater use of a low-carbon fuel — namely, natural gas. The advent of naturalgas was a major advance in the history of energy use, but American regulationshave held the United States back from embracing its full benefits.(*The New York Times*, 10/3/2005)

译文：好在不是所有的燃料都储存同样的古碳量。如果美国更大量地采用低碳燃料，比如天然气，它可以拥有一个更清洁、低碳的未来。天然气的出现是能源利用有史以来的一个重大进展，但美国的规则却没能让美国从中充分受益。

例6）Luckily, there's an easy way to get America out of this fix. Making it slightlymore costly for energy generators to emit carbon dioxide would quickly lead themto turn toward low-carbon natural gas. Indeed, a consortium of Northeasternstates is working on price incentives to that end. The result would be less sootand fewer other pollutants — as well as a lot less ancient carbon sentbillowing into our planet's rapidly filling atmosphere. (*The New York Times*, 10/3/2005)

译文：幸运的是有一个很简单的方法解决美国的问题。那就是稍加提高能源产出所释放的二氧化碳费用，这将很快引导这些企业朝低碳天然气方向。确实，美国东北部的一个财团正在为此做价格表。结果将是减少烟尘和其他污染物——也将减少很多弥漫直上大气层的滚滚浓烟。

二、第二阶段

第二个时期应该说是美国快速制定政策的时期。奥巴马上台后一改往届政府不参加《京都议定书》的消极态度，开始朝一个环保斗士、地球守护神的角色转变（勾红洋，2010：6）。为了维护美国的利益，美国提出了"碳关税"，反映了奥巴马政府将国内和国际两个"战场"通盘考虑：在国内反击传统产业势力，为新能源与传统产业的绿色改造保驾护航；在国际方面为气候谈判增加筹码，迫使中国、印度、巴西等发展中国家让步。考察 Low carbon economy 检索行（见附录五），我们可以看到两报这个时期对低碳概念的报道，除了奥巴马的积极态度外，还传递了各方敦促美国走低碳之路的信息。

例7）The E.P.A. administrator, Lisa P. Jackson, said: "This finding confirms that greenhouse gas pollution is a serious problem now and for future generations. Fortunately, it follows President Obama's call for a low-carbon economy and strong leadership in Congress on clean energy and climate legislation." (*The New York Times*, April 18, 2009)

译文：美国环境保护局长官 Lisa P. Jackson 说："这些发现确定温室气体排放所造成的污染已经是当今以及未来几代非常严重的问题。幸运的是，奥巴马政府号召走低碳经济之路，并且敦促国会进行清洁能源法。"

例 8）"The No. 1 thing will be for everyone to see that the U.S. is on an urgent and transformational path to a low carbon economy", said John Ashton, "the British foreign secretary's special representative for climate change." (*The New York Times*, March 1, 2009)

译文：英国外交大臣气候变化的特别代表艾什顿说：对每个人息息相关的头等大事是美国急需走低碳经济之路。

例 9）Mr. Gore has said he invested in partnerships and funds that try to identify and support companies that are advancing cutting-edge green technologies and are paving the way toward a low-carbon economy. (*The New York Times*, November 3, 2009)

译文：戈尔先生表示，他投资的合作伙伴和资金，试图确定和支持，推进先进的绿色技术，向低碳经济转型的公司。

例 10）Science shows that the world must move to a low-carbon economy. America could use its technology and entrepreneurial spirit to drive this revolution.(The Washington Post, May 29, 2008)

译文：科学表明世界必须走向低碳经济。美国可以用它的技术和企业家精神来推动这场革命。

例 11）Europe must lead the world into a new   …post-industrial revolution, the development of a low-carbon economy, said Jos？ Manuel Barroso, president of the European Commission, the E.U.'s executive arm. We need new policies to face a new reality.(*The Washington Post*, Jan 11, 2007)

译文："欧洲必须带领世界进入一个新的世界。……工业革命后，低碳经济的发展，欧盟委员会主席乔·曼努埃尔巴罗佐说，我们需要新的政策来面对新的现实。"

例 12）Europeans say they are moving toward a low-carbon economy that could serve as a model for the rest of the world. But the bloc's ability to exercise influence through progressive standards and moral leadership, rather than superpower status, is facing a crucial test. "The E.U., frankly, doesn't have the political clout to determine the outcome at Copenhagen," said Peter Haas, a professor of political science at the University of Massachusetts, Amherst.(*The New York Times*, December 3, 2009)

译文：欧洲人说，他们正在走向低碳经济，可以作为世界其他国家的典范。但是，欧盟的道德的领导力正面临着严峻的考验。"坦率地说，欧盟在哥本哈根上并没有表现出它对哥本哈根协议的制定发挥其政治影响力，"麻州大学政治学教授，彼得·阿默斯特如是说。

例 13）The permits issued under Mr. Obama's bill would be bought by businesses through an auction before they were traded. Mr. Obama says he would use $150 billion of the auction revenue over 10 years — a small amount of the total flow — to help improve nonpolluting vehicles, wind and solar power, technology for capturing emissions from power plants, and other energy technologies. The brunt of the funds, he says, would help reduce costs faced by industries and citizens affected by the transition to a low-carbon economy. Mr. McCain's approach, according to his Web site, would distribute the permits initially at no cost, and move to auctioning "eventually."（*The New York Times*, Oct 19, 2008）

译文：奥巴马先生账单下的许可证将通过拍卖才进行交易。奥巴马先生说他会以 150000000000 美元的拍卖受益——少量的总流量——有助于提高无污染汽车，风能和太阳能发电，从发电厂捕获排放的技术，和其他能源技术。他说，基金的冲击，将有助于降低由过渡到低碳经济的产业和公民的成本。麦凯恩先生的方法，根据自己的网站，将分发的许可证最初没有成本，最后到"拍卖。"

例 14）Frank Ackerman, an economist at the Global Development and Environment Institute at Tufts University, said that the nation had lost crucial time in not addressing climate change and that other nations were bypassing the United States in the development of alternative energy technologies. Mr. Ackerman acknowledged that the conversion to a low-carbon economy will be costly for many industries and consumers, but said that the cost of inaction is many times greater.（*The New York Times*, June 3, 2008）

译文：塔夫斯大学全球发展与环境研究所的一位经济学家阿克曼说，这个国家已经失去了在应对气候变化方面的关键时间，而其他国家却绕过美国在替代能源技术的发展。阿克曼承认，向低碳经济的转变将对许多行业和消费者来说是昂贵的，但不作为的代价要高出许多倍。

例 15）Using less carbon-intensive solutions like solar, wind, geothermal, and small, run-of-the-river and kinetic hydropower is the logical strategy for maximum efficiency in a new low-carbon economy.（*The New York Times*, Dec 11, 2008）

译文：利用太阳能、风能、地热、小型、河流和动力水能等碳密集型解决方案，是一种新的低碳经济效益最大化的逻辑策略。

例 16）The Bingaman-Specter proposal, dubbed the "Low Carbon Economy Act," would set a target emissions cap for 2020 at 2006 levels and for 2030 at 1990 levels. Other bills set more stringent targets, but none so far have won majority support.（*The New York Times*, July 11, 2007）

译文：宾格曼—斯帕克特提案，被称为"低碳经济议案"，将设定一个目标排放量上限为 2020 的 2006 级和 1990 级 2030。其他法案设定的目标更为严格，但迄今没有得到多数支持。

三、第三阶段

从第三阶段的检索行表中，我们不难看出与低碳经济共现的词包括：switching to, move toward, smooth the path to, transition to, the shift to, path toward to 等表示方向的词语，表明美国两报在哥本哈根会议后空前渲染走低碳之路的决心。

在前一节中我们看到英国主流报刊早在第一阶段（2000—2003）就出现大量类似的表示方向词汇，表明英国的低碳之路在世界先行一步，是当之无愧的开路先锋。从这个阶段的报道中可以看出美国组织许多研究机构来认证走低碳之路所付出的成本，从而制定世界各国所接受的低碳经济政策。同时我们可以看到美国政府强调国际合作来走低碳之路，尤其对中国、印度等发展中国家，如 2014 年 9 月 24 日《纽约时报》发表了奥巴马敦促中国带头减排的报道。

奥巴马冒着政治风险，坚决走低碳之路，表明他对应对气候变化的空前决心，他强调全世界合作，共同应对全球气候变化。他试图以绿色产业带动经济复苏，进而着眼在危机过后抢占未来产业的制高点。从第一阶段两份报纸所关注的低碳形式，到第二阶段两份报纸所关注的低碳政策，以及排放标准。第三阶段出现许多表示方向的动态词汇，表明美国倡导走低碳经济之路。

1 smooth the path to a low-carbon economy. Little of this will

2 a natural base for a low-carbon economy. Yet *al*do Cerda, who

3 the transition to a low-carbon economy. '' I don' t have that

4 gas as we move to a low-carbon economy, '' Mr. Davey said. S

5 orward with gas in a low-carbon economy except to say that w

6 that switching to a low carbon economy can be done without

7 y to transition to a low-carbon economy, '' Mr. Pachauri said

8 the transition to a low-carbon economy. '' We might be witne

9 ogical path toward a low carbon economy will certainly help

10 ive to move toward a low-carbon economy.'' The modest Chines

11 , is positioned in a low-carbon economy to design and build

12 its transition to a low-carbon economy. Even if E.U. member

13 genuinely shift to a low-carbon economy, industry analysts s

14 broader vision -- a low-carbon economy that enhances the na

15 y in the switch to a low-carbon economy, and in a Senate cli

16 rt of the shift to a low-carbon economy, not as a crutch for

17 smooth the path to a low-carbon economy. Mr. Obama' s most pr

18 big transition to a low-carbon economy without taking into

19 tinue competing in a low-carbon economy of the future. The d

20 he need to move to a low-carbon economy in the U.S. and exem

图 6.6　美国主流报刊第三阶段前 20 条"低碳经济"检索行

第五节　讨论

　　作为美国首屈一指的大报,《纽约时报》和《华盛顿邮报》在力求客观全面记录历史的同时,也积极介入现实,以实际行动深刻影响着社会进程。它以它本身的力量使大众传播机构成为美国社会环境的一部分的那种急剧变革——这种变革影响着每个公民对生活的方方面面的所思所感。在美国走低碳经济的道路上两份报纸无论在对低碳概念的普及以及影响公众对走低碳道路的态度,都产生积极的影响。媒体将特别的知识转化成普通知识,因此再生产意识形态,可以重新看见:新闻话语的意识形态力量在于它"将各种复杂声音编织成一个网络,再将秩序和解释融入于它"(Fairclough,1995:77),《纽约时报》和《华盛顿邮报》正是以这样的方式传递着美国低碳话语。

　　本章通过观察美国主流报刊关于低碳经济的话语建构中发现在各国低碳经济的发展路途中,都在不断按照国情探索适合自己的模式,作为第一大发达国家的美国在低碳战略上也不断调整变化,无论是布什政府还是奥巴马政府都坚持以美国的利益至上的原则,采用内外有别,区别对待的策略,立法和财政刺激手段并举来发展低碳经济。同时,美国也注重低碳研究,成立研究机构和研究中心研究低碳经济的各项指标,从而制定碳排放标准,又以世界领导者自居设定关于低碳的议程。

第六节　本章小结

　　本章通过考察美国两份大报 15 年关于低碳的报道可以看出美国报刊在传递低碳概念的过程中一切以本国的利益为上，第一阶段渲染的是走低碳经济所带来的无限商机，随着对低碳经济的深入认识，新能源技术、再生能源效率成为报刊关注的热点，报道的焦点也从美国国内转向国际，"中国""哥本哈根气候会议"一度成为美国主流报刊的关注的对象，美国为了维护自己的利益，不惜将他国构建成负面形象，如将中国构建成是一个"碳污染者"，将哥本哈根气候会议构建成"混沌事件"。同时以政策制定者自居，为国际气候谈判增加筹码，提出了"碳关税"，反映了奥巴马政府将国内和国际两个"战场"通盘考虑。可以见得，在气候变化大背景下应运而生的低碳经济，引发了国际社会对走低碳之路的持续关注，气候问题已经成为重大的国际政治问题，而问题的背后更隐藏着大国之间的政治博弈。

DOI https://doi.org/10.24103/CD3.cn.2019.7

第七章

中国、英国、美国社会情境分析

在第四、五、六章中概述了中英美报刊关于低碳经济的话语建构。本章将试图回答第一章所提到的第四个解释性研究问题，即美国、英国和中国报纸关于低碳经济的话语与这三个国家各自的政治体制的关系是什么？为了解释前面三章节所发现的话语构建和话语特征，我们将这些发现置身于社会情境中，分析根植在这些话语中的国家利益以及政治、经济、文化、历史等诸因素。本章将探究中英美三国的相关社会背景，通过中国、英国和美国的相关社会情境分析，将这些社会情境与其在三国主流报刊的语言运用以及话语特征联系起来。本章首先讨论中英美三国的政治制度和经济体制。其次讨论报纸的生产方法以及其在这三个国家的读者定位，最后，讨论三国的新闻工作守则，以此去解读以上的因素如何影响到关于低碳的话语建构。

第一节　政治制度

一、中国的政治制度

中华人民共和国是工人阶级领导的、以工农联盟为基础的人民民主专政的社会主义国家，社会主义制度是其根本政治制度。中国共产党是中国唯一的执政党。国家机构实行民主集中制原则（《宪法第一章总纲》第三条：58）。这是中国共产党的根本组织制度和领导制度，即党员个人服从党的组织，少数服从多数，下级组织服从上级组织，全党各个组织和全体党员服从党的全国代表大会和中央委员会。党的各级领导机关都由选举产生。中国共产党领导的多党合作与政治协商制度是中华人民共和国的一项基本政治制度，即在中国共产党的领导下，各民主党派参与人民政治协商会议，但其主要作用是支持中国共产党的政策。

民主党派，指在中国大陆的中华人民共和国政党，除执政党中国共产党以外的八个参政党的统称。它们是：中国国民党革命委员会、中国民主同盟、中国民主建国会、中国民主促进会、中国农工民主党、中国致公党、九三学社、台湾民主自治同盟。这些民主党派和中国共产党之间的合作是通过中国人民政治协商会议取得的。每年3月，与全国人民代表大会同时中国人民政治协商会议在北京举行一次。

（一）全国人民代表大会

全国人民代表大会是中国最高国家权力机关。它每年举行一次为期两周的会议，举行会议时，审议并通过主要新的政策、法律、预算以及主要人员变更。得到中共中央的批准之后，议案就是由国务院向全国人民代表会提出的。虽然全国人民代表大会通常会批准国务院所提出的政策及人员议案，但许多全国人民代表大会委会进行禁止旁听的主动辩论会，因此全国人民代表大会能为容纳不同的观点而做出某些变更。当全国人民代表大会休会时，其常设机构全国人民代表大会常委会行使国家权力。

（二）中华人民共和国宪法

《中华人民共和国宪法》是中华人民共和国的根本大法[1]。宪法包括关于我国政治制度、宪法的解释和修改以及其实施监督制度的重要协定。比如，宪法规定国家的根本任务与目标如下：

沿着建设有中国特色社会主义的道路，集中力量进行社会主义现代化建设；中国共产党继续领导中国各族人民，在马列主义、毛泽东思想、邓小平理论指引下，坚持人民民主专政，坚持社会主义道路，坚持改革开放，不断完善社会主义的各项制度，发展社会主义市场经济，发展社会主义民主，健全社会主义法制，自力更生，艰苦奋斗，逐步实现工业、农业、国防和科学技术的现代化，把中国建设成富强、民主、文明的社会主义国家。

根据宪法，全国人民代表大会常任委员会是中国行使解释宪法的职权。中国宪法规定的拥有提案权的主体有两个，一是全国人大常委会；一是"五分之一以上"的全国人大代表。中国宪法规定宪法修改草案的通过必须经由全国人大全体代表的三分之二以上多数同意。全国人民代表大会拥有修改宪法的权力。全国人民代表大会常任委员会行使修改和撤回宪法解释的职权。此外，全国人民代表大会负责监督宪法的实施。

中国当前的政治机构是如何形成的？为此，我们对 20 世纪的中国做一个简要的回顾。

（三）中国意识形态的变迁

20 世纪的中国经历了血腥、动荡的历史。1900 年辛亥革命推翻了统治中国两千多年的封建君主专制制度，推动了中国社会的发展。1919 年五四运动标志着中国人民的觉醒，中国无产阶级以其强大的力量登上了政治舞台。1937 年 7 月 7 日的"卢沟桥事变"开始，由日本帝国全面入侵中国引发的战争，主战场在中国大陆，两国军队鏖战八年，至 1945 年 9 月 2 日，以中国的胜利而告终。中国还经历了 1927 年至 1949 年的内战。内战一方是蒋介石领导执政的国民党，另一方为毛泽东领导的中国共产党。分别经历国民大革命时期、土地革命时期、抗日战争时期和解放战争时期，土地革命时期也称之为第一次国共内战，解放战争时期称为第二次国共内战。

---

[1] 中国现行宪法修正案 2018 年 3 月 11 日第十三届全国人民代表大会第一次会议通过。

　　1949 年 10 月 1 日中华人民共和国成立。新中国成立初期，面对错综复杂的形势和任务，1950 年 1 月中共中央发出《关于在全党全军开展整风运动的指示》，要求各级党组织结合总结工作，开展批评与自我批评，克服党内领导干部中居功自傲情绪，命令主义作风，以及极少数人贪污腐化、政治上堕落颓废、违法乱纪等错误，密切党和人民联系。运动于同年冬结束。1957 年 4 月，在社会主义改造基本完成、社会主义建设即将全面展开的历史转折关头，中共中央发出《关于整风运动的指示》，决定在全党进行一次以正确处理人民内部矛盾问题为主题，以及对官僚主义、宗派主义和主观主义为内容的整风运动。

　　1957 年 2 月 27 日，毛泽东在《人民日报》上发表《关于正确处理人民内部矛盾》一文。该文章划清了"敌我矛盾"和"人民内部矛盾"的界限。毛泽东全面地分析了各种类型的人民内部矛盾，系统地论述了正确处理各种矛盾的方针政策。指出，要用民主的方法，用"团结—批评—团结"的方针，作为从政治上处理人民内部矛盾的原则；解决经济领域中的矛盾，应依据发展生产，统筹安排，兼顾国家、集体和个人三者利益的原则；科学文化上的问题，应采取"百花齐放，百家争鸣"的方针；民族关系中的矛盾，应采取加强民族团结，帮助各少数民族发展经济文化的方针；在与民主党派关系上，应实行"长期共存，互相监督"的方针等。毛泽东对社会主义社会基本矛盾的论述，特别是关于两类不同性质矛盾的观点，以及处理人民内部矛盾的原则、方针和方法表明我国已从疾风暴雨的阶级斗争转向经济建设。

　　1992 年邓小平南方谈话标志着中国改革进入了新的阶段。改革开放建立了社会主义市场经济体制，使中国发生了巨大的变化。1992 年 10 月召开的党的十四大宣布新时期最鲜明特点是改革开放，中国改革进入新的改革时期。邓小平指出：

　　"社会主义的本质是解放生产力，发展生产力，消灭剥削，消除两极分化，最终达到共同富裕"，我们 1958 年至 1976 年二十多年的经验告诉我们："贫穷不是社会主义，社会主义要消灭贫穷"（邓小平，1984：261）。

　　2002 年中共第十六次全国代表大会上设定了 21 世纪的目标，即：在优化结构和提高效益的基础上，国内生产总值到 2020 年力争比 2000 年翻两番，综合国力和国际竞争力明显增强。基本实现工业化，建成完善的社会主义市场经济体制和更具活力、更加开放的经济体系。城镇人口的比重较大幅度提高，工农差别、城乡差别和地区差别扩大的趋势逐步扭转。社会保障体系比较健全，社会就业比较充分，家庭财产普遍增加，人民过上更加富足的生活；社会主义民主更加完善，社会主义法制更加完备，依法治国基本方略得到全面落实，人民的政治、经济和文化权益得到切实尊重和保障。基层民主更加健全，社会秩序良好，人民安居乐业；全民族的思想道德素质、科学文化素质和健康素质明显提高，形成比较完善的国民教育体系、科技和文化创新体系、全民健身和医疗卫生体系。人民享有接受良好教育的机会，基本普及高中阶段教育，消除文盲。形成全民学习、终身学习的学习型社会，促进人的全面发展。可以见得，提高人民生活水平、促进社会正义以及实现相关的人文主义价值，第十六大《全面建设小康社会》的政治报告[1]的核心。值得注意的是，"全面建设小康社会"很快就成为"科学发展观"。这意味着中国共产党不但注重 GDP 增长率，还以全面进步为奋斗目标。

为确保到 2020 年实现全面建成小康社会宏伟目标，十八大根据我国经济社会发展实际，提出要在十六大、十七大确立的全面建设小康社会目标的基础上努力实现新的要求，即：经济持续健康发展、人民民主不断扩大、文化软实力显著增强、人民生活水平全面提高、资源节约型、环境友好型社会建设取得重大进展。节能减排已经成为未来经济社会发展的重要内容。十九大报告提出了加快生态文明体制改革，建设美丽中国的战略目标，强调人与自然是生命共同体，人类必须尊重自然、顺应自然、保护自然，推进绿色低碳发展仍然是今后工作的重心。

作为执政党，中国共产党拥有立法和话语的决策权力，因而，中国共产党的意识形态对建构话语产生重要影响，从《人民日报》的报道中我们可以看到，从七十年代末的"对外开放政策"[2]以来，中国将重心集中在经济建设上。《人民日报》关于低碳经济的话语建构揭示中国应对全球气候变化的话语。"排放""再生"及"可持续"这些词语 2000 年以来成为高频词（请参阅第五章）。在三个时期中，关于发展低碳经济的话语描述反

[1] 第十六次全国代表大会政治报告（江泽民 2002 年 11 月 8 日）。（见 http://news.xinhuanet.com/ziliao/2002-11/17/content_693542.htm，2015 年 9 月 20 日访问）
[2] 这里指的是中国采取促进外贸及外商投资政策。（中央党史研究室，2001 年版）。

映了中国走低碳之路的决心。中国重视发展低碳经济，树立负责任的大国国际形象，为全球应对气候变化做出贡献。

中国的政治体制表明，中国共产党拥有长期性的权力和决策能力。英美国家有着不同的政治体制，又将如何对低碳经济的话语建构产生影响呢？

二、英国的政治制度

英国是一个单一制、君主立宪的民主国家：政府是由人民选举产生并为人民的利益而行使权力。同时，英国也是一个世袭君主制的国家。到 19 世纪末，君主的实际角色限于礼仪功能，而立法机关（由上议院和下议院组成）与行政机构（由大臣和文官组成）由越来越强大的首相和内阁控制（Mackintosh，1981；Jones *et al.*，1991）。尽管如此，英国君主依然被称为国家元首。[1]

（一）政府、议会和内阁

行政权由英国政府、苏格兰地方政府及威尔士与北爱尔兰行政行使。英国议会上、下两院，苏格兰议会以及威尔士和北爱尔兰议会都拥有立法权。虽然司法部独立于行政和立法机构，但一些高等法官依然是上议院议员。当前上议院是英国民事诉讼最高法院，以及英格兰和威尔士的最高刑事法院。

议会是英国最高的立法机关和最高的权力机关。议会由上议院和下议院组成。英国的国家元首和理论上最高权力的拥有者是英国君主。女王只拥有象征性的地位，其权力的形式受到惯例与民意的约束。但是君主基本上还是可以行使三个重要的权力：被咨询的权力、提供意见的权力和警告的权力。议会是政府行使权力的"机构"之一。议会中，选举期间产生的"权力之争"仍在继续（Mackintosh，1981：133）。议会发挥三个主要作用：合法化、争论及审查（Mosley，1985；Jones *et al.*，1991）。

---

[1] 虽然君王主要是国家团结和传统价值观的象征，但它仍然行使一些政治权力，比如它可以否决法案（但事实上这是一件偶尔会发生的事情）。首相认为必要时，有权建议国王解散议会，宣布提前大选（Mosley，1985）。

　　英国实行多党制，虽然从20世纪20年代起，只有保守党和工党大选获胜。[1] 传统上，保守党是中产阶级选民所支持的政党，而工党则主要有着工人阶级选民的支持。保守党通常被看作是偏右翼，而工党则被看作是偏左翼（有关工党过去与当前意识形态的详情，请参看下列关于工党的部分）。

　　Mosley（1985）指出，这种多党制的选举方式有助于使个人参加选举首相的过程，同时可以避免政治冷漠。此外，各自政党有助于选民登记的程序以及选民教育。当大选时，凡年满18周岁的公民都拥有资格投票选出一位代表其选区的党员。大选通常每四五年举行一次。英国选举制度是非强制性的：但是，近几年来选民投票率很低。[2] 公民必须先在一个选区进行登记，才具有选民资格（对无家可归者来说投票产生一定的难度）。大选的基本制度是简单多数选举制（First-past-the-post election system），即根据一党所占有的议员数量。如果一党拥有绝对多数的议员，则此党将组成下届政府，该党党魁则成为首相。"他是内阁的负责人，拥有相当大的权力"（Mosley，1985）。此外，他/她选择其政府：政府由上下两院的议员组成。[3]

　　上下两院的议员在各自政党的单独委员会中分别举行会议。下议院由646名被不同选区的选民所选出的个人议员组成（Moran，2005：191）。在下议院议员可以讨论并批评党的政策。执政党的党员可以公开批评政府的决定，在某些情况下，议员会"改换门庭"（Moran，2005）。内阁制政府便于加快政策的决定与采纳。议会中政府与反对党（Official Opposition）并存，意味着一年中大部分时间里，首席政策制定者直接面对当选代表。然而，议会制辩论以政府与反对党之间的"仪式性"争吵为特征。Kingdom（1999）指出，集体责任（collective responsibility）和政党凝聚力（party cohesion）仍有然助于保持"团结政府"的形象。

---

[1] 事实上，英国有许多少数党（包括自由党、英国国家党、英国独立党），但它们往往扮演"压力"角色，或者具有地域影响力。

[2] 2001年选民投票率为59.28%，而2005年则为61.36%。因为大约40%选民不参与选举投票，所以选举产生的政府不太可能会代表"多数"的选择（见 http://www.psr.keele.ac.uk/area/uk/e01/results.htm，2008年7月9日访问）。

[3] 上议院担任"高等"议院的作用。上议院议员以往是世袭的，但近年来，改革使当前大多数议员是通过选举产生的。此外，上议院的权力已被降低：它在一段时间内有能力否决下议院所提出的法案。因此，事实上下议院在两院中占主导地位（Mosley，1985）。

下面概述工党和保守党的意识形态。工党在 1997 年、2001 年以及 2005 年的大选获得胜利，2009 年、2013 年保守党获胜。这就意味着本书所研究的期间内，工党和保守党轮流执政。

（二）英国工党的意识形态

从 1997 年起作为执政党的工党"相较于保守党，总是更自觉地容易接受政治观念"（Moran，2005：327）。工党于 1918 年作为国家政党成立；撒切尔主义兴起之前，从意识形态的角度来说，工党和保守者几乎一样不稳定。[1] 工党具有许多不同的思想传统，其中包括基督教社会主义、费边主义以及马克思社会主义（Moran，2005）。

不过，在 20 世纪的最后二十年，工党经历了三次危机，即政策失败、选举失败及成功撒切尔主义的幽灵（the spectre of successful Thatcherism）（同上）。

1983 年大选之前，工党的目的在于"彻底推翻撒切尔主义政策，且创造一种中央计划社会主义经济"（Moran，2005：330）。然而，工党最终必须反思其意识形态。1994 年至 2007 年，在托尼·布莱尔（Tony Blair）的领导下，从新工党（New Labour）的兴起，党内发生了巨变。"新工党完全致力于新自由主义全球经济，且积极支持提高'全球化'倾向的国际活动，即扩大自由贸易"（Fairclough，2000:viii）。在托尼·布莱尔的领导下，工党的计划是国有企业私有化。以上所述的变化还包括机构改革和象征性改革。从历史角度来说，工党与工会之间的密切关系对于工党意识形态有极大的影响（Moran，2005）。工党为了与撒切尔主义革命协调一致而反思了其意识形态。自 1920 年代起，英国两大党主要拥有相同的宪法意识形态。1990 年代，"两主要政党之间的意识形态范围越来越狭窄。但同时工党内的意识形态多样性则越来越复杂"（Moran，2005：333）。

---

[1] 玛格丽特·撒切尔（Margaret Thatcher），作为英国保守党政治家，1979 年–1990 年任英国首相，欧洲史上第一位女首相。她是 20 世纪唯一赢得连续三个任期的英国首相；当她辞职时，撒切尔夫人是自 1827 年以来连任时间最长的英国首相。她加快了英国经济由国家主义向自由主义转变的过程。撒切尔夫人由于其性格以及成就从而成为最著名的英国政治领导（《大英百科全书》，2006）。

（三）英国保守党以及其意识形态沿革

保守党一直是英国政治中最重要的党派，虽然 1997 年以来该党遭遇了大选的失败，但长期以来它仍然被公认为英国政治中最成功的党派。自从 1918 年英国现代党派体系首建以来，保守党或以独立的身份，或以联合政府的身份掌领着政府 60 余年。这意味着保守党和英国社会紧密相连，无论是大大小小的工商业界，还是大多数中产阶级选民，尤其是那些私人企业的选民，他们的利益和保守党密不可分。"保守党坚信若要了解英国政府和英国社会，他们最具有代表性，即便是保守党明天消失了，理解保守党的意识形态仍然重要，因为他们已经给英国政府和社会落下了不可磨灭的烙印"（Moran，2005：321）。

保守党坚持将自己塑造成一个无意识形态的政党，且自诩为"常识"党。要了解保守党，我们可以追溯到 17 世纪的托利党，该党曾经在 1671 年至 1681 年期间的皇位继承排斥危机中，支持约克公爵（即后来的英皇詹姆士六世及二世）有权继承英国君主之帝位。现代保守党起源于 19 世纪的大变革，1846 年托利党的领袖罗伯·皮尔爵士废除了《谷物法》[1]，本杰明·迪斯雷利是 19 世纪后半叶最为重要的人物，他开始赋予保守党新的意识形态，将保守党新工业革命的反对派，他反对国外自由贸易以及国内有新工业利益所倡导的小政府。在传统、贵族阶层领导下，团结社会，阻止由工业化带来的苦难与贫穷。随着 1881 年本杰明·迪斯雷利的去世，保守党又进行了一次变革，当时完全融入工业革命，已经成为英国最重要且最富裕的政党。杰明·迪斯雷利的接班人索尔兹伯里侯爵虽然出生贵族家庭，受传统模式的熏陶，但是，他是杰明·迪斯雷利所追求的社会改革的反对者，在世纪交替之时，保守党成为小政府和自由贸易的最有力的保护者。由此，皮尔以及他的追随者完全从老托里党分离出来，皮尔传统的继承者在新的世纪已经形成了现代保守党。同时，英国的民族身份为意识形态赋予了新的内涵。20 世纪初，保守党主张的三条原则是：

1）坚持自由市场的经济体制；

---

[1] 谷物法（Corn Laws，或称"玉米法案"）是一道于 1815 年至 1846 年强制实施的进口关税，借以"保护"英国农夫及地主免受来自从生产成本较低廉的外国所进口的谷物的竞争。它规定了国产谷物平均价达到或超过某种限度时方可进口。其目的是维护土地贵族的利益。

2）推行帝国主义政策；

3）维护基于伦敦－威斯敏斯特、议会以及女王至高无上的大不列颠政治机构。

萨尔斯堡勋爵在1885年至1902年执政期间仍然保护自由市场经济。20世纪的最后20年保护自由市场尤为突出。1979年撒切尔任首相后，保守党的意识形态发生了剧变。撒切尔对内推行以抑制通货膨胀为首要目的的货币主义政策，保持经济持续稳定增长，对外巩固和发展英美特殊关系，重视西欧防务体系的加强，她的各项新政策被称为撒切尔主义，它作为保守党意识形态包括3个特征（Moran，2005：325-327）：1）具有自觉的意识形态；2）激进的雄心；3）彻底改变英国。

三、美国的政治制度

（一）政府、国会、内阁

美国是联邦共和国，实行立法、行政、司法三权分立的总统制，为世界第一个采用分权的资本主义国家。美国宪法规定：立法权属国会，行政权属总统所领导的政府，司法权属司法机关。三者职能不同，各自相对的独立行使职权，互相制约，保证权力平衡（石啸冲，1982）。国会是最高立法机关，由参议院和众议员组成。两院议员由各州的选民直接选举产生。在立法方面，法案必须经过两院通过才能成为法律。作为司法机关的最高法院，实施对宪法的监督权和解释权，公断国会和行政机构所颁布的法律是否符合宪法精神，并实施最高裁判权。美国实行总统内阁制，总统由选民间接选举产生，最高行政权属于总统，内阁各部部长只对总统负责。各州有较大的权力。各州政府的设立方式大多与美国联邦政府相同。然而，州政府和联邦政府并不相同。大多数情况下，每个州政府都控制着与本州相关的事务。联邦政府控制着影响整个国家的事情。美国宪法在州政府和联邦政府之间划分权力。美国的开国元勋们这样写宪法是为了确保联邦政府和各州都不会变得太强大，起到制衡的作用。州的行政首脑是州长，除个别州外，州的议会也实行两院制。美国实行多党竞选制，而实际上只有两大政党民主党和共和党轮流执政。

美国政府体制始于 1776 年，最初只是一个基于自由和民主理念的试验。但是，历史证明，它是一种相当富有活力和适应性的体制。在有的人看来，美国政府体制似乎简单明了：国会制定法律，总统实施法律。但仔细观察可以发现，其实这是一个复杂得多的充满互动和制衡的体制。作为一个共和国，美国政府的根本权力掌握在人民手中。通过定期大选由选民选出总统、国会议员以及州和地方政府官员。民选官员及其工作班子制定政策和法律，并负责政府的日常运作。

（二）美国宪法

1776 年 7 月 4 日美国独立后，针对长期殖民统治所形成的独特的政治格局，即以州为独立个体的联邦，1777 年讨论通过了《邦联条例》，独立后的美国政治体制拥有中央权力极小，各州独立性大的特点，政治局势依然不太稳定，中央政府尽管具有宣战、印制货币等等这些独立政府才具有的权力，却不具备基本的征税权、征兵权等等，在该条例下，美国独立了，却并不统一（李宁，2016）。《美利坚合众国宪法》诞生于 1787 年，是世界上第一部成文宪法，它规定政府由三个分支组成（立法、行政、司法），并且确定了它们的权力和任职方式。创立了三权分立的制衡体制是《宪法》的最重要特征之一，如此，政府的任一分支都对其他两个分支具有一定的约束力。这种制衡关系使政府的任何一个部门都无法独揽大权。

由于政府只能行使《宪法》具体规定的权力，因此《宪法》为人民的权利和权力提供了重要保护。《宪法》前十条修正案称为《权利法案》，保障所有美国人的自由权利，其中包括言论自由、新闻自由、宗教自由、不受无端搜查以及由陪审团审判的权利等。《宪法》作为国家根本大法，也对各级政府的立法和行政权具有约束力。无论任何法律或法律条文，只要被法院裁决违背《宪法》都将无效，最高法院在这方面具有最终决定权。对《宪法》的修正案必须是经国会参、众两院三分之二议员提出、并得到全国四分之三以上州的批准才能成立。

美国宪法颁布后，确定了联邦政府和州政府的权力与结构，各州拥有自己的州宪法，权力相对独立，制定州内地方政府的条文。地方政府负责管辖市、县、镇或学区以及特别选区的自然资源或交通系统。联邦政府的权力和职责范围由《合众国宪法》限定。联邦政府的权力涉及各州之间的贸易、国防、造币、移民及入籍，以及与外国签订条约。但是，美国历史上已经多次根据时代的需要，对《宪法》进行了修正，适时调整联邦政府的权力，以适应时代的需求，自《宪法》诞生以来，一共只通过 27 个修正案。

按照美国宪法规定，联邦与各州实行分权，州对联邦具有一定独立性。各州法律不得违背联邦宪法，联邦政府要各州制定符合联邦立法的同样法律，各州法律与联邦法律冲突时，由最高法院判决。联邦政府和州政府合作，一起制定包括教育、社会福利、住房补贴及营养、国土安全、交通和紧急行动等领域的法律及其项目，经费由联邦政府提供，州政府负责具体执行。这些项目的运作须严格按照联邦政府的规定，这种合作保证了联邦政府对州政府的影响力。地方政府的结构和权力由州宪法确立，如同州政府的规定不得与联邦法律相悖一样，地方政府受到州宪法和法律的制约。

（三）美国意识形态的流变

意识形态是国家利益的重要方面，美国意识形态具有强烈的宗教色彩，同时也具有顽固性、扩张性、多元化的统一性（龚柏松、邹琦，2006）。美国自从立国之后就很重视维护、传播自己的意识形态，尤其是冷战后，在世界上推行本国的意识形态成为美国对外政策的重要目标之一（赵秋梧，2003：48）。

冷战结束后，人们普遍认为意识形态的竞争已经不占主要地位了。由于世界各国经济的相互依赖以及世界大战发生的可能性的下降，国家现实利益取代了意识形态成为国际关系的重点。然而，冷战后的事实表明，意识形态的竞争和较量并没有消失，它或者是作为国家实现利益的手段而发挥作用，或者是作为国家利益的一部分（谢小娟，2007）。

从冷战后的历史进程来看，美国非但没有淡化其外交政策中的意识形态色彩，反而在许多方面突出宣传其价值观。美国的思想库和学术界不断推出各种引起争论但有广泛影响的政治观点，比如福山（1983）推出的"历史终结论"，宣称"我们可能目睹的不仅仅是冷战的终结，或是战后某一特定历史时期的过去，而是历史本身的终结：即人类思想进化的终结点和作为人类政府的最终形式的西方自由民主的普遍化。之后，亨廷顿

（1999）提出的"文明冲突论"，认为冷战后文化的冲突更令人关注，比政治的冲突更加深刻，文化认同是在新的环境下一个国家结盟或对抗的主要因素。"文明冲突论"以文化为出发点，以国家意识形态为原则，以国家利益为最终归宿，为美国及西方实现"后殖民主义"提供新的理论基础，本质上是为美国构建的一种意识形态策略，以达到美国重建世界秩序的目的（赵秋梧，2003）。

　　无论是"历史终结论"还是"文明冲突论"都宣扬以推进各国"民主化"来维护世界和平的"民主和平论"，以及"人权高于主权"的论调等等。这些观点的视角不同，结论也不同，但都有强烈的意识形态色彩。

（四）三国政治制度与语料库分析结果

　　中英美三国的政体不同，中国的根本政治制度是人民代表大会制度，全国人民代表大会是最高国家权力机关。它的常设机关是全国人民代表大会常务委员会。全国人民代表大会和全国人民代表大会常务委员会行使国家立法权。英国是君主立宪制，美国民主共和制。英美都有议会，且议会拥有立法权。中国的最高元首是国家主席，美国是总统，均拥有最高行政权及军权。英国的国家元首是国王，没有实权。

　　英美媒体不受到政治控制。英美也没有国营报纸，新闻能公开批评任何政党及其政策。然而中国的所有媒体都是国营，肩负着传递政府声音的重任。这对报纸表达其立场的方式产生极大的影响。《人民日报》的内容与中国共产党的立场完全一致。英美主流报刊却并不必须支持政府，而有自己的立场，及其所有人的立场（见下文）。从而，在文本前两章中所提到《人民日报》关于走"低碳经济"之路的立场，都和中国共产党的视角相合。英美报刊的观点却不附属于任何政党，英国五份大报有左倾或右倾的，能涵盖主流媒体所构建的低碳经济话语。而美国的《纽约时报》有支持民主党的倾向[1]。

　　正如第四章所指出，《人民日报》强调作为一个发展中的大国，中国在应对全球气候变化中从国情出发积极履行义务，为减缓全球气候变化做出了积极的贡献。但同时呼吁发达国家应继续率先承诺减排义务，积极向

---

[1] 它在 1936 年和 1944 年支持富兰克林·D·罗斯福，而且自 1960 年后支持的全都是民主党总统候选人。

发展中国家提供资金、技术、培训等援助，帮助发展中国家提高应对气候变化的能力。发展中国家对发达国家希望发达国家应该履行对发展中国家的技术转让和资金支持承诺，切实帮助发展中国家提高减缓和适应气候变化能力。这些措辞如"应该继续""应该履行""切实帮助"意味着，《人民日报》在以委婉的方式表达对于发达国家在制定国际规则时表现的不满，表明《人民日报》在表达自己立场时，常表示一种谨慎的态度。而英美报刊从国家的根本利益出发直接将中国构建成是世界上最大的"污染者"，将"哥本哈根会议"说成是"混沌的会议"。英美领导人将走低碳经济之路作为大选中的筹码（请参阅 5.4）。从对低碳概念的报道上看，《人民日报》将低碳经济看成是一种新的经济模式，且将它与其他模式联系在一起（如：绿色经济、循环经济、节能环保、清洁能源、节能减排）。《人民日报》都选择稳定及相对严谨的词语，这反映了作为中国共产党的喉舌《人民日报》所表示的谨慎态度。另一方面，英美报刊却经常以数字说事，勾起读者对低碳经济的具体认知，同时也大大增强报道的可读性。

中英美三国的经济体制与各自政治制度有关。以下部分将探讨中国和英美国家的经济体制如何影响到报纸的生产及接受，这个过程将对报纸中的话语建构产生重要影响。

第二节　新闻的生产

一、《人民日报》

（一）《人民日报》的角色

在 20 世纪 70 年代后期的经济改革之前，中国媒体的主要框架是大众宣传和说服模式（Zhao，1998）。在这一传统中最引人注目的是党如何利用广播和新闻来宣传其目标，并在 20 世纪 50 年代早期推动人们态度和行为的改变。的确，党在媒体上的见解更加证明以上观点。在此模式内，意识形态过程的概念被看作是有意识的政治宣传和灌输的过程（同上）。

然而，20 世纪 70 年代中，经济改革和门户开放政策为中国新闻媒体提出市场的逻辑，进行了新闻业的改革。1978 年国家财政部批准了八个报纸出版商，包括《人民日报》所提出的申请。该申请中，他们要求在国营报社采取私营企业的管理方法（王立刚，2007）。因此，1979 年国家财政部发布关于报社管理资金的指南。此指南强调报社是传达党的喉舌机构，所以，它们只能在管理资金方面采取私营企业的管理方式。结果是，报纸业进行了某些改革。其后，相当多报纸开始参加商业活动：例如，商业广告开始出现在中国报纸上。1982 年，《新华社》开始对查阅其新闻稿者收费（王立刚，2007）。后续一系列的改革使报纸参与市场竞争。1988 年 3 月，新闻出版总署和国家工商管理局联合颁布报纸、期刊和新闻媒体如何管理自己的财务及商业活动的临时指南。该指南的出台对中国媒体产生重要的影响。不过，尽管大多中国报纸（尤其是小报）竞相争夺读者，《人民日报》却由政府保证其发行量，不用与其他中国报纸一样参加发行的竞争。

作为中国共产党的喉舌，《人民日报》实行严格的媒体审查制度。比如，1949 年和 1950 年中央政府所发布的文件详细说明如何发布重要新闻（这两个文件至今仍然有效）。例如，围绕着中央委员会的所有的通知需由《新华社》首发，然后再由《人民日报》做新闻报道。假如其他报纸重新印刷新闻时出现错误，它们应该按照《新华社》的通知和《人民日报》的报道进行校对。自成立以来，此规定一直保持不变（黄瑚、钟瑛，2003）。所以，《人民日报》继续扮演其特殊角色，向公众传达党的声音，在引导公共舆论上《人民日报》起了主导作用（Wu，1994）。

（二）《人民日报》的生产

正如 1985 年至 1989 年担任《人民日报》评论部主任编辑的吴国光（1994：198）所表示，《人民日报》的生产周期由编辑委员会负责。编辑委员会全权管理报纸。编辑委员会由总编、副总编和各新闻部的负责人组成。当前《人民日报》有二十三个内设机构、31 个国内分社、香港分社、澳门分社，以及 39 个国外分社。

编辑委员会每日开会，讨论并决定第二天发布的报纸的版面设计。开会时编辑之间有机会互相交换意见和信息以及接受党和国家最高领导人的指令。吴国光（1994：195）指出：

"……要把来自最高层的信息看做是一个'命令'；从报纸最高层面以下的数据流是一种'指向性的传播模式'。强调'命令'这一概念也意味着来自最高层面的信息不但要让评论员和编辑更加深入地了解信息，还要严格把关编写流程。"

吴国光用"除了标点符号，自己什么都没有"这一说法来描述《人民日报》记者的工作（1994：207）。这意味着新闻记者严格传达党中央的声音，不折不扣报道中央所要求的内容。

（三）订阅《人民日报》

作为中国共产党的官方报纸，《人民日报》被用来传播党所认为重要的信息，《人民日报》的读者群主要是中产阶级，而非工人阶级，本小节将分析《人民日报》的发行方式。

为了使《人民日报》保持稳定的发行量，且保证党的各个基层组织能继续订阅，每年中央向政府各级部门发布通告，要求他们尽力促成《人民日报》的发行。通过解读该通告的正本（中共中央办公厅，2016），我们可以看到中央非常重视《人民日报》发行。以下是通告正文的概要：

1. 通知要求各级党委切实加强《人民日报》《求是》杂志发行工作的组织领导[1]。

2. 通知强调认真落实订阅范围，确保《人民日报》《求是》杂志的发行量保持稳定。党的各级机关、城镇党支部、农村乡一级党的委员会，政府各级机关，人民团体机关，企事业及所属单位，大专院校及所属系（院、室），城镇中小学校和农村有条件的小学校，解放军、武警部队连一级建制以上单位，都应订阅《人民日报》《求是》杂志。

3. 通知要求，各省、自治区、直辖市党委组织部门要抓紧研究制定用党费订阅党报党刊的具体办法，尤其要明确具体支出比例，确保每年有一定比例的党费用于本地区本单位的党组织，特别是贫困地区的村组、乡镇、中小学校的党组织订阅《人民日报》《求是》杂志等党报党刊。

4. 通知要求邮政部门和有关部门切实改进发行方式，不断提高投递质量。

通告中可以看出，中国共产党保证《人民日报》的订阅及其发行的有序进行。以上第三点所列出的组织经费资助贫困地区的订阅，确保这些偏远地区能顺利订阅党报。因此，《人民日报》具有广泛的读者群，在机关单位读者可以免费阅读人民日报，而英美国家却并非如此。《人民日报》受国家的严格管理，那么记者需要遵守哪些职业道德准则呢？

（四）中国的新闻工作者准则

新闻业被认为在中国共产党所领导的社会主义事业中起着重要作用。1991 年 1 月中华全国新闻工作者协会四届理事会第一次全体会议通过《中国新闻工作者职业道德准则》，此后分别于 1994 年、1997 年和 2009 年 11 月对该准则进行了三次修订。《准则》分为七部分，即：

一、全心全意为人民服务。要忠于党、忠于祖国、忠于人民，把体现党的主张与反映人民心声统一起来，把坚持正确导向与通达社情民意统一起来，把坚持正面宣传为主与加强和改进舆论监督统一起来，发挥党和政府联系人民群众的桥梁纽带作用。

---

[1]《求是》是中国共产党机关杂志。其名称源于中华人民共和国的口号："实事求是"。

二、坚持正确舆论导向。要坚持团结稳定鼓劲、正面宣传为主，唱响主旋律，不断巩固和壮大积极健康向上的舆论。

三、坚持新闻真实性原则。要把真实作为新闻的生命，坚持深入调查研究，报道做到真实、准确、全面、客观。

四、发扬优良作风。要树立正确的世界观、人生观、价值观，加强品德修养，提高综合素质，抵制不良风气，接受社会监督。

五、坚持改革创新。要遵循新闻传播规律，提高舆论引导能力，创新观念、创新内容、创新形式、创新方法、创新手段，做到体现时代性、把握规律性、富于创造性。

六、遵纪守法。要增强法治观念，遵守宪法和法律法规，遵守党的新闻工作纪律，维护国家利益和安全，保守国家秘密。

七、促进国际新闻同行的交流与合作。要努力培养世界眼光和国际视野，积极搭建中国与世界交流沟通的桥梁。

《准则》适用于各种媒体。党的新闻舆论媒体的所有工作，都要体现党的意志、反映党的主张，维护党中央权威、维护党的团结，做到爱党、护党、为党。[1] 记者必须学习并传播马克思列宁主义、毛泽东思想以及邓小平理论，且践行党的基本路线及其原则[2]。记者还必须遵守正确舆论引导人，通过浩然之气引导人们并鼓励他们创作优秀的作品。中国共产党所定义的舆论导向被看作新闻业的关键任务（丁关根[3]，1995）。此外，记者应该为人民、社会主义、中国共产党和国家服务。

根据《准则》，在职业道德方面，记者应该"全心全意为人民服务"，它是社会主义道德的核心。此外，记者必须成为党与人民之间的沟通桥梁，传达党的政策和原则。记者应该提高人民的政治意识及其责任感，且遵守正确舆论导向。在新闻报道中，他们应该强调爱国主义、集体主义和社会主义，动员和团结各族人民。爱国主义是中华民族精神的核心，而集体主义是作为社会主义国家的中国的社会价值准则。爱国主义和集体主义都是社会主义道德体系建设的核心原则。

---

[1] 2016 年 2 月 20 日 "习近平总书记在党的新闻舆论工作座谈会上的重要讲话"。

[2] 中国共产党第十三次全国代表大会将党在社会主义初级阶段的基本路线概括为：领导和团结全国各族人民，以经济建设为中心，坚持四项基本原则，坚持改革开放，自力更生，艰苦创业，为把我国建设成为富强民主文明和谐的社会主义现代化国家而奋斗。该基本路线为 "一个中心，两个基本点" 的核心内容（中共中央党史研究室，2001）。

[3] 丁关根，1992 年至 2002 年 10 月任中央宣传部部长。

记者还应该遵循积极宣传的原则（而非报道消极的新闻故事）。该原则被看作促进社会团结稳定。记者应该帮助促进社会主义市场经济体制、社会进步、艰苦创业以及开拓创新的舆论。促进这种舆论有利于人们分清是非、坚持真善美以及抵制假恶丑。此外，记者所写的报道应该有利于国家统一，民族团结以及人民心情舒畅。《准则》还说，新闻不得宣扬色情、凶杀、暴力、愚昧、迷信及其他党所认为是"格调低劣"的内容，即被党看作有害人们身心健康的内容。时任中国国家主席江泽民[1]（1996 年）有关舆论导向的著名演讲对新闻记者《准则》做了诠释，他指出："以科学的理论武装人，以正确的舆论引导人，以高尚的精神塑造人，以优秀的作品鼓舞人"。《准则》也要求记者遵守中国宪法、法律和纪律，维护新闻的真实性，工作时保持清正廉洁。因此，《准则》体现中国共产党的新闻原则。该原则被认为在影响中国媒体报道的过程中发挥重要作用。

二、英美报刊

（一）媒体的角色

英美报刊是社会公众舆论的重要载体，可以反映出社会对国内外形势的立场。报纸主要分为严肃类报纸、通俗类报纸和八卦小报，所有报刊都标榜自己与任何政党都无关，为了更多地吸引读者，将利益最大化，美国是大众传媒的超级大国，在世界上掌控着话语权，美国利用自身传媒的全球影响力在世界上推介美国国家形象，政治体制和意识形态，影响全球舆论。强大的媒体力量成为美国持续潜移默化影响世界公众思想的重要手段（龚铁鹰，2010）。

本研究所选的七家英美报纸都是私人所有，属于严肃类报刊，主要讨论的是政治、经济和国际事务等话题，文章较长，用语正式规范。报纸经营的目的都是为了盈利，所有的事务都是向公司的投资方负责，由投资方指定一名总编，下面的工作人员都对总编负责，所以，报道什么样的新闻都是经过这名总编同意，所有人对新闻报道方面并没有任何干预，具有相对的独立性。对新闻而言，那些所有者或者投资人会对社论版定一

---

[1] 在《人民日报》进行视察中江泽民所发表的演讲，1996 年 10 月 21 日。

个基调，有的保守，有的相对激进。但总的原则都要求尽最大努力使报道客观、公正。记者不能因为自己的政治信仰或政治观点影响新闻报道的公正性和客观性。在美国，新闻界被称为是第四阶层，因为在中世纪国王的第一阶层是政府，第二阶层是军队，第三阶层是教会。新闻媒体被认为是独立于政府的一群人，使命是关注政府的一举一动，确保他们对人民负责的，如果政府有任何错误的行为，就要及时向公众报告，宪法规定新闻媒体可以报道事实真相（琼斯，2010）。

（二）英国的新闻工作者准则

自 1936 年以来，英国《全国记者联盟的行为准则》一直都规定了英国和爱尔兰新闻业的主要原则；该《行为准则》每隔几年更新。最近一次修订是在 2011 年。《准则》包括记者行为准则十二条款。

一、任何时候都维护和捍卫媒体自由、言论自由和公众知情权的原则。

二、努力确保所传播的信息真实、准确、公正。

三、尽最大努力纠正造成伤害的错误。

四、区分事实和观点。

五、以诚实、直截了当和公开的方式获取材料，但调查既完全符合公众利益，又涉及无法通过直接手段获得的证据的除外。

六、不干涉任何人的私生活、悲伤或痛苦。

七、保护在其工作过程中秘密提供信息和收集材料来源之人的身份。

八、抵制威胁或任何其他影响、歪曲或压制信息的诱因，在信息为公众所知之前，不得利用在履行职责过程中获得的信息获取不公平的个人利益。

九、不产生任何可能导致基于个人年龄、性别、种族、肤色、信仰、法律地位、残疾、婚姻状况或性取向的仇恨或歧视的材料。

十、不得以声明、声音或外观的方式通过广告宣传任何商业产品或服务，但为宣传自己的工作或为其受雇的媒体所作的宣传除外。

十一、记者在采访或拍摄儿童有关其福利的故事时，通常应征得适当成年人的同意。

十二、避免抄袭。

　　该准则认为，一名记者有权拒绝违背《守则》精神工作。英国新闻联盟将全力支持任何因主张她/他有权按照准则行事而受到纪律处分的记者。

　　收集、报道和解释信息的过程中，记者应该诚实，公正以及勇敢。他们应该减低对信源、个体和同事造成的伤害。除了公众有权知道之外，他们应该不受到任何利益集团的影响。记者对其读者、听众、观众和其他记者负责。记者不应该创作可能导致仇恨或年龄歧视、性别歧视、种族歧视、肤色歧视、宗教歧视、法律地位歧视、残疾歧视、婚姻状况歧视或性取向歧视的读物。

　　不遵守该《准则》将导致"灾难性后果"。如英国《太阳报》发布有关希尔斯堡惨案"真相"（The Truth）的无耻头版标题时，就承担了这种后果（Sanders，2003：42）。

　　《太阳报》报道称"九十五名足球迷身亡""利物浦球迷扒窃了受伤的球迷""球迷殴打警察"。报纸评论会认为"真相"这一标题"带有煽动性"，而文章本身"失实，具有误导性"（Chippindale & Horrie，1990：337）。利物浦当地居民立即开始抵制报纸。当时《太阳报》遭受了被称为英国报纸史上"最大的销售失败"（出处同上）。在默西塞德郡的销售至今仍然没有完全恢复，而国际新闻集团每年损失数百万英镑。

图 7.1　《太阳报》1989 年 4 月 19 日的头版

（三）美国的新闻工作者准则

美国密苏里大学新闻学院院长瓦尔特·威廉1911年起草的《报人守则》提出了八条报人道德准则。为新闻从业者提供了重要的职业道德指南。

守则对报人提出了道德层面上和业务层面上的要求，将新闻事业定义为神圣的职业，要成为公众信赖的人，如果因为利益驱使而不为公众服务，将被视为背信弃义之徒。守则要求报人具有优良的从事新闻事业的素质，思路清晰，说理明白，正确公允。新闻记者要客观公正地写出心目中认为真实的事情。

守则也明文规定不许进行新闻压制，不能出言不逊，也不能带着自己个人的偏见或受他人偏见左右，更不能因威逼利诱而丧失新闻工作者的职业操守。无论是广告、新闻或评论，一切以读者的最高利益为上，要求一种有益的求真求实的观念高于一切。新闻从业人员应该具有独立的精神，不畏惧权贵，勇于声张正义，勇于打抱不平，保持清醒的头脑，独立思考，遵守真诚、平等、互助等法则。该守则还倡导爱自己国家的同时诚心促进国际间的友谊。

《报人守则》体现了美国报人的新闻理想，遵循人人平等，尊重事实，为读者服务，成为读者最信赖的人，崇尚爱国，也顾及与世界的友好相处。美国职业记者协会（Society of Professional Journalists——SPJ）于1926年正式通过第一个伦理规范，主要借用了美国报纸编辑协会1923年的"新闻规约"。1973年美国职业记者协会制订了自己的规范，并在1984年、1987年两次重新做过修订，1996年9月，又做了最近的一次修订。伦理规约强调了新闻记者的职责是探究与报道真相，尊重消息来源、报道对象以及同行，将伤害降低到最小。不为利益所驱动，信守诺言，不带偏见，全面而诚实地为公众利益服务，客观公正报道事实真相，同时，也鼓励受访者说出真相。杜绝抄袭剽窃。避免就种族、性别、年龄、宗教、族裔、地理、性取向、残障、体貌或社会地位形成刻板成见等。

第三节　低碳话语与社会情境

一、《人民日报》的低碳话语

《人民日报》的大多数读者受过良好教育，层次较高，并在政府部门工作。它的生产和受众定位很大程度上影响其语言风格。因发行量得到政府保证，无需以盈利为目的吸引读者的眼球。作为政府的喉舌，《人民日报》力图使用一种庄重、大气、朴实、鲜明的文风，且重视内容的准确性和真实性。《人民日报》的读者将该报作为一种信息来源而非娱乐消遣。这明显反映在报纸关于低碳经济的话语建构中，该话语建构往往使用正式、严肃的风格。

正如上文所述，《人民日报》不用与其他报纸争夺读者，因为政府保证其巨大的发行量和读者人数。因此，《人民日报》不用说服读者买或费力找人订阅报纸。《人民日报》的记者严格遵守传达政府喉舌的指令。建构低碳经济话语中所使用的谨慎稳定语言反映《人民日报》具有政治导向的语言风格。比如，《人民日报》一直都提出中国政府应对全球气候变化的立场，不管是低碳经济提出之初，还是哥本哈根会议之后，记者反复引用政府官员或官方文件中的表述，注重树立中国在应对全球气候变化的过程中，负责任的大国形象。

二、英美报刊的低碳话语

英美主流报刊与其他小报相同，要面临着剧烈的市场竞争。要在竞争中生存下来，需要吸引眼球、争取最大的阅读量，更需要见风使舵，随波逐流，将自己利益最大化。主流报刊读者大都属于中产阶级。因此，其写作风格也迎合这一读者群的口味，语言上咬文嚼字。

在三个时期中，主流报刊总是引用国家领导人的讲话以强化其说话的权威性和读者对这些领导人的好感。英美国家主流报刊中的低碳话语，总是和政府官员和研究机构的权威人士话语联系在一起。它提高了读者对这种话语的关注度和认可度，同时也表明了报纸的立场，传递公众的声音，敦促政府走低碳之路。

英美主流报刊扮演一种重要的社会教育角色。首先，向公众宣传及普及低碳意识是主流报刊话语的主要特征。在应对全球气候变化中，那些关于国家利益在新闻文本中得到了体现，在国际关于低碳的话语博弈中始终坚持自己的利益至上原则，在前两章中的例子表明了主流报刊如何建构在应对气候变化中走低碳之路的重要性，如何将一种经济模式演变成一种政治话语，且被政治人物所利用，作为大选及提升民众满意度的手段。

此外，在走低碳话语之路的话语构建时，英美主流报刊用了诸如rocky（坚如磐石的）这样的隐喻来表征走低碳之路的艰苦历程，也用radical agenda（激进的议程）等话语宣传政府的决心，旨在渲染在应对全球气候变化，环境遭到严重破坏的背景下的"迫切心愿"和"坚定的信念"等话语，折射了对政府走低碳经济之路的希冀，以及政府为了未来竞争中立于不败之地，面临挑战，开发低碳产品，引领世界走上低碳经济的策略取向。

第四节　本章小结

　　本章讨论了中英美三国的不同政治制度和经济体制，以及三国的新闻原则对报纸生产方法和接受的影响。对《人民日报》而言，新闻产生过程的各个环节都是由政府决定的。《人民日报》既可免费阅读又免费发行的方式确保其有足够的读者。《人民日报》故事的写作风格传递党和政府的声音，这就决定了新闻内容的正面性、严肃性，语言措辞的准确性、得体性。这一点可以解释为何《人民日报》常常以一种谨慎的风格，不断强调国际合作，常采用引语来表达自己关于有争议的话题的观点的策略。作为具有不同意识形态和政治制度的强大国家，过去中国和美国没有密切的关系，虽然全球气候变化是一个全球性的现象，关乎每个国家人民的利益，这一点国际社会已经达成共识。中美两国之间微妙的关系反映在《人民日报》对美国在应对气候变化所表现的态度。中国可能不完全赞成美国低碳政策，但它也不愿意与美国对立起来。

　　另一方面，英美报刊为私营企业所有。他们必须与其他报纸争夺读者，说服他们购买自己的报纸，读自己的故事。因此，英美国家报刊所运用的语言更吸引读者的注意，且可能引起各种情绪反应。为了建立读者与报纸之间的关系，英美报刊的文章依靠市场化技巧，例如个性化。美英这两个国家具有相同的经济和社会政策。传统上，这些报纸都有潜在的政治倾向，但在走低碳之路的问题上已然达成了共识。这也就是为何英美领导人在大选中以此作为筹码，提高自己的支持率。而《人民日报》典型的读者是政府官员、拥有良好的教育背景的公务员。诚然，该报纸是读者最直接了解党的各项政策的渠道。这就是为什么《人民日报》引用大量高级官员的讲话，传递的是党的声音，建构中国负责任的大国形象话语。

DOI https://doi.org/10.24103/CD3.cn.2019.8

第八章

结 论

　　本研究进行了基于语料库的比较批评话语分析来探究 2000—2014 年《人民日报》和英美主流报刊如何建构关于低碳的话语，同时探究这些话语如何反映不同的社会现实。本章将从研究发现、研究反思、未来展望等几个方面对本研究进行总结。

第一节　研究发现

一、语料库语言学与批判话语分析相结合

本研究第三章、第四章和第五章的分析中我们不难看出，基于语料库的批判话语分析方法切实可行，两者结合可以取长补短，是定性和定量研究的有效结合。语料库提供的语言例证是凭直觉的研究方法所不能及，批判话语分析的方法又使语料库所提供的例证变得清晰明了。

本研究围绕着低碳话语，以此作为话语分析的切入点，分析中英美三国的主流报刊关于低碳经济的话语建构。一些特殊话语往往隐含在高频语言型式中，我们从词频信息中发现许多有趣的有待进一步考察的现象；研究表明词丛、搭配词分析伴随着语料库检索来考察其上下文中的分析，为定量的分析增添了定性的成分，使结果更可靠、更全面。将语料库的发现和社会情境相结合使我们更清晰地认识到话语是意识形态的反映，媒体支配着在社会大情景中的语言使用，语言反映媒体的结构和价值观，媒体语言本身有众多因素值得深入研究。

在社会文化语境中，话语作为一种语言单位受到关注。现阶段，话语研究突破了基本的语言特征，直入话语背后的意识形态和深层次的文化因素。Fairclough 将话语分析阐释为"一种致力于语言、权力与意识形态之间的关系的研究框架"。基于语料库的话语研究，是一种质化和量化相结合的研究范式，无论在研究框架还是研究视角方面都具有创新性。

本研究证明语料库方法和批评话语分析方法能够相互补充。语料库方法使我们辨别出数据中高频词汇以及重要的语言型式。这些型式显示特定话语的语言痕迹。我们所采用的方法主要是语料库驱动的：语料库中的型式驱动我们的分析，而不是我们按照我们所认为重要而企图靠"直觉"去分析。词频列表显示出一些还需进一步研究有趣的现象。该现象成为研究很好的切入点，且表明语料库中的典型特征。这使我们能够关注语言运用中代表报纸的典型立场的反复案例。此外，主题词提供了值得关注更加

明显的词语。事实证明，搭配网络所展示的内容也很丰富：他们展示了与"低碳"有关的词语之间的关系的重要性。最后，索引使我们能够知道这些词语如何被纳入不同的话语。索引行的语境分析非常重要，因为这种分析使得定量分析和定性分析有机结合。索引行还能显示那些没有出现在高频的词汇表中的有趣现象，如："攻坚战"，比喻走低碳之路的艰辛。这一点在之前的研究中也得到印证，例如，钱毓芳（2010）在研究《人民日报》的恐怖主义话语时发现"毒瘤"一词仅出现了三次，报道用"毒瘤"比喻恐怖主义。检索行中出现的"毒瘤"一词，弥补了高频词表中遗漏的重要信息，为文本分析增加了一种梯度感，帮助我们更加准确、完整地描述数据。

此外，索引分析所显示出的某个单词能够促使我们做进一步的调查，以便观察更多的语言例证。基于语料库的分析方法虽然强于那些简单随机选择单篇或几篇文本而进行的定性分析。但是，语料库只提供给我们文本的一些现象，却无法提供一种充分的解读，只有回归文本并将话语特征置于更广泛的社会背景中，才能阐释这些话语的内涵。基于中国、英国、美国不同的国家利益，有助于解读为何英美国家报纸在报道应对全球气候变化，发展低碳经济的报道中回避提及"发展中国家"和"发达国家"的概念，而《人民日报》的文本中这两个都是高频词，它强调在制定国际排放标准时发展中国家和发达国家必须区别对待。因此，在做基于语料库的话语研究时，必须对语料库之外的另外一些层面进行分析，以此阐释语料库分析的结果。

二、语料库分析结果与社会情境分析

在第七章中，对两国政治制度的分析表明，不同的社会体制反映在中国和英美国家报纸对应对全球气候变化，发展低碳经济的态度。另一方面，不同的政治制度对报纸生产和接受产生影响。从新闻报道内容的筛选上看，三国报纸都有其局限性。此局限性与报纸所有制有关。《人民日报》是党的喉舌，而英美报纸则代表着其拥有者的政治立场。这可能有助于解读为何《人民日报》建构关于低碳经济的话语更加谨慎。例如，它通常通过概念的解释，或引用专业或权威人士的话语来阐释低碳的概念，在报道国外相关主题的内容是通过引用其他（不属于中国政府的）重要人物来表达自己的看法。《人民日报》对他国政策的报道持谨慎态度，以免对国际关系造成影响，尤其是与美国等超级大国的报道，措辞得体谨慎。

另一方面，美英两国间有一种"特殊关系"，且有共同的文化价值观。比如拥有《泰晤士报》的鲁伯特·默多克不是英国人，而是澳裔美国人。无论如何，因为有相同的政治意识形态，所以默多克和《泰晤士报》都支持英美的减排政策，处于利益共同体。

中国和英美国家的经济体制已证明对报纸发布的内容产生影响。《人民日报》不需要担心其他报纸的竞争，也不需要担心是否给读者带来娱乐。这其中的原因在于政府确保其订阅发行。《人民日报》的关键任务是传达中国共产党的声音。然而，英美报刊的运作模式是一种资本主义经济模式。这模式的主要特征是市场竞争，因此英美国家报刊的报道风格更加刻意迎合读者的口味。

新闻生产和接受方法的论述表明，《人民日报》读者一般来说属于中产阶层，在政府部门工作（因此他们可能手里有些政治权力）。而英美国家读者也主要是中产阶级，他们能通过选举国家领袖或停止购买自己不赞成的报纸来发挥其影响力。读者的不同社会阶层决定着报刊语言的风格，《人民日报》使用一种正式和谨慎的语言，而英美主流报刊所使用的语言则更加注重表达感情。

对于三个国家的记者行为准则，中国准则关注传达中国共产党的声音的关键任务，而英美准则却关注新闻从业人员的道德。因此，中国准则意味着记者应该传达中国共产党所构建的话语。另一方面，英美行为准则，除了避免种族歧视、肤色歧视、性别歧视、性取向歧视或残疾歧视之外，并没有关于政治观点和意识形态的规则。不遵守各自的准则能导致灾难性后果。例如，在英国如果公众发现有一家报纸向其读者说谎，这能导致发行量下降（像《太阳报》在利物浦的案例）。而在中国个人记者可能受到处罚，但报纸不会。上述两种情况有相似之处，即三国都强调报纸不能说谎。

不同的政体、不同的报刊经营者、不同的历史文化背景对于媒体话语的生产和消费都将产生重要影响，透过这些现象让我们更清楚地认识话语的本质。

第二节　研究评价

一、创新之处

通过基于语料库方法分析中、英、美报纸的话语，可望对英汉媒体话语研究作出贡献。

如前所述，这是一项语料库研究与批判话语分析相结合的媒体话语研究。从方法论上看，本研究认为语料库和批判话语分析相结合的方法互为补充，相得益彰。本研究的主题是低碳经济话语，在全球应对气候变化的当下，此项研究具有重要的现实意义，本研究表明了关于低碳经济的新闻报道如何因许多因素被过滤，其中包括国家利益、报业经营者、国际关系、新闻产生的方法、受众定位以及其他历史、政治和社会因素。此外，我们所采用的分析体系也适用于其他话语研究。

虽然本研究采用了 Baker（2006 年版）*Using Corpora in Discourse Analysis* 一本书所建议的方法，同时也参考了 Baker *et al.*（2013 年）的分析框架，但本研究采用了多种基于语料库方法比较研究，且考虑到社会情境因素。本研究还对参考语料库选择以及专题语料库的研创进行了探讨（请参阅第三章）。此外，Qian（2010）年对 McEnery（2005）和 Baker（2005）所运用的搭配网络分析方法，以及搭配网络的分析范畴进行了修改。因为本研究的语料库比 McEnery 和 Baker 的语料库大得多，所以面对了遇到更多潜在搭配词的问题做了重新认证。本研究采纳 Qian（2010）的选择标准，对新的论题进行了再运用，是搭配网络方法在话语分析中的有效性再一次得到了印证。为了便于观察不同时期三国媒体关于低碳经济话语变化，本研究以搭配网络的形式呈现了一种独特的话语研究方式。首先选取问询词 low-carbon，然后运用 WordSmith Tools 6，以该词为问询词进行检索，提取搭配词，搭配网络的第一层次的问询词选取 *low-carbon* 的高频搭配词且这个搭配词又与一个以上的词搭配相联结，然后以同样的方法选取第二层搭配词，可以看到，各层的搭配词彼此互为关系，形成一个清晰的网络，为后续分析和解释语言现象，挖掘隐藏的深层次的话语提供了更多的、更可靠的例证。"搭配网络"分析法是对语料库方法在话语研究中应用研究的充实和发展。

利用计算机分析工具实证分析真实使用的媒体语言型式使得大范围的分析成了可能。一些学者在借助语料库做媒体话语分析后认为语料库是媒体话语分析的得力工具，因为语料库提供高频的重要语言型式，这些不断重复的语言型式往往隐含着特殊话语。语料库技术加上批判话语分析，使定量定性分析有机结合起来。

我们对于话语分析研究的主要贡献为：第一，融合了两种话语分析框架，即 Fairclough 的三维分析框架和 Wodak 的话语历史分析框架。融合两者方法，基于低碳经济大型文本，对语料库的发现进行描述，同时结合话语历史分析方法，对该话语实践的历史情境进行跨学科、多方法并存的解读。第二，丰富了低碳经济研究的新内涵。自从提出低碳经济的概念后引起各界的关注。人们从政治学、社会学、经济学等等角度研究其实现途径、法规制定等维度进行了热烈的探讨。本研究首次从话语研究的角度揭示隐藏在低碳话语背后的社会现实以及不同政体的媒体话语的实质。为低碳经济的研究提供了新的视角。

二、难点之处

本研究经历了艰难而又漫长的旅程。在本节中，将讨论研究过程中遇到过的一些问题。

首先是研究初始语料的选择，起初我们收集了英美报纸 2000 年以来所有含有 "low carbon economy" 一词的文本，通过 LexisNexis 数据库检索，发现获取的文本很少，为了进一步扩大涵盖的广度，我们将检索词缩小到 "low carbon"，汉语文本也是如此，将"低碳"作为检索词。因此，大大增加了语料的量。考虑到研究的聚焦以及研究的可操作性，我们将分析的对象锁定到具有代表性且公认的各国"主流报刊"。

此外，参考语料库的确定也是需要考虑周到的事情，各国的语料分为 3 个阶段，参考语料库用互为参照的方法还是用一个共同的普通参照语料库，期间，反复做了实验性的主题词分析，分别用代表英国英语的路透社新闻语料库和代表美国英语的 English Gigaword Corpus 两个参照语料库来测算《英国主流报刊语料库》和《美国主流报刊语料库》，发现前20个主题词没有显著的差异，最后确定用 English Gigaword Corpus 作为两个报刊语料库的参照语料库，而中文用了 Chinese Gigaword Corpus。

这个研究的另一个难题是如何将语料库方法与批判话语分析相结合。先前学者已经做过相关研究，且取得丰硕成果，但是本研究与前人的研究有所区别。这个研究完全是一个自下而上的分析，如，语料库分析之前没法预测到会找到什么，也没有提前决定聚焦什么。得到结果以后，需要通过解读不同社会和政治背景来解释结果。而之前的许多采用批判话语分析方法的学者是先进行背景分析（使理论形成），然后通过数据再测试理论（常常通过定性研究）。将语料库语言学与批判话语分析的其他研究（如Baker 等人，2008，2013）所采用的方法包括对少数文章进行传统语料库分析与小规模定性分析，而且在两者间来回互动往返。在一定程度上，本研究也采用了上述的方法（有时候一些有趣的索引行吸引我们进行深入检索来查找类似的现象），但总的来说，本研究的方法与 Baker 等人以及传统批判话语分析的方法有不同点。

第三个问题是，将语料库结果与各国的社会背景联系起来的难题。要把握分析社会情境的度具有相当的难度。例如，在第七章中原本可以更深入探究三国的社会情境，更详细地讨论政治、经济、新闻工作者行为、国际关系、历史等。此外，社会情境分析需要我们将三个不同文化的国家联系起来。作为中国人有时候对自己成长环境中的文化持批评态度很难，而且将中国报纸中的"话语"与事实区分开来也很难。因此，在研究过程中应该时刻提醒自己，"现实"是一个主观的概念，而且报纸是反映这个现实的写照（应该通过他们写什么、如何写、省略什么去判断）。

至于英美报刊，我们面临的是不一样的问题，即我们对所遇到的大部分事情不熟悉，因此涉及本研究的这一方面几乎一切事情对我们来说都十分陌生。在此研究中，我们担心自己不能解读对低碳经济话语建构的相关方面，而且担心因为缺乏英美背景知识而误读文本。此外，还有可能在社会情境分析中只局限于对话语的揭示与解读而缺乏理论依据加以阐述，例如，试图厘清什么是英美或中国文化时，我们发现了许多似乎一概而论的观念（如，根据一位人类学家所说，英国人都挺保守，具有一种强烈的幽默感并喜欢"公平竞争"），但这些并非学术观点。

第三节　未来展望

本研究仅集中在媒体话语的研究，将低碳经济的话语建构研究拓展到各国官方的低碳话语建构会很有意义。比如对中国的《政府工作报告》《中国的能源状况与政策》白皮书、中国外交部发言人讲话、政治广告；英国的能源白皮书、蓝皮书、议会辩论、新闻发布会、政治采访和政治宣传、法案等；议会辩论、新闻发布会、政治宣传、法案等；美国的能源白皮书、国情咨文、议会辩论、新闻发布会、政治采访和政治宣传、法案等所有关于低碳经济相关的文本加以系统的话语研究，以期观察自从提出低碳概念以来，低碳话语如何与社会之间发生互动关系，推动社会变革与发展。

将语料库与批判话语分析结合的方法需要进一步的探索，特别是从证实语境分析能被用来解释语料库的发现，以及将碎片化的信息联系在一起分析话语等方面。此外，不同方法的结合能用于研究不同话题，如环境变化、艾滋病、人权等。西方传媒对全球气候变化中中国形象建构也是值得关注的问题。当然，本书所概述的方法并不仅仅限于报纸数据。该方法可以用来研究其他文本，如政府的报告或领导人演讲、电视和广播的文字稿、博客或电子邮件。

第四节　本章小结

低碳经济在全球应对气候变化的大背景下应运而生，在 10 多年的发展历程中，掺杂着政治、道德、科技、经济等多方面因素，它比以往的任何国家争端更加激烈和复杂，牵涉到许多国家。中国以一个发展中大国的身份，随着经济的发展，承担了更多的社会责任。从《京都议定书》到《联合国气候变化框架》中国都能团结发展中国家维护两个协定书。气候变化是自然界在人类史上的第一个全球事件，也有充分的理由相信目前已到了危急关头，必须凝聚全球共识、采取协调行动去一致应对，才有望成功。但任何全球协同都是国际政治命题的国家战略平衡，处于不同发展水平的国家、政党和产业集团，在政界、学界和商界的各个领域，利益角逐和博弈无处不在（熊焰，2010）。

因此，在决定世界对这一日益重要问题的反应，媒体扮演一个重要角色。比方说，假如更多报纸对低碳经济表示支持，那么这是否影响到选民的意见，使美国政府（和支持美国的国家）要么改变其政策要么可能在选举中落选？走低碳之路达成全球的共识，中国应当以大国领袖的姿态同时作为一个批评者和建设者，并借助西方人熟悉的话语，主张建设一个更为公平合理的、有助于人类共同问题的国际秩序。在这个过程中，中国的国家利益和国家发展战略必须能够被涵盖在这些话语之下，并对这些话语形成重构（勾红洋，2010：235）。

本研究产生了许多潜在研究方法，这些方法不限于对低碳经济的话语建构。它们还可以用来研究政治、经济、社会学、宗教学、文化研究、人种学以及新闻学。因此我们希望本研究抛砖引玉，在这一领域上激发进一步研究的兴趣。

参考文献

Altenberg, B. and Granger, S.(eds.) (2002). *Lexis in Contrast. Corpus-Based Approaches* [C]. Amsterdam & Philadelphia: Benjamins.

Angermuller, J., Maingueneau, D. and Wodak, R. 2014. The Discourse Studies Reader: An Introduction [A]. In Angermueller, J., Maingueneau, D. and Wodak, R. (eds.), *The Discourse studies Reader:Main Currents in Theory and Analysis* [C]. Amsterdam/Philadelphia: John Benjamins, pp. 1-14.

Aston, G. and Burnard, L. 1998. *The BNC Handbook: Exploring the British National Corpus with SARA* [M]. Edinburgh: Edinburgh University Press.

Atkinson, J. and Heritage, J. 1984. *Structures of Social Action* [M]. Cambridge: Cambridge University Press and Paris: Edition de la Maison des Sciences de l'Homme.

Austin, J. L. 1962. *How to Do Things With Words* [M]. Oxford University Press: Oxford, England.

Balirano, G. 2013. The Strange Case of The Big Bang Theory and its Extra-ordinary Italian Audiovisual Translation: A multimodal Corpus-based Analysis [J]. *Perspectives-studies in Translatology*, 21(4):563-576.

Baker, M. 1993. Corpus Linguistics and Translation Studies: Implication and Applications [A]. In Baker, M., Francis, G. and Tognini-Bonelli, E. (eds), *Text and Technology: In honour of John Sinclair* [C], Philadelphia and Amsterdam: John Benjamins, pp. 233-250.

Baker, P. 2004. Querying Keywords [J]. *Journal of English Linguistics*, 32(4): 346-359.

Baker, P. 2006. *Using Corpora in Discourse Analysis* [M]. London: Continuum.

Baker, P., Gabrielatos, C., Khosravinik, M., Krzyzanowski, M., McEnery, A and Wodak, R. 2008. A Useful Methodological Synergy? Combining Critical Discourse Analysis and Corpus Linguistics to Examine Discourses of Refugees and Asylum Seekers in the UK Press [J]. *Discourse and Society*, 19(3): 273-306.

Baker, P., Gabrielatos, C. and McEnery, A. 2013. *Discourse Analysis and Media Attitudes: The Representation of Islam in the British Press* [M]. Cambridge: Cambridge University Press.

Baker, P. and McEnery, A. 2005. A Corpus-based Approach to Discourses of Refugees and Asylum Seekers in UN and Newspaper Texts [J]. *Language and Politics*, 4(2): 197-226.

Baldry, A. 2000. *Multimodality and Multimediality in the Distance Learning Age* [M]. Campobasso: Palladino Editorie.

Bauer, L. 1993. *Manual of Information to Accompany the Wellington Corpus of Written New Zealand English*. Wellington: Department of Linguistics, Victoria University [OB]. Available online at: http://khnt.hit.uib.no/icame/manuals/wellman/index.htm. (Accessed on 19/07/2018)

Bednarek, M. and Caple, H. 2012. *News Discourse* [M]. London and New York: Continuum International Publishing Group.

Bell, A. 1991. *Language of the News Media* [M]. Oxford: Blackwell.

Bell, A. 1998. The Discourse Structure of News Stories [A]. In Bell, A. and Garrett, P. (eds.), *Approaches to Media Discourse* [C]. Oxford: Blackwell, pp. 65-103.

Bell, P. and van Leeuwen, T. 1994. *The Media Interview*: *Confession, Contest, Conversation* [M]. Sydney: University of New South Wales Press.

Berber-Sardinha, A. 2000. Comparing Corpora with WordSmith Tools: How Large Must the Reference Corpus Be? [A]. In the *Proceedings of the Workshop on Comparing Corpora* [C]. Morristown, NJ: Association for Computational Linguistics, pp. 7-13.

Bergmann, G. 1964. *Logic and Reality* [M]. Madison: University of Wisconsin Press.

Biber, D., Conrad, S. and Reppen. R. 1998. *Corpus Linguistics* [M]. Cambridge: Cambridge University Press.

Biber, D. 1993. Representativeness in Corpus Design [J]. *Literary and linguistic computing*, 8 (4): 243-257.

Biber, D. 1995. *Dimensions of Register Variation* [M]. Cambridge: CUP.

Biber, D., Johansson, S., Leech, G., Conrad, S. and Finegan, E. 1999. *Longman Grammar of Spoken and Written English* [M]. London: Longman.

Blommaert, J. 2005. *Discourse*: *a Critical Introduction* [M]. Cambridge: Cambridge University Press.

Borsley, R. and Ingham, R. 2002. 'Grow Your Own Linguistics? On Some Applied Linguistics' Views of the Subject [J]. *Lingua*, 112(1): 1-6.

Brown, G., and Yule, G. 1983. *Discourse Analysis* [M]. Cambridge: Cambridge University Press.

Burr, V. 1995. *Social Constructionism* [M]. *London*: Taylor and Francis Routledge.

Cameron, D. 1997. Dreaming the Dictionary: Keywords and Corpus Linguistics [J]. *Key Words*, (1): 35-46.

Carter, R. & McCarthy, M. 1999. The English Get-passive in Spoken Discourse. Description and Implications for an Interpersonal Grammar [J]. *English Language and linguistics*, (3):41-58.

Chapelle, C. A. 2001. *Computer Applications in Second Language Acquisition*: *Foundations for Teaching, Testing, and Research* [M]. Cambridge: Cambridge University Press.

Chief, L., Huang, C., Chen, K., Tsai, M. and Chang, L. 2000. What Can Near Synonyms Tell Us? [J]. *Computational Linguistics and Chinese Language Processing*, 5(1): 47-60.

Clayman, S.E. 2002. Tribune of the people: maintaining the legitimacy of aggressive journalism [J]. *Media, Culture and Society*, (24): 197–216.

Chen, K. 2003. Chinese Gigaword LDC2003T09, Web Download, Philadelphia: Linguistic Data Consortium.

Chippindale, P. and Horrie, C. 1990. *Stick It, Up Your Punter! The Rise and Fall of The Sun* [M]. London: Mandarin Paperbacks.

Chouliaraki, L. and Fairclough, N. 1999. *Discourse in Late Modernity* [M]. Edinburgh: Edinburgh University Press.

Conrad, P. 1999. Use of Expertise: Sources, Quotes, and Voices in the Reporting of Genetics in the News [J]. *Public Underst Sci*, 8:285-302.

Conboy, M. 2006. *Tabloid Britain* [M]. London: Routledge.

Crist, E.2007. Beyond the Climate Crisis: A Critique of Climate Change Discourse [J]. *Telos. Winter*, (141):29-55.

Crouteau, D. and Hoynes, W. 2001. *The Business of Media* [M]. Thousand Oaks, CA: Pine Forge Press.

Ervin-Tripp, S. M. 1969. *Sociolinguistics* [A]. In Berkowitz, L. (ed.), *Advances in experimental social psychology* [C]. (4): 93-107.

Fairclough, N. 1989. *Language and Power* [M]. London: Longman.

Fairclough, N. 1992. *Discourse and Social Change* [M]. Cambridge: Polity Press.

Fairclough, N. 1995a. *Critical Discourse Analysis* [M]. London: Longman.

Fairclough, N. 1995b. *Media Discourse* [M]. London: Edward Arnold.

Fairclough, N. 2000. *New Labour, New Language?* [M]. London: Routledge.

Fairclough, N. 2001. Critical Discourse Analysis as a Method in Social Scientific Research [A]. In Wodak, R. and Meyer, M. (eds.), *Methods of Critical Discourse Analysis* [C]. London: Sage Publications.

Fairclough, N. 2006. *Language and Globalization* [M]. London: Routledge.

Fairclough, N. and Wodak, R. 1997. Critical Discourse Analysis [A]. In van Dijk, T. (ed.), *Discourse as Social Interaction* [C]. London: Sage, pp. 258-84.

Firth, J. 1957. A Synopsis of Linguistic Theory, 1930-55 [J]. *Studies in Linguistic Analysis* (Special Volume of the Philological Society). Reprinted in F. Palmer. (1968). *Selected Papers of J. R. Firth 1952-59* [C]. London and Harlow: Longmans, Green and Co., Ltd, pp. 168-205.

Flowerdew, J. 1997. The Discourse of Colonial Withdrawal: a Case Study in the Creation of Mythic Discourse [J]. *Discourse and Society*, (4): 453-77.

Fowler, R. 1991. *Language in the News: Discourse and Ideology in the Press* [M]. London: Routledge.

Francis, W. and Kučera, H. 1964. *Manual of Information to Accompany a Standard Corpus of Present-day Edited American English* [M]. Providence, Rhode Island: Brown University.

Garfinkel, H. 1967. *Studies in Ethnomethodology* [M]. Englewood Cliffs, NJ: Prentice Hall.

Gavioli, L. and Aston, G. 2001. Enriching Reality: Language Corpora in Language Pedagogy [J]. *ELT Journal*, 55(3).

Giglioli, P.P. (ed). 1972. *Language and Social Context* [C]. Harmondsworth: Penguin.

Goffman, E. 1981. *Forms of Talk* [M]. Oxford: Blackwell.

Granger, S. and Rayson, P. 1998. Automatic Profiling of Learner Texts [A]. In Granger, S. (ed.), *Learner English on Computer* [C], pp. 119–31. London: Longman.

Greatbatch, D. 1998. Conversation Analysis: Neutralism in British News Interviews [A]. In Bell, A. and Garrett, P. (eds), *Approaches to Media Discourse* [C]. Oxford: Blackwell.

Grice, P. 1968. Logic and Conversation, Text of Grice's William James Lectures at Harvard University Published in Grice (1989).

Gu, Y. 2003. *Exploring Multi-modal Corpus Segmentation and Annotation*. Talk given at the Corpus Research Group, Lancaster University on 8 December 2003.

Hall, S., Critcher, C., Jefferson, T., Clarke, J. and Roberts, B. 1978. *Policing The Crisis: Mugging, The State and Law and Order* [M]. London: Macmillan.

Halliday, M. A. K. 1970. Language Structure and Language Function [A]. In Lyons, J. (ed.) *New Horizons in Linguistics* [C], pp 140-164. Harmondsworth, England: Penguin.

Halliday, M. and Hasan, R. 1976. *Cohesion in English* [M]. London: Longman.

Hardt-Mautner, G. 1995. 'Only Connect': Critical Discourse Analysis and Corpus Linguistics (UCREL Technical Paper 6), Lancaster University.

Harris, Z. 1952. Discourse Analysis [J]. *Language*, 28(1), 1-30.

Hoey, M. 1997. 'From Concordance to Text Structure: New Uses for Computer Corpora' [A]. In Melia, J. and Lewandowska, B. (eds.), *PALC'97: Proceedings of Practical Applications of Linguistic Corpora Conference* [C]. University of Lodz, pp. 2-23.

Hudson, R. 1994. About 37% of Word-tokens are Nouns [J]. *Language*, 70 (2): 331–9.

Hundt, M. Sand, A. and Siemund, R. 1998. *Manual of Information to Accompany the Freiburg-LOB Corpus of British English ("FLOB")*. Accessed online on 6/08/2018 at http://www.hit.uib.no/icame/flob/index.htm.

Hundt, M. 2004. Animacy, Agency and the Spread of the Progressive in Modern English [J]. *English Language and Linguistics*, 8 (1): 47–69.

Hunston, S. 2002. *Corpora in Applied Linguistics* [M]. Cambridge: Cambridge University Press.

Hyland, K. and Polly, T. 2004. Metadiscourse in Academic Writing: a reappraisal. *Applied Linguistics* (2), 2.

Jacobsson, S and Lauber, V. 2006. The Politics and Policy of Energy System Transformation-explaining and the German Diffusion of Renewable Energy Technology [J]. *Energy Policy*, 34(30):256-276.

Jaspal,R. and Nerlich, B. 2014. When climate science became climate politics:British media representations of climate change in 1988 [J]. *Public Understanding of Science*,23(2):122-141.

Johansson, S. Leech, G. and Goodluck, H. 1978. *Manual of Information to Accompany the Lancaster-Oslo/Bergen Corpus of British English, for Use with Digital Computers*. Oslo: University of Oslo.

Jones, B., Kavanagh D., Norton, P. and Moran M. 1991. *Politics UK* [M]. New York: Philip Allan.

Jucker, A. H. 1986. *News Interviews*: *A Pragmalinguistic Analysis* (*Pragmatics and Beyond 7/4*) [M]. Amsterdam/ Philadelphia: John Benjamins.

Kachru, Y. 2003. On Definite reference in World Englishes [J]. *World Englishes*, 22(4), 497-510.

Kennedy, G. 1998. *An Introduction to Corpus Linguistics* [M]. London: Longman.

Kingdom, J. 1999. *Government and Politics in Britain* [M]. Cambridge: Polity Press.

Koteyko, N., Jaspal, R. and Nerlich, B. 2013. Climate Change and 'Climategate' in Online Reader Comments: a Mixed Methods Study [J]. *Geographical Journal*. 179(1): 74-86.

Kothari, U. 2014. Political Discourses of Climate Change and Migration: Resettlement Policies in the Maldives [J]. *Geographical Journal*, 180(2):130-140.

Kreyer. R. 2003. 'Genitive and of-construction in Modern Written English:Processability and Human Involvement' [J]. *International Journal of Corpus Linguistics*, 8/2:169-207.

Krishnamurthy, R. 1996. *Learners Dictionaries*: *Development and Diversity*. Technical Report. COBUILD, University of Birmingham.

Krishnamurthy, R. 2000. 'Collocation: from *Silly Ass* to Lexical Sets' [A]. In Heffer, C. and Sauntson, H., and Fox, G. (eds), *Words in Context*: *A Tribute to John Sinclair on his Retirement* [C]. Birmingham: University of Birmingham.

Labov, W. 1972. *Language in the Inner City* [M]. Philadelphia: University of Pennsylvania Press.

Labov, W. and Fanshel, D. 1977. *Therapeutic Discourse* [M]. New York: Academic Press.

Laitinen, M. 2002. Extending the Corpus of Early English Correspondence to the 18th century [J]. *Helsinki English Studies*, the Electronic Journal of the Department of English at the University of Helsinki, vol. 2.

Leech, G. 1992. *Corpora and Theories of Linguistic Performance* [A]. In J. Svartvik (ed.) *Directions in Corpus Linguistics* (C). Berlin: Mouton de Gruyter, pp.105-122.

LexisNexis[OB]: https://115.236.69.21/web/1/http/0/origin-www.lexisnexis.com/ap/academic/?lang=cn (accessed on 10/01/2016).

Leech, G. 2004. Recent Grammatical Change in English: Data, Description, Theory [A]. In Aijmer,

K. and Altenberg, B. (eds.), *Advances in Corpus Linguistics: Papers from the Twenty Third International Conference on English Language Research on Computerized Corpora* (ICAME 23) [C]. Goteborg, 22–26 May 2002. Amsterdam: Rodopi, pp. 61–81.

Leech, G. and Smith, N. 2005. 'Extending the Possibilities of Corpus-based Research in the Twentieth Century: A Prequel to LOB and FLOB', *ICAME Journal*, (29): 83-98.

Leech, G. and Smith, N. 2006. 'Recent Grammatical Change in Written English 1961-1992: some Preliminary Findings of a Comparison of American with British English' [A]. In Renouf, A. and Kehoe, A. (eds.), *The Changing Face of Corpus Linguistics* [C]. Amsterdam: Rodopi, pp. 186-204.

Lehmann, H. M. 2002. Zero Subject Relative Constructions in American and British English [A]. In Peters, P. (ed), *New Frontiers of Corpus Research* [C]. Amsterdam and New York: Rodopi, pp. 163-177.

Leon, M. and Luque, A. 2013. A Corpus-based Approach to the Compilation, Analysis, and Translation of Rural Tourism Terms [J]. *META*, 58(2):411-429

Love, R., Dembry, C., Hardie, A., Brezina, V. and McEnery, T. 2017. The Spoken BNC2014: Designing and Building a Spoken Corpus of Everyday Conversations [J]. *International Journal of Corpus Linguistics*, 22:3.

Mackintosh, J. 1981. *The Government and Politics of Britain* [M]. London: Hutchinson.

Mair, C. and Leech, G.1999. *The Freiburg-LOB Corpus* ('F-LOB') (original version). Aaccessed on 31/08/2018 at http://www.helsinki.fi/varieng/CoRD/corpora/FLOB/index.html.

Mair, C., Hundt, M., Leech, G. and Smith, N. 2002. Short-term Diachronic Shifts in Part-of-speech Frequencies: a Comparison of the Tagged LOB and FLOB Corpora [J]. *International Journal of Corpus Linguistics*, 7 (2): 245–64.

McEnery, A. 2005. *Swearing in English* [M]. London: Routledge.

McEnery, T. and Hardie, A. 2012. *Corpus Linguistics: Method, Theory and Practice* [M]. Cambridge: Cambridge University Press.

McEnery, A. and Wilson, A. 1996. *Corpus Linguistics* [M]. Edinburgh: Edinburgh University Press.

McEnery, T. and Xiao, Z. 2005. '*HELP* or *HELP* to: What do corpus have to say?' [J]. *English Studies* 86/2: 161—187.

McEnery, A., Xiao, R. and Tono, Y. 2006. *Corpus-based Language Studies: an Advanced Resource Book* [M]. London: Routledge.

McLaughlin, M. L. 1984.*Conversation: How talk is organized. Sage Series in Interpersonal Communication 3* [M]. Beverly Hills: Sage.

Mehan, H. 1979. *Learning Lessons: Social Organization in the Classroom* [M]. Cambridge, MA: Harvard University Press.

Merakchi, K. and Rogers, M. 2013. The Translation of Culturally Bound Metaphors in the Genre of Popular Science Articles: A Corpus-based Case Study from Scientific American Translated into Arabic [J]. *Intercultural Pragmatics*, 10(2): 341-372

Metheson, D. 2005. *Media Discourse: Analysing Discourse Texts* [M]. Maidenhead: Open University Press.

Meyer, C. 2002. *English Corpus Linguistics: an Introduction* [M]. Cambridge: Cambridge University Press.

Mindt, D. 1991. '*Syntactic Evidence for Semantic Distinctions in English*' [A]. In Aijmer,K. and Altenberg, B.(eds.), *English Corpus Linguistics*: *Studies in Honour of Jan Svaartvik* (C). London: Routledge, pp. 182-96.

Louw, B. 2000. 'Contextual Prosodic Theory: Bringing Semantic Prosodies to Life' [A]. In Heffer, C., Sauntson, H. and Fox, G.(eds). *Words in Context*: *A Tribute to John Sinclair on his Retirement* [C]. Birmingham: University of Birmingham.

Montgomery, M. 1990. Meanings and the Media: Studies in the Discourse Analysis of Media Texts [D]. Ph.D. thesis, University of Strathclyde.

Moran, M. 2005. *Politics and Governance in the UK* [M]. Houndmills: Palgrave Macmillan.

Morrison, A. and Love, A. 1996. A Discourse of Disillusionment: Letters to the Editor in Two Zimbabwean Magazines 10 Years after Independence [J]. *Discourse and Society*, 7(1): 39-76.

Mosley, R. 1985. *Westminster Workshop*: *a Student's Guide to British Government* [M]. Oxford: Pergamon.

Oakes, M. 1998. *Statistics for Corpus Linguistics* [M]. Edinburgh: Edinburgh University Press.

"Obama Sends a Message to Governors on Climate Change," available at: http://voices. washingtonpost.com/(accessed on 15/08/2018)

"Obama: Victory Speech," available at: http://elections.nytimes.com/2008/ results/president/ speeches/.(accessed on 20/06/2018)

Orpin, D. 2005. Corpus Linguistics and Critical Discourse Analysis: Examining the Ideology of sleaze [J]. *International Journal of Corpus Linguistics*, 10 (1): 37-61.

Partington, A. 1998. *Patterns and Meanings* [M]. Amsterdam: John Benjamins.

Partington, A. 2003. *The Linguistics of Political Argument* [M]. London: Routledge.

Partington, A. 2004. Corpora and Discourse, a Most Congruous Beast [A]. In Partington, A. *et al.* (eds.), *Corpora and Discourse* [C]. Bern: Peter Lang, pp. 11-20.

Partington, A. 2004. Utterly Content in Each Other's Company: Semantic Prosody and Semantic Preference [J]. *International Journal of Corpus Linguistics*, (1): 131-156.

Piao, S. 2005. Multilingual Corpus Toolkit (MLCT). Available online from http://personalpages. manchester.ac.uk/staff/scott.piao/research/DownLoad/mlct_public.zip (accessed on 06/09/2017).

Piper, A. 2000. Some Have Credit Cards and Others Have Giro Cheques: 'Individuals' and 'People' as Lifelong Learners in Late Modernity' [J]. *Discourse and Society*, (11): 515-542.

"President Bush Discusses Global Climate Change," June 11, 2001, http://www.whitehouse.gov/ news/releases/2001/06/20010611- 2.html. (accessed on 20/06/2018)

Qian, Y. 2010. *Discursive Constructions around Terrorism in the People's Daily and The Sun before and after 9.11* [M]. Oxford: Peter Lang.

Rayson, P., Archer, D., Baron, A., Culpeper, J. and Smith, N. 2007. Tagging the Bard: Evaluating the Accuracy of a Modern POS Tagger on Early Modern English Corpora [A]. In *Proceedings from Corpus Linguistics 2007* [C]. University of Birmingham.

Rayson, P., Leech, G. and Hodges, M. 1997. 'Social Differentiation in the Use of English Vocabulary: some Analyses of the Conversational Component of the British National Corpus' [J]. *International Journal of Corpus Linguistics*, 2(1):133–52.

Rayson, P., Wilson, A. and Leech, G.2002. 'Grammatical Word Class Variation within the British National Corpus Sample'[A]. In Peter, P. Collins P. and Smith, A. (eds.), *New Frontiers of*

Corpus Research: *Papers from the Twenty-First International Conference on English Language Research on Computerised Corpora*, *Sydney 2000* [C]. Amsterdam: Rodopi, pp. 295–306.

Rissanen, M. 2014. "From medieval to modern: on the development of the adverbial connective considering (that)" [A]. In Taavitsainen, I., M. Kytö, C. Claridge, and J. Smith (eds), *Developments in English*: *Expanding Electronic Evidence* [C]. Cambridge: Cambridge University Press, pp. 98-115.

Roelvink, G. and Zolkos, M. 2011. Climatic Changes Anthropogenic Effects on Nature Climatology Science [J]. *Journal of the Theoretical Humanities.* 16(4): 43-57.

Rorty, R. (ed.). 1967. *The Linguistic Turn*: *Essay in Philosophical Method* [C]. Chicago: University of Chicago Press.

Sabet, M. 2014. Climate Change as Experience of Affect [J]. *Critical Discourse Studies*, 11(1): 95-116.

Sanders, K. 2003. *Ethics and Journalism* [M]. London: Sage Publications.

Sacks, H., Schegloff, E. and Jefferson, G. 1974. A Simplest Systematics for the Organisation of Turn-taking in Conversation [J]. *Language*, 50: 696-735.

Scollon, R. 1998. *Mediated Discourse as Social Interaction*: *a Study of News Discourse* [M]. London: Longman.

Scott, M. 2014. WordSmith Tool 6 [CP]. Oxford: Oxford University Press.

Searle, J. 1969. *Speech Acts*: *An Essay in the Philosophy of Language* [M]. Cambridge: Cambridge University.

Shastri, S. V., Patilkulkarni, C. T. and Shastri, G. S. 1986. Manual of Information to Accompany the Kolhapur Corpus of Indian English, for Use with Digital Computers. Bergen: ICAME [OB]. Available online at: http://khnt.hit.uib.no/icame/manuals/kolhapur/index.htm.

Simpson, R., Briggs, S., Ovens, J. and Swales, J. 2002: *The Michigan Corpus of Academic Spoken English* [M]. Ann Arbor: The Regents of the University of Michigan.

Sinclair, J. 1991. *Corpus Concordance Collocation* [M]. Oxford: Oxford University Press.

Sinclair, J. 2004. *Trust the Text*: *Language, corpus, and discourse* [M]. London: Routledge.

Sinclair, J. and Coulthard, M.R. 1975. *Towards an Analysis of Discourse*: *the English Used by Teachers and Pupils* [M]. London: OUP.

Stubbs, M. 1996. *Text and Corpus Analysis* [M]. Oxford: Blackwell.

Stubbs, M. 1997. Whorf's Children: Critical Comments on Critical Discourse. Analysis [A]. In Ryan, A. and Wray, A. (eds.), *Evolving Model of language* [C]. Clevedon: Multilingual Matters, pp. 100-16.

Stubbs, M. 2001a. Computer-assisted Text and Corpus Analysis: Lexical Cohesion and Communicative Competence [A]. In Schiffrin, D., Tannen, D. and Hamilton, H. (eds.), *The Handbook of Discourse Analysis* [C]. Oxford: Blackwell.

Stubbs, M. 2001b. *Words and Phrases*: *Corpus Studies of Lexical Semantics* [M]. Oxford: Blackwell.

Stubbs, M. 2007. 'On texts, corpora and models of language' [A]. In Hoey, M., Mahlberg, M., Stubbs, M. and Teubert, W. (eds.), *Text, Discourse and Corpora*: *Theory and Analysis* [C]. London: Continuum, pp. 127-62.

Sunderland, J. 2004. *Gendered Discourse* [M]. Basingstoke: Palgrave Macmillan.

Talbot, M. 2007. *Media Discourse*: *Representation and Interaction* [M]. Edinburgh: Edinburgh

Press.

Teubert, W. 2001. A Province of a Federal Superstate Ruled by an Unelected Bureaucracy: Keywords of the Eurosceptic Discourse in Britain [A]. In Good, C., Musolff, A., Points, P. and Wittlinger, R. (eds.), *Attitudes towards Europe* [C]. Abington: Ashgate, pp.45-88.

Teubert, W. 2005. My Version of Corpus Linguistics [J]. *International Journal of Corpus Linguistics*, (1): 1-13.

Teubert, W. 2007. 'Parole-linguistics and the diachronic dimension of the discourse' [A]. In Hoey, M., Mahlberg, M., Stubbs, M. and Teubert, W. (eds.), *Text, Discourse and Corpora: Theory and Analysis* [C]. London: Continuum, pp. 57-88.

Teubert, W. and Čermáková, A. 2004. *Corpus Linguistics: A Short Introduction* [M]. London: Continuum.

Thurstun, J. and Candlin,C.N. 1998. Concordancing and the Teaching of the Vocabulary of Academic English[J]. *English for Specific Purpose*,17(3):267-280.

Tolson, A. 1990. Speaking from Experience: Interview Discourse and Forms of Subjectivity [D]. Ph.D. thesis, University of Birmingham.

Tribble, C.1999. Genres, Keywords, Teaching: towards a Pedagogic Account of the Language of Project Proposals [A]. In Burnard, L. and McEnery, T. (eds.), *Rethinking language pedagogy from a corpus Perspective: Papers from the Third International Conference on Teaching and Language Corpora,(Lodz Studies in Language)* [C]. Hamburg: Peter Lang

Van Dijk, T. (ed). 1985. *Discourse and Communication: new approaches to the analysis of mass media discourse and communication* [C], Berlin; New York: W. de Gruyter.

Van Dijk, T. 1988a. *News Analysis* [M]. Hillsdale, NJ: Lawrence Erlbaum Associates.

Van Dijk, T. 1988b. *News as Discourse* [M]. Hillsdale, NJ: Lawrence Erlbaum Associates.

Van Dijk, T. 1993. Principles of critical discourse analysis [J]. *Discourse and Society*, 4: 249-83.

Van Dijk, T. 2009. *Discourse and Society* [M]. Cambridge: Cambridge University Press.

Van Dijk, T. 2013. CDA is NOT a method of critical discourse analysis [C]. In: *EDISO Debate-Association de Estudios Sobre Discursoy Sociedad.* https://www.edisoportal.org/debate/115-cda-not-method-critical-discourse-analysis, access 12/3/2018.

Van Dijk, T. and Kintsch, W. 1983. *Strategies of Discourse Comprehension* [M]. New York: Academic.

Van Leeuwen, T. 1993. Genre and Field in Critical Discourse Analysis [J]. *Discourse and Society*, 4(2), 193-223.

Widdowson, H. G. 1995. Discourse Analysis: A Critical View [J]. *Language and Literature*, 4: 157-72.

Widdowson, H. 2000. On the Limitations of Linguistics Applied [J]. *Applied Linguistics*, 21(1), 3-25.

Widdowson, H. G. 2004. *Text, Context, Pretext: Critical Issues in Discourse Analysis* [M]. Oxford: Blackwell.

Williams, R. 1976. *Keywords* [M]. London: Fontana.

Wodak, R. 1995. Critical Linguistics and Critical Discourse Analysis [A]. In Verschueren, J. *et al.* (eds.), *Handbook of Pragmatics* [C]. Amsterdam: John Benjamins, pp. 204-210.

Wodak, R. 2001. The Discourse-historical Approach [A]. In Wodak, R. and Meyer, M. (eds.), *Methods of Critical Discourse Analysis* [C]. London: Sage publications.

Wodak, R. and Meyer, M. (eds.). 2009. *Methods of Critical Discourse Analysis (2nd edition)* [C]. London: Sage.

Wodak, R. and Meyer, M. (eds.). 2016. *Methods of Critical Discourse Studies* [C]. London: Sage.

Wu, Z. 2002. *Teachers' Knowledge and Curriculum Change*: *a Critical Discourse in a Chinese University* [D]. Ph.D. thesis, Lancaster University.

Wu, G. 1994. Command Communication: The Politics of Editorial Formulation in the People's Daily [J]. *The China Quarterly*, 137(1), 194-211.

Xiao, Z. 2002. *A Corpus-based Study of Aspect in Mandarin Chinese* [D]. Ph.D. thesis, Lancaster University.

Xin, H. 2014. Between Tradition and Modern Strategies: A Corpus-based Analysis of Chinese-English Tourism Translation [A]. In Lindsay, J., Sun, L.and Qunying, P (eds.), *Proceedings of International Symposium on Globalization*: *Challenges for Translators and Interpreters* [C].

Zhao, Y. 1998. *Media, Market, and Democracy in China between the Party Line and the Bottom Line* [M]. Urbana: University of Illinois Press."

Zipf, G. K. 1935. *The Psychobiology of Language* [M]. Boston: Houghton Mifflin.

曹洪霞 .2000. 中英文新闻导语语篇结构差异分析 [J].《北京第二外国语学院学报》, (04)：31-36.

曹青、田海龙 .2013. 全球视野下的中国形象：英国电视对话报道话语分析 [M]. 天津：南开大学 .

陈鹤琴 .1922. 语体文应用字汇 [J].《新教育》, (5)：987-995.

陈中竺 .1995a. 批评语言学述评 [J].《外语教学与研究》, (01)：21-27+80.

陈中竺 .1995b. 语篇与意识形态：批评性语语分析——对两条罢工新闻的分析 [J].《外国语》（上海外国语大学学报）, (03)：42-45.

邓小平 .1984.《邓小平文选》第三卷 [M]. 北京：中央文献出版社 .

丁建新 .2013. 叙事的批评话语分析：社会符号学模式 (第 2 版)[M]. 重庆：重庆大学出版社 .

董志翘 .2011. 为中古汉语研究夯实基础——"中古汉语研究型语料库"建设刍议 [J].《燕山大学学报》(哲学社会科学版), (1)：1-6.

董志翘 .2011. 汉语史的分期与 20 世纪前的中古汉语词汇研究 [J].《合肥师范学院学报》,(1)：22—27.

窦卫霖、顾明远 .2014. 教育公平的话语分析 [M]. 南京：江苏教育出版社 .

段红霞 .2010. 低碳经济发展的驱动机制探析 [J].《当代经济研究》, (2)：58-62.

范钰婷、李明忠 .2010. 低碳经济与我国发展模式的转型 [J].《上海经济研究》, (2)：30-35+53.

方芳 .2015. 恐怖主义的媒体话语与中美国家身份 [M]. 北京：中国政法大学出版社 .

冯志伟 . 2002. 中国语料库研究的历史与现状 [J]. Journal of Chinese Language and Computing, (1)：43-62.

付允、刘怡君、汪云林 .2008. 低碳城市的评价方法与支撑体系研究 [J].《中国人口资源与环境》, (3)：44-47.

龚柏松、邹琦 .2006. 美国意识形态的特点及其对外交政策的影响 [J]. 湖北社会科学, (11)：100-105.

龚铁鹰 .2010. 美国政府如何与新闻媒体打交道 [M]. 北京：五洲传播出版社 .

勾红洋 .2010. 低碳阴谋：中国与欧美的生死之战 [M]. 太原：山西经济出版社 .

郭磊、马莉 .2009. 英国低碳能源战略白皮书及对我国的启示 [J].《电力技术经济》, (6)：13–17.

郭万达、郑宇劼 .2009. 低碳经济：未来四十年我国面临的机遇与挑战 [J].《开放导报》, (4)：5–9.

黑玉琴 .2013. 跨学科视角的话语分析研究 [M]. 北京：北京大学出版社 .

侯松、吴宗杰 .2015. 历史话语何有以用：从文化遗产探索批判话语分析的文化路经 [J]. 外语研究，(3)47–52.

胡涘洋 .2008. 低碳经济与中国发展 [J].《科学对社会的影响》, (1)：11–18.

胡开宝 .2011.《语料库翻译学概论》[M]. 上海：上海交通大学出版社 .

胡开宝、邹颂兵 .2009. 莎士比亚戏剧英汉平行语料库的创建与应用 [J].《外语研究》, (5)：64–71.

胡振宇 .2009. 低碳经济的全球博弈和中国的政策演化 [J].《开放导报》, (5)：15–19.

化振红 .2014. 深加工中古汉语语料库建设的若干问题 .《西南大学学报》(社会科学版),(3)：136—142+184.

黄栋 .2010. 低碳技术创新与政策支持 [J].《中国科技论坛》, (2)：37–40.

黄立波、朱志瑜 .2013. 国内英汉双语平行语料库建构与研究现状及展望 .《当代外语研究》, (1)：45–49+77.

黄瑚、钟瑛 .2003. 新闻法规与职业道德教程 [M]. 上海：复旦大学出版社 .

金乐琴、刘瑞 .2009. 低碳经济与中国经济发展模式转型 [J].《经济问题探索》, (1)：84–87.

李刚 .2009. 话语文本：国家教育政策分析 [M]. 北京：社会科学文献出版社 .

厉克奥博、王红领 .2014. 国外低碳经济发展对中国的战略启示 [J].《低碳经济》, (3). 杰弗里·利奇，程晓 .2012. 当代英语中的语法变迁——运用对应语料库追踪语言变化 [J]. 外语教学理论与实践，(04)：13–20+27.

李伟、李航星 .2009. 英国碳预算：目标、模式及其影响 [J].《现代国际关系》, (8)：18–23.

李元授 .1994. 受众的动机与影响受众的因素 [J].《新闻传播》, (01)：6–7.

李元授、白丁 .2001. 新闻语言学 [M]. 北京：新华出版社 .

廖巧云 .1999. 功能语法理论在文体分析中的应用——语篇分析范例 [J].《外语与外语教学》, (08)：14–17.

廖秋忠 .1992. 廖秋忠文集 [M]. 北京：北京语言学院出版社 .

梁茂成、李文中、许家金 .2010. 语料库应用教程 [M]. 北京：外语教学与研究出版社。

林海春 .2014.21 世纪跨文化英语广播电视新闻传播学与国际传播研究系列：国际化新闻传播话语研究 [M]. 北京：中国广播影视出版社 .

林兴仁 .1994. 广播的语言艺术 [M]. 北京：语文出版社 .

刘丹凌 .2014. 民生话语与权力博弈：住房改革报道研究 [M]. 上海：复旦大学出版社 .

刘静暖、纪玉山 .2010. 气候变化与低碳经济中国模式——以马克思的自然力经济理论为视角 [J].《马克思主义研究》, (8)：48–60+159.

刘美平 .2010. 我国应对气候变暖的低碳策略 [J].《社会科学研究》, (5)：7–10.

刘涛 .2012. 环境传播：话语、修辞与政治 [M]. 北京：北京大学出版社 .

刘啸 .2010. 低碳旅游——北京郊区旅游未来发展的新模式 [J].《北京社会科学》, (1)：42–46.

刘再起、陈春 .2010. 低碳经济与产业结构调整研究 [J].《国外社会科学》, (3)：21–27.

刘泽权、田璐、刘超朋 .2008.《红楼梦》中英文平行语料库的创建 [J].《当代语言学》, (4)：329 — 39.

刘兆征 .2009. 我国发展低碳经济的必要性及政策建议 [J].《中共中央党校学报》, (6)：54–57.

刘志林、戴亦欣、董长贵、齐晔 .2009. 低碳城市理念与国际经验 [J].《城市发展研究》, (6)：1–7+12.

骆华、费方域 .2011. 英国和美国发展低碳经济的策略及其启示 [J].《软科学》, 25(11)：85–88.

罗宏斌 .2010. 发展低碳城市与政府的应对之策 [J].《湖南社会科学》, (3)：117–119.

马文丽 .2011. 中国当代英文报话语分析 [M]. 北京：中国人民大学出版社 .

孟德凯 .2007. 关于我国低碳经济发展的若干思考 [J].《管理科学文摘》, (9)：125–126.

倪外、曾刚 .2010. 低碳经济视角下的城市发展新路径研究——以上海为例 [J].《经济问题探索》, (5)：38–42.

钱春莲、邱宝林 .2014. 恋影年华 – 全球视野中的话语景观 (大陆香港台湾青年电影导演创作与传播)[M]. 上海：复旦大学出版社 .

钱毓芳 .2007. 第四届国际语料库语言学学术研讨会评述 [J].《当代语言学》, (04)：378.

钱毓芳 .2007.《基于语科库的语言研究：高级读本》述介 [J].《外语教学与研究》, (03)：234–236.

钱毓芳 .2010a. 语料库与批判话语分析 [J].《外语教学与研究》, (3)：198–202.

钱毓芳 .2010b. 媒介话语研究的新视野：一种基于语料库的批判话语分析 [J].《广西大学学报 (哲学社会科学版)》, (03)：80–84..

钱毓芳 .2016. 英国主流报刊关于低碳经济的话语建构研究 [J].《外语与外语教学》, (2)：25–35.

钱毓芳、田海龙 .2011. 话语与中国社会变迁：以政府工作报告为例 [J].《外语与外语教学》, (3)：40 — 43.

钱毓芳、Tony McEnery.2017.A corpus–based discourse study of Chinese medicine in UK national newspapers[J].《外语教学与研究》, (3):73–84.

秦秀白 .1997. 语篇的"体裁分析" [J].《华南理工大学学报 (自然科学版)》, (S2)：6–11.

裘苏 .2009. 浙江省低碳经济发展模式探讨——日本和台湾经验借鉴 [J].《开放导报》, (6)：28–33+67.

任奔、凌芳 .2009. 国际低碳经济发展经验与启示 [J].《上海节能》, (4)：10–14.

任福兵、吴青芳、郭强 .2010. 低碳社会的评价指标体系构建 [J].《江淮论坛》, (1)：122–127.

任力 .2009. 国外发展低碳经济的政策及启示 [J].《发展研究》, (2)：23–27.

任卫峰 .2008. 低碳经济与环境金融创新 [J].《上海经济研究》, (3)：38–42.

塞缪尔·亨廷顿 .1999. 文明的冲突与世界秩序的重建〔M〕. 北京：新华出版社 .

施光 .2015. 中国法庭审判话语的批评性分析 [M]. 北京：科学出版社 .

孙吉胜 .2015."中国崛起"话语对比研究 [M]. 北京：世界知识出版社 .

孔元 .2017. 意识形态与帝国政治：战后美国保守主义的演变与危机 [J].《开放时代》, (04)：134–150+7.

石啸冲 .1982. 美国政治的分权与制衡 [J].《社会科学》, (3)：16–19.

谭细心 .1990. 广播电视语言分析 [M]. 北京：中国物资出版社 .

唐丽萍 .2016. 美国大报之中国形象的语料库语言学方法辅助下的批评话语分析 [M]. 北京：高等教育出版社 .

田海龙 .2009. 语篇研究：范畴、视角、方法 [M]. 上海：上海外语教育出版社 .

田庆立 .2009. 日本建设低碳社会的举措及对中国的启示 [J].《消费导刊》,(24): 23.

王灿发、侯欣洁 .2010. 出版低碳化路径研究 [J].《中国出版》,(10): 9–12.

王福祥、白春仁 .1989. 话语语言学论文集 [M]. 北京: 外语教学与研究出版社 .

王克非 .(2012). 中国英汉平行语料库的设计与研制 [J].《中国外语》,(6): 23–27.

王克非、刘鼎甲 .2018. 基于超大型英汉平行语料库的英语被动结构汉译考察与分析 [J].《外国语》,(6): 79–90.

王克非、秦洪武 .2015. 论平行语料库在翻译教学中的应用 [J].《外语教学与研究》,(5): 763–772.

王明杰、郑烨 .2010. 低碳经济时代的市场营销模式 [J].《社会科学家》,(7): 107–110.

王立刚 .2007. 中国报业改革三十年备忘 [J].《青年记者》,(11): 20–23.

王谋、潘家华、陈迎 .2010,《美国清洁能源与安全法案》的影响及意义 [J].《气候变化研究进展》,(4): 307–312.

王文涛、仲平、陈跃 .2014 美国《第三次气候变化国家评估报告》解读及其启示 [J].《全球科技经济瞭望》,(9): 467.

王啸 .2010. 国际话语权与中国国际形象的塑造 [J].《国际关系学院学报》,(6): 58–65.

卫乃兴、李文中、濮建忠 .2007.COLSEC 语料库的设计原则与标注方法 [J].《当代语言学》,(3): 235—246.

吴世文 .2014. 新媒体事件的框架建构与话语分析 [M]. 济南: 山东教育出版社 .

杨坚定、孙鸿仁 .2009.《鲁迅小说汉英平行语料库》.http://corpus.usx.edu.cn/luxun/index.asp。

谢立中 .2009. 走向多元话语分析: 后现代思潮的社会学意涵 [M]. 北京: 中国人民大学出版社 .

谢晓娟 .2007. 当代美国反共意识形态思想根源剖析——兼论超越意识形态的意识形态战略 [J].《当代世界与社会主义》,(06): 100–103.

辛斌 .1996. 语言、权力与意识形态: 批评语言学 [J].《现代外语》,(01): 21–26+72.

辛斌 .1998. 新闻语篇转述引语的批评性分析 [J].《外语教学与研究》,(02): 11–16+82.

辛斌 .2000. 语篇互文性的语用分析 [J].《外语研究》,(03): 14–16.

辛斌 .2005. 批评语言学: 理论与应用 [M]. 上海: 上海外语教育出版社 .

辛章平、张银太 .2008. 低碳经济与低碳城市 [J].《城市发展研究》,(4): 98–102.

熊焰 .2010. 低碳之路: 重新定义世界和我们的生活 [M]. 北京: 中国经济出版社 .

许广月 .2010. 中国低碳农业发展研究 [J].《经济学家》,(10): 72–78.

许家金 . 2017, ToRCH2014 Corpus (ToRCH2014 现代汉语平衡语料库). (2014 年布朗家族语料库, 100 万词, 汉语).

许家金 . 2014, ToRCH2009 Corpus (ToRCH2009 现代汉语平衡语料库). (2009 年布朗家族语料库, 100 万词, 汉语).

许家金、梁茂成 .2012.《Crown 语料库》(2009 年布朗家族语料库, 100 万词, 美国英语).

许家金、梁茂成 .2012.《Crown 语料库》(2009 年布朗家族语料库, 100 万词, 英国英语).

杨雪燕 .2001. 社论英语的文体研究 [J].《外语教学与研究》,(05): 367–373.

姚里军 .2002. 中西新闻写作比较 [M]. 北京: 中国广播电视出版社 .

姚晓芳、陈菁 .2011. 欧美碳排放交易市场发展对我国的启示与借鉴 [J].《经济问题探索》,(4): 35–38.

喻燕、卢新海 .2010. 中国低碳房地产发展问题与对策 [J].《城市发展研究》,(5): 48–51.

张华 .2009. 论思想政治教育的意识形态性 [J].《思想理论教育导刊》,(11): 95–98.

张华平、刘群 . 2013. Institute of Computing Technology, Chinese Lexical Analysis System [S]. 中国科学院计算技术研究所 .

张灵芝 .2015. 话语分析与中国高等教育变迁 [M]. 北京：清华大学出版社 .

张愉、陈徐梅、张跃军 .2008. 低碳经济是实现科学发展观的必由之路 [J].《中国能源》, (7)：21-23.

张鹏飞 .2009. 中国经济发展模式转变的必然选择——低碳经济 [J].《科学与管理》, (5)：17-19.

张淑谦、韩伯棠 .2010. 低碳经济时代我国风电产业发展对策研究 [J].《经济问题探索》, (5)：34-37.

张自力 .2008. 健康传播与社会：百年中国疫病防治话语的变迁 [M]. 北京：北京大学医学出版社 .

赵虹 .2011. 语类语境与新闻话语 [M]. 南京：南京大学出版 .

赵建成 .1994. 英语语句结构的宏观现象与心理现象之关系 [J].《外国语》, (04)：17-22.

赵秋梧 .200. "文明冲突论"：亨廷顿为美国构建的意识形态策略 [J].《南京政治学院学报》, (03)：48-51.

郑华 .2013. 首脑外交：中美领导人谈判的话语分析 (1969-1972)[M]. 上海：上海世纪出版集团 .

郑宇劼 .2009. 低碳经济：未来四十年我国面临的机遇与挑战 [J].《开放导报》, (4).

周宏春 .2010. 中国发展低碳经济的意义与途径 [J].《理论视野》, (2)：33-34.

周元春、邹骥 .2009. 中国发展低碳经济的影响因素与对策思考 [J].《统计与决策》, (23)：99-101.

朱四海 .2009. 低碳经济发展模式与中国的选择 [J].《发展研究》, (5)：10-14.

朱天，吴信训 .2012. 观念、体制、话语：1990 年代中国电视新闻改革研究的三个视域 [M]. 北京：社会科学出版社 .

朱晓敏、曾国秀 .2013. 现代汉语政治文本的隐喻模式及其翻译策略——一项基于汉英政治文本平行语料库的研究 [J].《解放军外国语学院学报》, (5)：82-86+128.

朱永生 .1993. 语言、语篇、语境 [M]. 北京：清华大学出版社 .

庄贵阳，陈迎 .2001. 试析国际气候谈判中的国家集团及其影响 [J].《太平洋学报》, (02)：72-78.

庄贵阳 .2009. 中国发展低碳经济的困难与障碍分析 [J].《江西社会科学》, (7)：20-26.

附 录

一、2000—2014年中英美主流报刊关于 "低碳"报道的数量分布表

年份＼报刊	人民日报	泰晤士报	独立报	卫报	金融时报	每日电讯	纽约时报	华盛顿邮报
2001	1	7	9	8	10	4	2	0
2002	0	3	7	13	10	6	1	0
2003	1	7	18	8	33	5	0	0
2004	2	4	17	20	21	5	3	0
2005	6	22	74	29	70	7	7	0
2006	1	79	144	79	145	60	1	7
2007	27	142	96	210	199	26	6	16
2008	36	148	75	307	223	21	4	20
2009	266	621	213	645	576	250	46	29
2010	1115	295	187	284	471	286	34	24
2011	667	58	28	89	63	67	27	10
2012	542	20	17	52	66	22	27	12
2013	501	65	30	50	43	6	31	11
2014	449	55	14	248	97	79	47	10

二、三个阶段《人民日报》低碳经济的共现词

第一阶段	低碳经济和吸碳经济；低碳经济和可持续发展
第二阶段	低碳经济、循环经济和生态经济；低碳经济、绿色经济、循环经济；低碳经济和绿色发展；能源环境、低碳经济、循环经济；新能源发展和低碳经济发展；生态经济和低碳经济；节能减排和低碳经济；高科技、节能环保、低碳经济；清洁能源、可再生能源、节能减排以及低碳经济
第三阶段	土地集约、生态集成和低碳经济；资源高效利用和低碳经济政策；可持续发展、循环经济、低碳经济；绿色发展和低碳经济；创新发展和低碳经济；绿色经济、循环经济、低碳经济；节能和低碳经济；资源精深加工和低碳经济；科教兴国、可持续发展和低碳经济；新兴产业和低碳经济；高科技、高等教育、金融服务、医疗卫生、低碳经济；基础设施、资源开发、低碳经济；绿色发展、清洁发展、低碳经济；清洁化、低碳经济化、绿色化；新能源、新材料、生物医药、节能环保、低碳经济；绿色发展、低碳经济发展、高端发展；环保、低碳经济、绿色理念；节能、环保、低碳经济；可持续发展、低碳经济、清洁能源、生态工业、现代农业；低碳经济、物联网、区域经济；节能环保、绿色经济、低碳经济、高新技术领域；气候变化与低碳经济；高速列车与低碳经济、新兴产业和低碳经济；绿色食品、循环经济、低碳经济、新能源与可再生能源开发；节能减排、循环经济、低碳经济；扩大内需、调整结构、自主创新、节能减排、生态环保、低碳经济、"三农"工作、城乡和区域协调发展；低碳经济和生态文明；农业和低碳经济；节能环保领域和低碳经济；低碳经济和旅游产业；清洁能源和低碳经济；世界能源革命和低碳经济

三、《人民日报》"低碳经济"检索行

第一阶段		
控制人口增长，积极发展	低碳经济	和"吸碳经济"努力控制温度
其次，中国要向	低碳经济	转型，减排成本远比想象的要高
以提高能源效率，并促进	低碳经济	2016 年 1 月 12 日，美国
以提高能源效率，并促进	低碳经济	我们同意在如下重点领域
仪式上说：技术是实现向	低碳经济	转型的关键
将其经济定性为	低碳经济	具体的温室气体减排目标
以利于双方共同努力实现	低碳经济	和可持续发展
第二阶段		
国际金融危机，加强在	低碳经济	绿色经济，节能环保等方面
将学生培养成具有发展	低碳经济	和低碳社会的理念和全球视野
绿色经济，循环经济，	低碳经济	是国际上一大趋势
绿色经济，循环经济，	低碳经济	成为重要力量
绿色经济，循环经济，	低碳经济	有利于促进资源节约型节约型
一致认为向绿色经济，	低碳经济	转型十分关键
首批排污权交易，	低碳经济	生态修复，排污权经济
两国在节能环保，	低碳经济	循环经济领域拥有广阔的合作空间
要大力发展	低碳经济	绿色产业
将面临发展清洁能源和	低碳经济	的新的竞争
发展绿色能源科技与	低碳经济	的浪潮
积极发展	低碳经济	和绿色经济，优化能源结构，创新发展产业基地和低碳经济产业示范园区，
高科技，节能环保	低碳经济	等方面互利合作
新能源、循环经济、	低碳经济	等新的发展趋势对科学技术
后京都议定书时代·	低碳经济	和低碳生活已成为拯救地球
坚持绿色经济、	低碳经济	循环经济的拓展方向

我们必须将生态和	低碳经济	融入最初的规划阶段
我国经济结构调整，将使	低碳经济	可再生能源和清洁能源，
希望两国企业将	低碳经济	可再生能源和清洁能源
发展绿色经济，积极发展	低碳经济	和循环经济，研发和推广气候
加快发展	低碳经济	绿色经济，努力占领国际
中国将从六个方面推动	低碳经济	和社会的发展
长期竞争力主要集中在	低碳经济	和环保技术方面
集中优势力量，注重发展	低碳经济	循环经济和生态经济
特别是在节能减排	低碳经济	环保技术上
在丹麦哥本哈根召开	低碳经济	低碳生活等，成为人们关注的热点
在这个背景下，	低碳经济	低碳发展等一系列新概念
沙漠化、冰川消融和	低碳经济	等具体问题
中国发展	低碳经济	绿色经济、循环经济诸多努力
就亚洲能源发展、能源与	低碳经济	等议题国家能源局
希望两国企业将	低碳经济	可再生能源和清洁能源
新型发展道路，也就是	低碳经济	和低碳发展道路
标准体系，在发展	低碳经济	循环经济、绿色经济
把生态经济	低碳经济	摆在优先位置
发展互联网、绿色经济、	低碳经济	环保技术、生物医药等
高新技术、节能环保	低碳经济	以及金融和服务贸易等领域
为今后新能源发展和	低碳经济	发展提供强力支撑
大连打造绿色产业	低碳经济	迈出新步伐
发展绿色经济，循环经济	低碳经济	等战略性新兴产业
发展绿色经济、	低碳经济	循环经济已成为世界上
德州把生态经济	低碳经济	摆在优先位置
应抓住世界能源革命和	低碳经济	发展的机遇
气候变化，节能环保	低碳经济	等可持续发展领域的互补
大力发展循环经济和	低碳经济	务必打赢节能减排攻坚战
奠定坚实基础，为发展	低碳经济	和建设低碳社会提供有力支持
新节能环保技术，	低碳经济	等方面的合作

续表

再生能源，节能减排以及	低碳经济	领域的合作
我国低碳技术的产业化和	低碳经济	发展的引领带动作用
节能减排政策、发展	低碳经济	和"吸碳经济"，气候变化
积极推进循环经济、	低碳经济	与知识经济
循环经济、绿色经济，	低碳经济	和生态城市建设的现实标本
第三阶段		
地区绿色发展、清洁发展、	低碳经济	发展的转型跨越之路
是清洁化、	低碳经济	化，绿色化的重要基础
打造平潭智慧岛、信息岛，	低碳经济	经济岛等方面与实验区开展合作
生物医药、节能环保、	低碳经济	技术等作为新一轮产业发展的重点
增强危机意识，树立绿色、	低碳经济	发展理念
适应当前绿色发展和	低碳经济	经济形成的全球市场新需求
单一线性发展模式向集约、	低碳经济	高效、多元循环发展转变
经济流通，	低碳经济	技术，低碳经济消费的一揽子政策法规建设
林业	低碳经济	功能培育，低碳经济生活构建和低碳经济能力提升
更加注重绿色发展，	低碳经济	发展，高端发展
发展方式向精细化、	低碳经济	高效转变
新材料节能环保，	低碳经济	技术，绿色经济等
格兰仕将加大绿色制造、	低碳经济	经济的研发及推广
体现绿色、	低碳经济	环保的现代理念
倡导文明、节约、绿色	低碳经济	消费理念
积极发展绿色经济和	低碳经济	加快发展方式转变
节能减排，生态环保、	低碳经济	"三农"工作、城乡区域发展
包括信息网络在内的新兴产业和	低碳经济	政府要从经济发展的主导
二要发展	低碳经济	促进节能减排
转变发展方式，	低碳经济	科教兴国等
绿色食品，循环经济，	低碳经济	新能源与可再生能源开发
更加注重绿色经济，	低碳经济	领域立法，积极推动科学立法
积极推动	低碳经济	可再生能源、清洁能源等领域

气候变化相关的绿色经济、	低碳经济	立法工作
更加注重绿色经济、	低碳经济	领域立法，全面完善法律法规
消费、	低碳经济	和区域发展相关的行业
发展绿色经济、循环经济、	低碳经济	按照可持续发展理念
对节能减排，循环经济，	低碳经济	等绿色产业的支持
使得	低碳经济	低碳文明作为新的发展路径
但其走创新发展和	低碳经济	的绿色崛起之路，
发展	低碳经济	节能减排，不仅是企业
一批环境友好型的	低碳经济	及战略性新兴产业集群
发展循环经济	低碳经济	，培育发展新能源，新材料
按照发展清洁能源和	低碳经济	的要求，
节能减排生态环保三农工作	低碳经济	，城乡和区域协调
发展循环经济、	低碳经济	，应对气候变化，促进区域经济协调
环境保护节能减排	低碳经济	，可持续发屏，类似理念
围绕清洁能源和	低碳经济	所开展的大规模企业并购
发展绿色经济、循环经济，	低碳经济	、清洁能源持续建言，
清洁能源、循环经济和	低碳经济	方面走出符合我国国情的发展道路，
跨国公司力图在新能源和	低碳经济	等先导产业和先进技术的国际竞争中
推进绿色经济、循环经济、	低碳经济	发展，
加强环境保护，发展	低碳经济	和缩小城乡差距，
积极发展循环经济、	低碳经济	，推动绿色增长，形成节约能源资源
发展绿色经济、循环经济和	低碳经济	，建设天蓝地绿，山青水净
绿色经济，循环经济、	低碳经济	发展走在世界前面，
发展循环经济和	低碳经济	，严把招商引资项目环评关，
大力发展循环经济.	低碳经济	生态经济，加快构建现代产业
信息网络、环保技术，	低碳经济	，绿色经济、海洋经济等领域，
发展绿色经济、循环经济和	低碳经济	，使经济建设与资源环境相协调；
政府工作报告中关于高效发展	低碳经济	倡导环保健康生活的相关内容
科技含量高，是典型的	低碳经济	，绿色经济
调整经济结构，在发展	低碳经济	和文化旅游产业等领域取得了明显成

而这些，恰恰是	低碳经济	，低碳生活带给我们的，
并将文化产业发展与	低碳经济	模式相融合，
借以培养人们的生态环保，绿色经济，循环经济	低碳经济	等理念，是科学发展观在经济社会
新能源，新兴行业，	低碳经济	，资产重组经济转型内需增长
能源开发利用，节能环保，	低碳经济	旅游观光，服务贸易等合作
循环经济，	低碳经济	绿色经济是世界的潮流
高新技术基础设施，	低碳经济	节前环保等合作亮点，
相关政府部门负责人等，围绕	低碳经济	，节能减排与高新技术节能减排
克拉克指出，全球在发展	低碳经济	实现可持续发展方面，
农业，渔业、新能源，	低碳经济	、金融等领域的合作，
加快发展绿色经济、	低碳经济	、循环经济，积极应对气候变化，
在产业发展、技术革新和	低碳经济	等多个层面采取措施，
以循环经济、	低碳经济	，自主创新为主的高、大、新企业，
广泛宣传	低碳经济	，低碳生活的意义，
发展绿色经济循环经济、	低碳经济	融入灾后重建全过程
发展绿色经济，循环经济和	低碳经济	，促进生态保护和经济建设协调发展，
纷纷把发展新能源产业和	低碳经济	，以及实现再工业化作为调整
将节能减排，绿色经济	低碳经济	，民生工程等作为考核干部的重要指标
发展绿色经济，循环经济、	低碳经济	，倡导和鼓励绿色生产，绿色消费
大力发展	低碳经济	、绿色经济，循环经济
双方决定在绿色发展和	低碳经济	框架下确定今后三年的合作活动，
发达国家提出的	低碳经济	，碳排放交易、碳关税理念和机制
市委书记杨松提出，把发展	低碳经济	发展城市森林，作为建设生态文明
发展循环经济，绿色经济	低碳经济	，加快推进经济社会协调发展，
既符合当前国家所倡导的	低碳经济	、环保理念，也确实能够帮助公众
大力发果循环经济.	低碳经济	，绿色经济，加强资源能源节约
国家之一，被誉为清洁、	低碳经济	的榜样，
经合组织 2012 年的环境表，杭州城市发展路径选择、	低碳经济	与农业现代化等专题讲座，
引导信贷资源投向	低碳经济	，环保经济和绿色经济领域，

发展绿色经济循环经济	低碳经济	，建设资源节约型环境友好型社会
10年后的发展，确定以	低碳经济	和循环经济为主攻方向，
基础设施建设、	低碳经济	，中澳合作等广泛的内容，
邀请知名专家就	低碳经济	、物联网，区域经济发展等主题作报告
农牧林业，环保劳务，	低碳经济	等领域务实合作，
符合	低碳经济	和两型社会建设的要求，
大力发展	低碳经济	、循环经济、绿色经济，积极探索
中碳经济与	低碳经济	的标准还有待能源与环保专家作出科
发展循环经济，绿色经济和	低碳经济	2009年，全省提前一年完成十一五计划
以	低碳经济	…生态宜居华西村投资等为名
各项投入向发展循环经济和	低碳经济	等绿色增长倾斜，以桔子州湘江 是环保、低碳经济、绿色理念的最佳实践区
发展绿色经济，	低碳经济	，实现可持续发展，贵州地处中国西南
积极培育两国，设定议题和议程，如环境和	低碳经济	问题，生活方式转变问题，
大力发展	低碳经济	、循环经济、绿色经济，以西部欠发达地区四川
浙江杭州要在国内率先打造	低碳经济	、低碳建筑、低碳交通、低碳生活
可持续发展、	低碳经济	清洁能源、生态工业、现代农业
林业步伐建设，是发展	低碳经济	、应对气候变化最经济最直接的途径
特别是新能源技术和	低碳经济	将给我们带来更多机会
茅台集团在打造循环经济、	低碳经济	、绿色经济、推行清洁文明生产等领域
对	低碳经济	、绿色发展等热点问题进行持续探讨
发展绿色经济、循环经济、	低碳经济	贯穿工业化、城镇化、农业现代化全
三是努力推进再生资源回收利用，发展绿色经济、循环经济和	低碳经济	
核心任务，打造循环经济、	低碳经济	、绿色经济，推行清洁文明生产
增补一批战略性新兴产业，	低碳经济	城镇化等符合政策投向的新项目
求GDP总量的发展模式，在	低碳经济	、绿色经济、数字经济等时尚领域
众多概念，如绿色经济、	低碳经济	，循环经济等整合到绿色发展的框架
发展绿色经济、循环经济、	低碳经济	，为建设资源节约型环境友好型

续表

推动绿色经济、循环经济和	低碳经济	发展，形成分工合理、特色鲜明
而且，欧洲较为重视节能和	低碳经济	发展，所以整体形势稳定，供需平衡
碳生产力、低碳发展、	低碳经济	、低碳生活，低碳生产、低碳路径等
我发现清洁能源、	低碳经济	节能减排等理念得到了充分体现
另一方面却在节能、环保，	低碳经济	技术方面对我国实行垄断
使用清洁能源，节能环保、	低碳经济	，现在有了支付得起的光伏产品
同时，英国更加注重在	低碳经济	、清洁能源、创意文化产业等领域
第三产业，加快循环经济和	低碳经济	发展，推进循环经济试点
出口竞争力、气候变化，	低碳经济	，粮食和食品安全，能源资源安全等
即绿色建筑，已经成为发展	低碳经济	、建设节约型社会的不二选择
商贸物流，住宅产业化和	低碳经济	示范基地等产业
发展绿色经济、循环经济、	低碳经济	，应以环境保护为突破口
应善于把握	低碳经济	和生态文明对殡葬活动的新要求
政策、新能源、节能环保、	低碳经济	、气候变化、能源与金融
发展绿色经济、循环经济、	低碳经济	，使新型城镇化成为推进生态文明建设
区域经济一体化、资源约束、	低碳经济	、城镇化、农民工市民化、
贸易与贸易政策、自主创新、	低碳经济	、区域经济发展
在节能环保、绿色经济、	低碳经济	、高新技术领域的合作水平和规模
生态产业化，发展循环经济、	低碳经济	，关停一批高能耗、高排放、低效益
可以将节能环保、绿色和	低碳经济	作为合作重点，共同走可持续发展的道路
有利于应对气候变化，发展	低碳经济	、创建绿色宁夏，推动生态建设
着力发展绿色经济、	低碳经济	，循环经济，促进资源节约、环境友好
技术企业，引领循环经济、	低碳经济	新潮流；做可持续农业、绿色农业
公司致力于发展循环经济	低碳经济	而且生物有机复合肥场目前属于国家

四、英国主流报刊"low carbon economy"检索行

第一阶段

the transition to a	low carbon economy	. LOAD-DATE: October
es and developing a	low-carbon economy	. Yet the Cambridge
nt's commitment to a and	low carbon economy	renewable energy
futures; Moving to a	low carbon economy	makes good business
ities of moving to a	low carbon economy	, but it requires gov
mended changing to a	low carbon economy	whereby economic gro
n to turn us into a	low-carbon economy	. Unfortunately, the
an have. Moving to a	low-carbon economy	is essential to prot
elf on the path to a	low-carbon economy	less reliant on oil
elf on the path to a	low-carbon economy	- minimising the bu
but we can achieve a	low-carbon economy	without nuclear. Me
the transition to a	low-carbon economy	with sufficient spee
lerate the move to a	low-carbon economy	. The network will b
you are to move to a	low-carbon economy	,you need to get lar
transformation to a	low-carbon economy	and stunt the growth
the transition to a	low-carbon economy	in the time frame in
the transition to a	low-carbon economy	;only business will
sform itself into a	low carbon economy	. Conservatives are
s a shift towards a	low-carbon economy	. Three measures can
agenda for a future	low-carbon economy	. But its review of U
ve towards a genuine	low-carbon economy	. Heavy energy-using
p focus on the green	low-carbon economy	, says Strutton, who
social justice.	low-carbon economy	The may be no less neces
repairing because the	low-carbon economy	has to come. If the
rocky road to a true,	low-carbon economy	. Its basis: that a 6
you can achieve your	low-carbon economy	without nuclear. It'

第二阶段

ur's commitment to a	low-carbon economy	. Demand had been so
enough, moving to a	low-carbon economy	will be a cost-effec
briefed to create a	low carbon economy	, is developing the s
in a transition to a	low carbon economy	are shared out fairl
ships of moving to a	low-carbon economy	. Rare are the voices
e UK moves towards a	low-carbon economy	, he said. Most of
e charge to create a	low-carbon economy	. We will bring down
moving rapidly to a	low-carbon economy	. Richard Tol, the pr

d. We must move to a	low-carbon economy	- and soon. Targets
vestment to become a	low-carbon economy	. Airport expansion n
transition towards a	low-carbon economy	: the most significan
eeded to switch to a	low-carbon economy	. The US objections c
faltering steps to a	low carbon economy	could become a sprin
er cent and create a	low-carbon economy	by 2050. Businesses
orld must plan for a	low carbon economy	and start making adj
hange if we become a	low-carbon economy	. Unfortunately, we a
rgue that building a	low-carbon economy	could help this coun
lead in developing a	low-carbon economy	. This was a golden o
a high- carbon to a	low-carbon economy	, but the answer is n
lead in developing a	low-carbon economy	. This was a golden o
As we move towards a	low-carbon economy	, combating the effec
ader in developing a	low-carbon economy	. If this vision is t
the transition to a	low-carbon economy	in the emerging econ
ure investment for a	low-carbon economy	, the industry regula
out that moving to a	low-carbon economy	depends crucially on
ader in developing a	low carbon economy	, the economic and em
ader in developing a	low carbon economy	. leading article, p
ng term, moving to a	low carbon economy	certainly means more
re to move towards a	low-carbon economy	and all the environm
easures to produce a	low-carbon economy	,including energy ef
enge of developing a	low carbon economy	. Transmission costs
page 45 'Moving to a	low-carbon economy	means more expensive
rld how to develop a	low-carbon economy	. Though Mr Tata tal
0. This is because a	low-carbon economy	will use more electr
stems. Bringing in a	low-carbon economy	is very near the top
n the road towards a	low-carbon economy	. With the party's op
on to help forge a	low-carbon economy	. Faced with alarmin
we need to achieve a	low carbon economy	. By autumn this year
ng the transfer to a	low-carbon economy	: paint your New Deal
unities a shift to a	low-carbon economy	will create. The re
els and developing a	low carbon economy	. He added: Britain
d renewable power. A	low-carbon economy	will tackle rising c
the transition to a	low carbon economy	or lessen respect fo
tegy for achieving a	low-carbon economy	. You work in corpora
lead. Planning for a	low-carbon economy	at home is an essent
showing the way to a	low-carbon economy	which requires cha
s a shared goal of a	low carbon economy	.' Officials are arrv
e ourselves become a	low-carbon economy	. Sadly, we are movin
in global warming, a	low-carbon economy	is the only possible
the transition to a	low-carbon economy	, and targets, or goa
s a shared goal of a	low carbon economy	.' Officials are arrv

rs in the shift to a	low-carbon economy	and press others to
set ourselves. If a	low-carbon economy	is to become a reali
d aim to establish a	low carbon economy	. He will call also f
s a shared goal of a	low carbon economy	.' Officials are arrv
Future Creating a	Low Carbon Economy	, he said, 'As we mo
the holy grail of a	low-carbon economy	, Ms Hewitt is puttin
owth and moving to a	low-carbon economy	. He said the Governm
being the route to a	low-carbon economy	to a pariah in the s
ill be to produce a	low-carbon economy	and to work towards
. You can achieve a	low-carbon economy	without nuclear, th
plants, creating a	low-carbon economy	through renewable e
unity to stimulate a	low-carbon economy	and ensure that home
nsport and promote a	low carbon economy	, they said. Peter A
t, we believe that a	low-carbon economy	can only be built by
y forward to reach a	low-carbon economy	. It shows how policy
where we lived in a	low-carbon economy	. Homes and buildings
efits of moving to a	low-carbon economy	, he left no doubt th
y forward to reach a	low-carbon economy	. It shows how policy
t, we believe that a	low-carbon economy	can only be built by
orld must plan for a	low-carbon economy	and start making tha
ng the benefits of a	low-carbon economy	in terms of justice,
s said: Moving to a	low-carbon economy	presents both opport
oad map to ensure a	low-carbon economy	where petrol station
the UK can move to a	low-carbon economy	. However, the journe
the transition to a	low-carbon economy	, says the report, is
four years to plan a	low-carbon economy	where petrol station
le. 3. HOW TO GET A	LOW-CARBON ECONOMY	There are three key
ader in developing a	low carbon economy	. The group added:
cash to invest in a	low carbon economy	. 6.20am The intervie
na's transition to a	low carbon economy	and accelerating cle
efits of moving to a	low-carbon economy	, he left no doubt th
t, we believe that a	low-carbon economy	can only be built by
y forward to reach a	low-carbon economy	. It shows how policy
where we lived in a	low-carbon economy	. Homes and buildings
vices required for a	low-carbon economy	. On top of all this
route map towards a	low-carbon economy	of the future and, a
o switch the UK to a	low carbon economy	, as voters' economic
, characterised by a	low carbon economy	and eco-efficiency,
not on the path to a	low-carbon economy	. This is something t
vices required for a	low-carbon economy	. On top of all this
the transition to a	low-carbon economy	, Chris Aylett, head
will contribute to a	low carbon economy	. The summit, under t
out a path towards a	low carbon economy	, world leaders could

route map towards a	low-carbon economy	of the future and, a
he US must embrace a	low-carbon economy	as a prelude to sign
and the switch to a	low-carbon economy	. At their two-day su
and the switch to a	low-carbon economy	. Mr Barroso was spea
the transition to a	low-carbon economy	. A positive summit o
urse, the shift to a	low carbon economy	will not be painless
the transition to a	low-carbon economy	. A positive summit o
ellor's claim that a	low carbon economy	could produce an ex
bally, the move to a	low-carbon economy	requires that all ta
Browne. To move to a	low-carbon economy	requires a level pl
he need to move to a	low-carbon economy	and growing energy h
r investment into a	low-carbon economy	, helping companies t
climate change and a	low-carbon economy	in London. Speakers
make the shift to a	low carbon economy	in the most cost ef
sential to deliver a	low-carbon economy	. Failure to invest i
s well as bringing a	low-carbon economy	closer. Perhaps the
mely transition to a	low-carbon economy	. On the contrary, n
wholesale move to a	low carbon economy	, diverting resource
orts moves towards a	low-carbon economy	, invested for the fi
sted by a shift to a	low-carbon economy	. Gross domestic prod
on needed to build a	low-carbon economy	, on which the world'
ral rail may be to a	low-carbon economy	, it is worth trying
the transition to a	low-carbon economy	. Mr Tremonti, a form
ncy and developing a	low-carbon economy	. LOAD-DATE: June 20,
wn said: Building a	low-carbon economy	is not just somethin
osed ?00bn push to a	low-carbon economy	will include Massive
the transition to a	low-carbon economy	. Mr Tremonti, a form
m a high-carbon to a	low-carbon economy	is a ginormous step
tainably achieving a	low-carbon economy	instead of having a
switch quickly to a	low-carbon economy	. While biofuels, win
ltaneously towards a	low-carbon economy	. If the US is not re
eded to kick-start a	low-carbon economy	. The stance of the t
in of switching to a	low-carbon economy	. They will be offere
rticular merits of a	low carbon economy	. The manner in which
t demonstrate that a	low carbon economy	is possible, which m
which to establish a	low carbon economy	. Meanwhile, our carb
ntre of attention, a	low-carbon economy	also requires techno
the transition to a	low-carbon economy	is enormously appeal
said: The move to a	low carbon economy	is creating some ver
towards delivering a	low carbon economy	. One of the prioriti
possible to create a	low-carbon economy	in the EU in a way
ple that living in a	low-carbon economy	does not mean giving
eaders in creating a	low-carbon economy	and to balance envir

the transition to a	low carbon economy	or develop carbon as
help the UK become a	low-carbon economy	. In September Tony B
y Future - towards a	low carbon economy	, sets out long-term
to shift towards a	low-carbon economy	: raising quotas for
will help achieve a	low carbon economy	whilst also reducing
able transition to a	low-carbon economy	would require a rev
the transition to a	low-carbon economy	, and targets - or go
nt with a shift to a	low-carbon economy	, these policies shou
rpose of achieving a	low-carbon economy	, Mr Liu said. He ca
ge a transition to a	low-carbon economy	sufficiently soon to
the transition to a	low-carbon economy	, and targets - or go
moving us towards a	low-carbon economy	; and the establishm
mission to create a	low carbon economy	. The Brussels summit
sing how to become a	low-carbon economy	. But the sheer power
g a high-carbon to a	low-carbon economy	by 2050, the governm
will be to move to a	low-carbon economy	, as well as promotin
: While moving to a	low carbon economy	is a vital facet of
nse and prove that a	low-carbon economy	is an achievable goa
rope would move to a	low carbon economy	with increased energ
d.com *The dawn of a	low-carbon economy	presents an attracti
, we are moving to a	low carbon economy	. Smart businesses wi
the shift towards a	low-carbon economy	is irreversible. Goi
hing to sign up to a	low-carbon economy	; another to bear the
ader in developing a	low carbon economy	. But Willie Walsh, B
g us accelerate to a	low carbon economy	, Mr Hutton said. T
ader in developing a	low carbon economy	. Willie Walsh, the B
the development of a	low-carbon economy	. In a report publish
ld from a high- to a	low-carbon economy	. We're gearing up t
the challenges of a	low carbon economy	. Julia Cleverdon, Ch
itment. A shift to a	low-carbon economy	will provide new bus
r in the switch to a	low-carbon economy	. The world needs an
ld from a high- to a	low-carbon economy	. We're gearing up t
e needed to create a	low carbon economy	. The spat has focuse
n the UK's move to a	low-carbon economy	, but this is not the
the world to enter a	low-carbon economy	before acting itself
eeded to switch to a	low-carbon economy	. The smartest compan
pact to switch to a	low-carbon economy	or face catastrophic
Britain's drive to a	low-carbon economy	, said he thought the
ities presented by a	low-carbon economy	. The report comes sh
able transition to a	low-carbon economy	is likely to involve
future - creating a	low-carbon economy	, Cm 5761, February 2
The transition to a	low-carbon economy	represents one of th
the transition to a	low carbon economy	using existing and n

lerate the move to a	low carbon economy	and help the UK meet
r ever and move to a	low-carbon economy	. Anything less than
a plan that led to a	low-carbon economy	. That would mean for
wide shift towards a	low-carbon economy	. Sound policy and in
UK is to shift to a	low-carbon economy	and achieve its goal
the drive towards a	low-carbon economy	. Marks & Spencer is
We need to move to a	low-carbon economy	and produce energy i
market will create a	low carbon economy	. The Government must
the transition to a	low carbon economy	. Mr Letwin believes
ction plan towards a	low carbon economy	. He would also like
future - creating a	low-carbon economy	. Ruth Lea is directo
y Future: Creating A	Low-Carbon Economy	,sounded admirable.
o push us towards a	low-carbon economy	(whatever that may
rs in the shift to a	low-carbon economy	. The common sense in
market to deliver a	low carbon economy	. . . You have to ma
the drive towards a	low carbon economy	. Therefore, today's
we need to move to a	low carbon economy	, we need to curb gre
can contribute to a	low-carbon economy	has an opportunity,
the UK can move to a	low carbon economy	. But the journey wil
ader in developing a	low-carbon economy	. Nuclear power leave
the transition to a	low-carbon economy	. BP's adverts tell
this transition to a	low-carbon economy	. It is these long-te
transformation to a	low-carbon economy	. Stimulating innovat
ront of delivering a	low-carbon economy	, these opportunities
or travel towards a	low carbon economy	, utilising a full ra
cost of a move to a	low carbon economy	. Given the extent t
and its vision of a	low-carbon economy	, but said there had
ss the EU moved to a	low carbon economy	, and others followed
helping to create a	low carbon economy	. Perhaps the questio
e confused by what a	low carbon economy	means in practice. W
goal of achieving a	low carbon economy	through greater ener
policy to develop a	low-carbon economy	. Power plants and fa
s a shared goal of a	low carbon economy	. It became clear ye
tment to moving to a	low-carbon economy	. Elliot Morley is mi
the transition to a	low-carbon economy	. But it is difficult
the transition to a	low carbon economy	, and targets or goal
erate the shift to a	low-carbon economy	then our planning an
rategy of pursuing a	low-carbon economy	. In an effort to rei
but building such a	low-carbon economy	will mean developing
lerate the move to a	low carbon economy	. Yesterday the UN's
hange and creating a	low carbon economy	are a high priority
nomy. The shift to a	low-carbon economy	would require dramat
helping to create a	low-carbon economy	. M&S aims to become

helping to create a	low carbon economy	, Sir Terry Leahy, T
implement steps to a	low carbon economy	and society has to t
e that Britain has a	low carbon economy	. At the UK Trade and
the transition to a	low-carbon economy	. Europe needs a more
the development of a	low carbon economy	. It received more th
for moving towards a	low carbon economy	. The Prime Minister
s a shared goal of a	low carbon economy	. Although the White
the world towards a	low-carbon economy	and the Earth could
y Future -Creating a	Low Carbon Economy	, reinforced a range
y Future -Creating a	Low Carbon Economy	, commits Britain to
of moving towards a	low-carbon economy	, that is what matter
said: The move to a	low-carbon economy	is creating many att
that the shift to a	low-carbon economy	need not come at the
the transition to a	low-carbon economy	has been demonstrati
ts of changing to a	low-carbon economy	. Improved energy eff
UK's transition to a	low-carbon economy	are the main aims of
ss from developing a	low-carbon economy	, as John Hutton, the
for making Britain a	low-carbon economy	that go far beyond w
rs to move towards a	low-carbon economy	Council Tax Abolitio
ue in the shift to a	low-carbon economy	. LOAD-DATE: October
rld moving towards a	low-carbon economy	, rigorously examines
ous about creating a	low-carbon economy	they must take urgen
our GDP to achieve a	low-carbon economy	in the short time le
EU's drive towards a	low-carbon economy	, although several ot
obal transition to a	low-carbon economy	by connecting invest
try to bring about a	low-carbon economy	. LOAD-DATE: May 2, 2
First, the move to a	low-carbon economy	is as profound a shi
n the path towards a	low carbon economy	. Fundamental to the
mers. If moving to a	low carbon economy	becomes high priorit
ussian coffers. If a	low-carbon economy	takes priority, howe
bitions to move to a	low-carbon economy	. Householders who wi
turn Britain into a	low-carbon economy	. This Bill is an in
ds -we can move to a	low-carbon economy	without suffering co
UK on the path to a	low-carbon economy	. Mr Miliband accept
moving Scotland to a	low carbon economy	. LOAD-DATE: Decembe
change by building a	low-carbon economy	is enormously attrac
the development of a	low-carbon economy	. Fears of instabili
with his pitch for a	low-carbon economy	. Commentary, page 49
the transition to a	low-carbon economy	opens up a huge, luc
tain on course for a	low carbon economy	, said Green Allianc
us strides towards a	low carbon economy	. It could, for insta
help the switch to a	low carbon economy	, comes as figures fr
ve Britain towards a	low-carbon economy	in the decades ahead

implement steps to a	low-carbon economy	and society has to t
bitions to move to a	low-carbon economy	. Householders who wi
ange and switch to a	low-carbon economy	was yesterday in dis
f Nuclear Power in a	Low-Carbon Economy	, concluded that nucl
on to planning for a	low-carbon economy	, says Randall. Wha
ing it move toward a	low-carbon economy	. Chinese industries
ment says it wants a	low-carbon economy	. Yet on a green hill
he need to develop a	low-carbon economy	. But buried on page
he world's path to a	low-carbon economy	. No company will mak
lead in developing a	low-carbon economy	, said Tony Juniper,
- a march towards a	low-carbon economy	led by high-street s
he need to deliver a	low-carbon economy	would be foolhardy.
are moving towards a	low-carbon economy	- those businesses t
changes to move to a	low-carbon economy	and that could mean
helping to create a	low-carbon economy	. Paul Monaghan, the
be contributing to a	low-carbon economy	. Jenny Jones Member
ader in developing a	low-carbon economy	. leading article, p
out that moving to a	low-carbon economy	depends crucially on
els and developing a	low carbon economy	. He added: Britain
ader in developing a	low carbon economy	, the economic and em
the transition to a	low-carbon economy	in the emerging econ
page 45 'Moving to a	low-carbon economy	means more expensive
rld how to develop a	low-carbon economy	. Though Mr Tata tal
ure investment for a	low-carbon economy	, the industry regula
ng term, moving to a	low carbon economy	certainly means more
unities a shift to a	low-carbon economy	will create. The re
n the road towards a	low-carbon economy	. With the party's op
0. This is because a	low-carbon economy	will use more electr
helping to create a	low-carbon economy	with a raft of new
sterday to promote a	low-carbon economy	and cut prices for c
stems. Bringing in a	low-carbon economy	is very near the top
tegy for achieving a	low carbon economy	. You work in corpora
d renewable power. A	low-carbon economy	will tackle rising c
ng the transfer to a	low-carbon economy	: paint your New Deal
the transition to a	low carbon economy	or lessen respect fo
s push to achieve a	low carbon economy	but many schemes int
olicies needed for a	low carbon economy	. There is a great n
p business deliver a	low-carbon economy	. However this new th
nies to convert to a	low-carbon economy	at projected prices
ed to move towards a	low-carbon economy	(Report, November 6)
the transition to a	low-carbon economy	, they said. We als
ain transform into a	low-carbon economy	. But today, as we pu
make the switch to a	low-carbon economy	. Carbon trading prev

the transition to a	low-carbon economy	. Professor Nick Ster
h progress towards a	low-carbon economy	this year. Even a ki
e goal of creating a	low-carbon economy	, and from the genera
hat will emerge in a	low carbon economy	. Ben Verwaayen, chi
helping to create a	low carbon economy	. These commitments
urse the change to a	low carbon economy	won't happen like th
eakthrough towards a	low carbon economy	, policies must chang
the transition to a	low carbon economy	. Much of the instinc
rld's first advanced	low-carbon economy	. guardian.co.uk/cars
in clean energy and	low carbon economy	, has announced the c
rtant pillars of any	low-carbon economy	- and absolutely zer
rtant pillars of any	low-carbon economy	- and absolutely zer
tunities,says Brown	LOW-CARBON ECONOMY	BYLINE: By ED CROOKS
ards the so- called	low-carbon economy	will benefit busine
[other countries].	Low-carbon economy	The government's pro
measures to develop	low-carbon economy	BYLINE: BY FIONA HAR
on Mr Blair's fabled	low carbon economy	? If anything, says C
pe the world's first	low-carbon economy	via a unilateral 20%
be the world's first	low-carbon economy	by proclaiming a glo
ms for world's first	low-carbon economy	BYLINE: David Gow, B
e to build the first	low-carbon economy	, as a business oppor
ng the world's first	low-carbon economy	with less dependence
e to build the first	low-carbon economy	, as a business oppor
of a thriving future	low carbon economy	, said Dave Timms of
the rapidly growing	low-carbon economy	) will act quicker an
rst post-industrial,	low-carbon economy	, Jose Manuel Barroso
Moving targets keep	low-carbon economy	on the back burner:
As we move to a new	low carbon economy	there are major oppo
eative industries or	low carbon economy	, both at home and ab
d. Building our own	low carbon economy	offers us the chance
pe into a pioneering	low carbon economy	amid increasingly al
ver a stable-priced,	low-carbon economy	for the future wellb
deliver the promised	low-carbon economy	. Tony Blair has made
ath to a sustainable	low-carbon economy	. Likewise their mass
ank working with the	low-carbon economy	. The higher the pric
efra, to deliver the	low-carbon economy	proposed in the ener
ver advantage in the	low carbon economy	of the future. Some
e materials for the	low carbon economy	. Alan Brown, chief
progress towards the	low-carbon economy	is not being made fa
nowledge that in the	low-carbon economy	of the future we wil
pole position in the	low carbon economy	. And the ultimate pa
fully embraced the	low-carbon economy	and are seeing the c
s in developing the	low-carbon economy	that scientists say

form itself into the	low carbon economy	needed to make radic
ank working with the	low-carbon economy	. The higher the pric
oney to put into the	low carbon economy	. The new fund also a
clean energy and the	low-carbon economy	, making it the large
odels created by the	low carbon economy	, others the emerging
re disappearing. The	low carbon economy	will be a fundamenta
ous potential in the	low carbon economy	. This grant scheme i
es the future of the	low carbon economy	in collaborative ven
have argued that the	low-carbon economy	the world must adopt
h ourselves that the	low-carbon economy	will simply not perm
tepping out into the	low-carbon economy	. Of the three main p
e development of the	low carbon economy	, so as to decelerate
Making Sense of the	Low Carbon Economy	together with Porrit
oney to put into the	low carbon economy	. The new fund also a
clean energy and the	low-carbon economy	, making it the large
oney to put into the	low carbon economy	. The new fund also a
s shift towards the	low-carbon economy	, said Stavros Dimas
dge in designing the	low-carbon economy	. The message from Tu
ransformation to the	low-carbon economy	. So where is the mon
adership role in the	low-carbon economy	of the future. Failu
he transition to the	low-carbon economy	, energy efficiency,
ough reneging on the	low-carbon economy	and through checking
he transition to the	low-carbon economy	, energy efficiency,
us potential in the	low-carbon economy	. He added: This gra
n earlier stage. The	low-carbon economy	is an area where thi
ment's vision of the	low-carbon economy	? Do we wear more woo
e others to join the	low carbon economy	. LOAD-DATE: October
the potential of the	low carbon economy	. Despite our advanta
specialising in the	low carbon economy	LOAD-DATE: October 1
ut in. Today, at the	Low Carbon Economy	Summit, Mr Brown wil
market response. The	low-carbon economy	is an area where thi
rom a high-carbon to	low-carbon economy	will be the most sig
turn us ito a truly	low-carbon economy	, scoffed that the ea
make the UK a truly	low-carbon economy	. He said: We believ
anging fast. A truly	low-carbon economy	may still be a dista
ransition to a truly	low-carbon economy	BYLINE: MARK LYNAS S
advanced and vibrant	low-carbon economy	in the world - a gre
ring about the vital	low-carbon economy	. The changes must co

第三阶段

dation report A 2020	Low Carbon Economy	, to be released toda
lp Britain move to a	low-carbon economy	. He is expected to a
e jobs and ensure a	low-carbon economy	emerges from the do

ransition to being a	low-carbon economy	will also be publish
rming Britain into a	low-carbon economy	- the only sane resp
the transition to a	low-carbon economy	as a great opportuni
es and the move to a	low-carbon economy	. Can ministers not s
olutionary road to a	low carbon economy	. Nothing wrong with
lp Britain move to a	low carbon economy	. Every school and ho
ed by the shift to a	low carbon economy	. Yet for the time be
turn Britain into a	low-carbon economy	- and the Government
ous about creating a	low-carbon economy	, with all the manufa
iate transition to a	low-carbon economy	. And it gets better:
ut have a look at A	Low Carbon Economy	, which we published
The transition to a	low-carbon economy	will no longer be a
the transition to a	low-carbon economy	, and that commitment
for transition to a	low-carbon economy	, a step change is
port the growth of a	low-carbon economy	in Britain? Many gre
eeded to switch to a	low carbon economy	. Despite a number of
in's transition to a	low-carbon economy	. All energy supplier
g our economy into a	low-carbon economy	. That's why the Cons
to to make Britain a	low-carbon economy	; The national strate
turn Britain into a	low-carbon economy	. As many as 400,000
ch will detail how a	low-carbon economy	can offer opportunit
anage Britain into a	low-carbon economy	,because we know tha
rk on establishing a	low-carbon economy	,and public sector p
f Britain becoming a	low-carbon economy	. Last week Labour p
na is committed to a	low-carbon economy	,not least in order
to working towards a	low carbon economy	in a way that underp
ces. The shift to a	low-carbon economy	is still a work in p
m preparations for a	low carbon economy	. China faced interna
m preparations for a	low carbon economy	. China faced critici
er in a developing a	low-carbon economy	. The message of urg
untries to move to a	low-carbon economy	,with much of that c
n reform, building a	low-carbon economy	,reforming our polit
the transition (to a	low carbon economy	),he said. But the
reach our goal of a	low-carbon economy	without pricing ener
untries to move to a	low-carbon economy	,with much of that c
ce of turning into a	low-carbon economy	,the former chairman
n fund. Developing a	low-carbon economy	is an essential ingr
the opportunities a	low-carbon economy	provides. This inclu
ransition to being a	low-carbon economy	will also be publish
while the shift to a	low-carbon economy	is meant to ensure t
the transition to a	low-carbon economy	. The energy secretar

his transition [to a	low-carbon economy	] offers to us. Ed M
as when Brown made a	low-carbon economy	part of Labour's gov
reach our goal of a	low-carbon economy	without pricing ener
his transition [to a	low-carbon economy	] offers to us. Ed M
lution and create a	low-carbon economy	. The Department of E
his transition [to a	low-carbon economy	] offers to us. Ed M
The transition to a	low-carbon economy	will no longer be a
As we move towards a	low-carbon economy	,we need solutions t
o be a digital and a	low-carbon economy	. He says that the G
overty and move to a	low-carbon economy	. He added: We have
stment in creating a	low-carbon economy	would reshape societ
lerate the move to a	low-carbon economy	,says: Financial in
stment in creating a	low-carbon economy	would reshape societ
network ready for a	low carbon economy	. In a low carbon wo
the transition to a	low-carbon economy	. If half of this com
hese steps towards a	low-carbon economy	will not be small. T
and faster towards a	low-carbon economy	. While it is margina
trail in creating a	low-carbon economy	,and would push its
trail in creating a	low-carbon economy	,and would push its
ith no future. And a	low-carbon economy	will be very attract
the transition to a	low-carbon economy	,support for busines
ous about building a	low-carbon economy	,and many green busi
UK's transition to a	low-carbon economy	,last week's Budget
to drive the US to a	low carbon economy	. LOAD-DATE: July 23
al about moving to a	low carbon economy	. At the moment, we r
ry's transition to a	low-carbon economy	. The ?m pilot in Tox
e and move towards a	low-carbon economy	. Air chiefs land in
the drive towards a	low carbon economy	is a prominent part
king steps towards a	low carbon economy	Bristol Zoo Gardens
stment in creating a	low-carbon economy	would reshape societ
make the switch to a	low carbon economy	. Mr Obama says in th
rgy on the path to a	low-carbon economy	. LOAD-DATE: June 8,
s that did look to a	low-carbon economy	, and performed well
port the growth of a	low-carbon economy	in Britain? Many gre
ness The switch to a	low carbon economy	is the subject of th
markets created by a	low-carbon economy	. Kelly Sims Gallaghe
and moving towards a	low-carbon economy	,he says, and the
s, while moving to a	low-carbon economy	. This means replacin
: The creation of a	low-carbon economy	remains at the heart
e UK moves towards a	low-carbon economy	. Globally the prospe
inesses to move to a	low-carbon economy	. Tim Yeo, chairman o

measures to build a	low carbon economy	in tomorrow's packa
m a high-carbon to a	low-carbon economy	means that we have t
tion to help build a	low-carbon economy	,found that for ever
transition towards a	low carbon economy	,while delivering re
ouncils to achieve a	low-carbon economy	. Combined, these sta
m pledges, such as a	low-carbon economy	,a pupil premium t
en Isas to finance a	low carbon economy	Provide a floor pric
and moving toward a	low-carbon economy	. If they can't do th
dited planning for a	low carbon economy	in the 1960s and 197
ay have shifted to a	low-carbon economy	based on greater ene
move the world to a	low-carbon economy	then nuclear power n
art of a drive for a	low carbon economy	came a step closer y
he economy towards a	low carbon economy	. In Sweden we have s
and moving towards a	low-carbon economy	,he says, and the
move the world to a	low-carbon economy	then nuclear power n
r the world toward a	low-carbon economy	. Martin Rees, Presid
he economy towards a	low carbon economy	. In Sweden we have s
in's transition to a	low-carbon economy	made by protesters l
the UK as we purse a	low-carbon economy	. The Department for
olutionary road to a	low carbon economy	. Nothing wrong with
iate transition to a	low-carbon economy	. And it gets better:
es and the move to a	low-carbon economy	. Can ministers not s
lp Britain move to a	low-carbon economy	. He is expected to a
e jobs and ensure a	low-carbon economy	emerges from the do
ut have a look at A	Low Carbon Economy	,which we published
ous about creating a	low-carbon economy	,with all the manufa
s Britain becoming a	low-carbon economy	were announced by Mr
transformation to a	low-carbon economy	in the UK. We are d
lp Britain move to a	low-carbon economy	. Every school and ho
ed by the shift to a	low carbon economy	. Yet for the time be
turn Britain into a	low-carbon economy	- and the Government
for transition to a	low-carbon economy	,a step change is
g our economy into a	low-carbon economy	. That's why the Cons
anage Britain into a	low-carbon economy	,because we know tha
in's transition to a	low-carbon economy	. All energy supplier
the transition to a	low-carbon economy	and in reducing carb
the transition to a	low-carbon economy	,and that commitment
rk on establishing a	low-carbon economy	,and public sector p
ch will detail how a	low-carbon economy	can offer opportunit
rming Britain into a	low-carbon economy	- the only sane resp
t contribution to a	low-carbon economy	,and the SNP governm

f Britain becoming a	low-carbon economy	. Last week Labour p
to to make Britain a	low-carbon economy	; The national strate
turn Britain into a	low-carbon economy	. As many as 400,000
his commitment to a	low-carbon economy	in his speech the da
nvestment bank and a	low-carbon economy	. Although the coali
ain on the road to a	low carbon economy	. ENVIRONMENT & FOOD
pendent economy to a	low-carbon economy	. He promised to pro
mitments to create a	low-carbon economy	and catch up with it
way moves towards a	low-carbon economy	are being handled. I
eventing a move to a	low carbon economy	and putting job crea
um in schools, and a	low carbon economy	. How far Mr Clegg is
h out. In would be a	low-carbon economy	(that could mean ano
the achievement of a	low-carbon economy	an absolute priority
sform Britain into a	low-carbon economy	,which is a common a
e the move towards a	low-carbon economy	. Angela Smith, a Lab
ment on moving to a	low carbon economy	,that is motherhood
the transition to a	low-carbon economy	even more difficult.
in's transition to a	low-carbon economy	. But despite the Gov
transition towards a	low-carbon economy	that would not only
ce of turning into a	low-carbon economy	,the former chairman
s of transition to a	low-carbon economy	,the sector's watchd
diverts them from a	low-carbon economy	. The WWF estimates t
d as necessary for a	low-carbon economy	,as - at least at th
le contribution to a	low-carbon economy	. Electricity output
lerate the move to a	low-carbon economy	. And every time we m
independence and a	low-carbon economy	. Making the first o
ange and adjust to a	low-carbon economy	? The answer from the
is going to build a	low carbon economy	. Without deploying c
entral to building a	low carbon economy	. Key to making this
eeded to switch to a	low carbon economy	. Despite a number of
transformation of a	low carbon economy	. And the general con
the transition to a	low-carbon economy	can really happen. A
get deficit and to a	low-carbon economy	,the Green Alliance
ocus on developing a	low-carbon economy	- which would both h
le in the shift to a	low-carbon economy	. We therefore urge t
ve to move towards a	low-carbon economy	. We can't solve the
ot consistent with a	low-carbon economy	. The latest figures
te the creation of a	low-carbon economy	,said Peter Dunsomb
to truly catalyse a	low-carbon economy	,policy makers must
ove Britain toward a	low-carbon economy	and create new jobs
nt job of building a	low-carbon economy	in the UK. We believ

in the creation of a	low-carbon economy	,and households, soc
y from the move to a	low-carbon economy	. A wide range of peo
g the promotion of a	low carbon economy	an absolute priorit
deal on education, a	low carbon economy	(as though any party
costs to shift to a	low-carbon economy	. Campaigners may wo
as about moving to a	low carbon economy	. The government, lar
emium in schools, a	low-carbon economy	,tax reform for the
g the promotion of a	low carbon economy	an absolute priorit
transformation to a	low-carbon economy	,many are sensible p
needed to shift to a	low-carbon economy	. James Wates, chair
ts aim of creating a	low-carbon economy	and put an end to th
the development of a	low-carbon economy	. The Government is e
e for investing in a	low-carbon economy	will remain uncertai
ke in the drive to a	low-carbon economy	. The Treasury also d
nufacturing hub of a	low carbon economy	. The new industrial
his enthusiasm for a	low-carbon economy	,do not want to sign
wards operating in a	low-carbon economy	. He said businesses
tion (on moving to a	low-carbon economy	) are very important
the transition to a	low-carbon economy	. Yet European indust
the development of a	low-carbon economy	is the only way Euro
nful transition to a	low-carbon economy	being proposed by th
s have to make (to a	low-carbon economy	),she said. Figuere
m a high-carbon to a	low-carbon economy	means that we have t
his enthusiasm for a	low-carbon economy	,do not want to sign
d to shift towards a	low-carbon economy	,he said. Steve Hol
in a transition to a	low-carbon economy	and that is what we
inesses to move to a	low-carbon economy	. Tim Yeo, chairman o
measures to build a	low carbon economy	in tomorrow's packa
ve Britain towards a	low-carbon economy	,we need to see more
merica and move to a	low-carbon economy	the better. There is
of life. Building a	low-carbon economy	means that we can no
mote green growth, a	low-carbon economy	and infrastructure d
The transition to a	low-carbon economy	will involve not jus
the transition to a	low-carbon economy	we so desperately ne
for transition to a	low-carbon economy	. The aim is to reduc
the transition to a	low-carbon economy	. Yet European indust
the development of a	low-carbon economy	is the only way Euro
gets: Investing in a	low-carbon economy	will keep Europe com
for the UK towards a	low-carbon economy	. The Government is c
nful transition to a	low-carbon economy	being proposed by th
gets: Investing in a	low-carbon economy	will keep Europe com

est's ambitions as a	low-carbon economy	. In the north-east,
ts to move towards a	low-carbon economy	,with secure energy
ions are to create a	low carbon economy	,their workforces mu
t the US moving to a	low-carbon economy	,the policies have n
we are to deliver a	low-carbon economy	. A spokesman for Na
ke a transition to a	low-carbon economy	is the greatest opp
ady on the path to a	low-carbon economy	,it was time to lead
transition towards a	low-carbon economy	. Chris Flavin, pres
e but to invest in a	low-carbon economy	. Ministers have also
entists to develop a	low-carbon economy	. But Sissons warns
come from building a	low-carbon economy	. That includes the j
d policies to make a	low-carbon economy	a reality. Robin Nic
new technologies. A	low-carbon economy	is not just desirabl
ous about building a	low-carbon economy	. He argued convincin
the achievement of a	low-carbon economy	. A low-carbon econom
ow-carbon economy. A	low-carbon economy	means a high energy-
ID cards,promote a	low carbon economy	,introduce a pupil
on's drive towards a	low-carbon economy	. Professional servic
the transition to a	low-carbon economy	a reality. SNP mini
on placed building a	low-carbon economy	near the top of any
e the creation of a	low carbon economy	a priority. Nick Cl
promise to create a	low-carbon economy	to combat it. The W
the drive to build a	low-carbon economy	. David Wighton, page
the transition to a	low-carbon economy	. And Prof Feld's nig
pline and creating a	low-carbon economy	. But it is hard not
ritain on track to a	low carbon economy	,despite the fact th
the transition to a	low-carbon economy	. The climate change
e UK government to a	low carbon economy	across the country.
the transition to a	low-carbon economy	. That part of the pa
uences of creating a	low-carbon economy	. EEF estimates the c
ous about building a	low-carbon economy	. He argued convincin
nable the shift to a	low carbon economy	. More reports: www.
t in the change to a	low-carbon economy	. Alternative freight
vernment plans for a	low-carbon economy	and widely seen as e
for transition to a	low-carbon economy	and society. The inc
for making Britain a	low-carbon economy	. It has put the Cons
hances of building a	low carbon economy	and means we will no
its transition to a	low-carbon economy	. With a fifth of ele
ron must commit to a	low-carbon economy	BYLINE: Nicholas Ste
the transition to a	low-carbon economy	a priority and, to a
track to becoming a	low-carbon economy	. Action on climate c

ous about building a	low-carbon economy	. He argued convincin
her we can move to a	low-carbon economy	. The answer to that
rning Britain into a	low-carbon economy	has nothing to do wi
s, we must move to a	low-carbon economy	,the next question i
come from building a	low-carbon economy	. That includes the j
bally in moving to a	low-carbon economy	,especially during s
king that shift to a	low-carbon economy	. Many countries are
nt call to move to a	low-carbon economy	by using the right i
ssil fuels towards a	low-carbon economy	. Ministers have long
come from building a	low-carbon economy	. That includes the j
the transition to a	low-carbon economy	. The IEA suggested t
worldwide, towards a	low-carbon economy	and towards less ene
say that a move to a	low-carbon economy	and a digital future
ategy for building a	low-carbon economy	. And he can point to
nation to promote a	low-carbon economy	' is expected to for
the transition to a	low carbon economy	'. He added lower co
agen. Making China a	low-carbon economy	is expected to provi
ry's transition to a	low carbon economy	,according to a repo
es on the shift to a	low carbon economy	,the digital revolut
time to invest in a	low carbon economy	. Show me how it will
age, that building a	low carbon economy	could not just help
its development as a	low-carbon economy	. We call on them to
transform UK into a	low carbon economy	,with industry's ene
from the shift to a	low carbon economy	'. Ed Miliband, the
t of switching to a	low carbon economy	' is likely to be bo
ogies required for a	low-carbon economy	. However, the networ
tart transition to a	low-carbon economy	. Mr Morrell's commen
be a transition to a	low carbon economy	. The question is whe
terest in creating a	low-carbon economy	. Atkins, which count
the transition to a	low-carbon economy	- but utilities have
lk on investing in a	low carbon economy	at the United Nation
s of the switch to a	low carbon economy	. They have been glac
needed to shift to a	low-carbon economy	." LOAD-DATE: Octobe
, the transition to a	low carbon economy	. * Regulatory reform
newable energy and a	low-carbon economy	. Keep up the good w
he UK forward into a	low carbon economy	. Practitioners in t
needed to shift to a	low-carbon economy	." LOAD-DATE: Octobe
UK drives towards a	low carbon economy	,Stuart Goodall tell
transformation to a	low-carbon economy	will be set out by t
cessary to deliver a	low-carbon economy	. And while companies
party's Plan for a	Low Carbon Economy	',Mr Cameron said t

n a pupil premium, a	low-carbon economy	and reform of the ta
pursue the road to a	low-carbon economy	there is a danger th
nance the shift to a	low-carbon economy	. The lion's share of
orts the drive for a	low-carbon economy	- the first of its k
tment to moving to a	low-carbon economy	by 2050 poses daunti
ition is to create a	low-carbon economy	,according to Norman
issue on building a	low carbon economy	. LOAD-DATE: Septembe
the transition to a	low-carbon economy	. The language was so
innovate to create a	low-carbon economy	PUBLICATION-TYPE: Ne
The transition to a	low-carbon economy	cannot be achieved o
p turn the UK into a	low-carbon economy	. Capital allowances
vital measures for a	low-carbon economy	,Mr Darling will be
ment bank, to fund a	low-carbon economy	. Half the cost will
as the backbone of a	low-carbon economy	and creates an Autom
ion that a move to a	low-carbon economy	is the answer to all
be done to achieve a	low carbon economy	: Compared to the US
n a pupil premium, a	low-carbon economy	and reform of the ta
ons. The shift to a	low-carbon economy	will be the great ch
efforts to create a	low-carbon economy	. Most big-hitters wi
meet his call for a	low-carbon economy	. Industry groups sai
e the move towards a	low carbon economy	. This implies being
le needed to build a	low carbon economy	are as real as they
vesting heavily in a	low-carbon economy	. The approval rate i
ain were to become a	low-carbon economy	,to encourage use of
e its mouth is for a	low-carbon economy	,says Lynn Gibbons,
ld's transition to a	low carbon economy	,and are already dem
nies. The shift to a	low-carbon economy	promises to be every
gn oil and achieve a	low-carbon economy	that could, he says,
ys. Industries of a	low-carbon economy	need to be promoted.
uture of the UK as a	low carbon economy	. Managers for new e
lutionary road to a	low-carbon economy	the CBI, the UK empl
ical commitment to a	low-carbon economy	with slow planning p
gn oil and achieve a	low-carbon economy	that could, he says,
the transition to a	low-carbon economy	in the UK will be. M
ece) for growth in a	low-carbon economy	. Mr Anderson redirec
ve for stimulating a	low-carbon economy	. China and the US ar
the transition to a	low-carbon economy	,the briefing says.
skills; developing a	low-carbon economy	; and improving publi
s' call. Building a	low-carbon economy	creates opportunitie
t from the move to a	low-carbon economy	. Ford is working on
es for business in a	low-carbon economy	is the subject of a

gn oil and achieve a	low-carbon economy	that could, he says,
at the UK moves to a	low-carbon economy	. There is more to be
he global shift to a	low-carbon economy	will increasingly fa
the transition to a	low-carbon economy	. Similarly, finance
ors; f) developing a	low-carbon economy	; and g) improving th
obal transition to a	low-carbon economy	. It added that it w
the transition to a	low-carbon economy	is affordable and co
ess in shifting to a	low-carbon economy	. At stake are tens o
by a transition to a	low-carbon economy	are discussed at the
sformation towards a	low-carbon economy	,is to be presented
summit to discuss a	low-carbon economy	,he was met by Leila
erm jobs and build a	low-carbon economy	for the future, said
tted to developing a	low-carbon economy	. He added that gove
t out a vision for a	low-carbon economy	Harrogate: The Liber
world must move to a	low-carbon economy	. Fourth, pushing for
orward our move to a	low-carbon economy	and develop the UK's
itment to building a	low-carbon economy	was more than just g
he foundations for a	low-carbon economy	,according to the CB
he UK must move to a	low-carbon economy	: not just to secure
l to the future of a	low-carbon economy	. The companies inclu
ies and to move to a	low-carbon economy	. As a result energy
ly to the needs of a	low-carbon economy	,write Ed Miliband a
t the direction to a	low-carbon economy	. Europe's experienc
the transition to a	low-carbon economy	in the UK will be. M
e technologies for a	low-carbon economy	. President Barack Ob
efforts to create a	low-carbon economy	. Tom Foulkes, direct
said, the move to a	low-carbon economy	requires such big ch
ly to the needs of a	low-carbon economy	,write Ed Miliband a
ert our society to a	low-carbon economy	- investments that c
vernments talk of a	low-carbon economy	,global greenhouse
nging the world to a	low-carbon economy	. Lord Stern, profess
r, argued moves to a	low-carbon economy	would help economic
the world moves to a	low-carbon economy	,there will be a com
hallenges posed by a	low-carbon economy	,the excitement and
vernments talk of a	low-carbon economy	,global greenhouse
of China's path to a	low-carbon economy	(Beijing seeks a he
transition towards a	low carbon economy	,adding that it had
gn oil and achieve a	low-carbon economy	that could, he says,
on in facilitating a	low-carbon economy	. Cyber Monday logs
vestors: Building a	low-carbon economy	creates opportunitie
ions of a shift to a	low-carbon economy	; and a commitment to

elp the UK move to a	low-carbon economy	,Lord Smith will say
ve we will move to a	low carbon economy	,there's going to ha
The conversion to a	low-carbon economy	would create jobs in
ark on the road to a	low-carbon economy	in its next-five yea
ts stated they saw a	low-carbon economy	as a means to other
for making Britain a	low-carbon economy	. It has put the Cons
transformation to a	low carbon economy	. Carbon market suppo
uture, the move to a	low-carbon economy	could be the most si
the transition to a	low carbon economy	is one of its most v
d help to adapt to a	low-carbon economy	and that they did no
about shifting to a	low-carbon economy	,regulation plays a
dual transition to a	low-carbon economy	. A change, he said,
huge transition to a	low carbon economy	in a short time. We
ily structured for a	low carbon economy	. Mr Morrison pointe
the transition to a	low carbon economy	can investors afford
are moving towards a	low carbon economy	,says Lord Stern, a
sary transition to a	low carbon economy	. Success,however, r
gn oil and achieve a	low-carbon economy	that could,he says,
the transition to a	low-carbon economy	. Mr McKay goes furth
uickly changing to a	low-carbon economy	. The first of those
s that the move to a	low-carbon economy	promises. Estimates
uickly changing to a	low-carbon economy	,he says. If we st
obal transition to a	low-carbon economy	. China could lead th
et up to encourage a	low-carbon economy	,a 2m (6.5ft) Christ
gn oil and achieve a	low-carbon economy	that could, he says,
the transition to a	low-carbon economy	. The US will facilit
n the automotive and	low-carbon economy	sectors,says Simon
a knowledge-based,	low-carbon economy	. Direct agricultura
rs driving Britain's	low-carbon economy	Special report, page
napshot of Britain's	low-carbon economy	SECTION: BUSINESS; P
rs driving Britain's	low-carbon economy	Special report,page
enuinely competitive	low-carbon economy	. He said the govern
ecure a competitive,	low-carbon economy	within five to 10 ye
ering a more diverse	low-carbon economy	. The big banks would
e UK into a dynamic,	low-carbon economy	that is attractive t
across the economy.	Low-carbon economy	,Page 3 Lex, Page 18
1; National Edition	Low-carbon economy	; Letters to the Edit
d, a truly effective	low-carbon economy	with green jobs and
nts * Make UK first	low-carbon economy	. * More information
be the world's first	low-carbon economy	: we have the natural
n the world's first	low-carbon economy	; the Lib Dems want

n the world's first	low-carbon economy	- and similar commi
ls China in dash for	low-carbon economy	,says Yeo BYLINE: Ni
nities can flow from	low-carbon economy	BYLINE: Camilla Cave
elopment of a global	low-carbon economy	. The breakthrough at
f growth in a global	low-carbon economy	. Mr Obama says the U
he heart of a global	low-carbon economy	. No doubt loud voice
n embedding a global	low-carbon economy	. The UK has built an
nities that a global	low-carbon economy	requires must become
eet the Government's	low-carbon economy	targets. The busines
n to a clean, green,	low-carbon economy	- is essential. If l
ology and a growing	low-carbon economy	given its knowledge-
o have put £2bn into	low-carbon economy	Treasury ideology bl
as the UK builds its	low-carbon economy	. Coupled with the fa
l and manufacturing,	low carbon economy	,photography,and sc
uce the muchheralded	low-carbon economy	. LOAD-DATE: March 28
sing jobs in the new	low-carbon economy	BYLINE: Richard Lamb
developing the new,	low-carbon economy	around us. If it was
re on building a new	low-carbon economy	. They will make many
industry to the new	low carbon economy	. The national insura
tic vision of a new,	low-carbon economy	that will emerge fro
re on building a new	low-carbon economy	. They will make many
o by building a new	low-carbon economy	for the future. It
world leadership on	low-carbon economy	to 'realism' BYLINE:
y and White Paper on	low-carbon economy	,due to be published
make progress on our	low-carbon economy	? I am also concerned
sion of a prosperous	low-carbon economy	(Why the world fa
According to the PwC	Low Carbon Economy	Index,the rate of d
y Mantel. FT Reports	Low-Carbon Economy	FRIDAY 28 Americas f
kick-start a robust	low-carbon economy	. One example is in
to a cleaner, safer,	low-carbon economy	. Across the EU, comp
he region. He said:	Low-carbon economy	skills are in short
successors a secure,	low-carbon economy	,a thriving natural
reating a successful	low-carbon economy	,he said. The Sella
reating a successful	low-carbon economy	," said Ed Miliband,
create a sustainable	low-carbon economy	BYLINE: Words by Mic
wards a sustainable,	low-carbon economy	for the future. LOA
lding a sustainable,	low-carbon economy	will take more than
l for a sustainable,	low-carbon economy	. LOAD-DATE: August
lding a sustainable,	low-carbon economy	will take more than
lean and sustainable	low-carbon economy	. At a conference at
lding a sustainable,	low-carbon economy	will take more than

o build a high-tech,	low carbon economy	as we emerge from re
eed in this hi-tech,	low carbon economy	of the future, to dr
puted leaders of the	low-carbon economy	will determine if ma
ose investing in the	low-carbon economy	. We are also underta
pital: Financing the	low carbon economy	,Barclays/Accenture,
cial support for the	low carbon economy	is complex and highl
he big issues in the	low-carbon economy	is finance,says Ni
uring's place in the	low-carbon economy	,focus more on in-no
entral London on the	low-carbon economy	yesterday. She then
eal advantage in the	low-carbon economy	by offering customer
ealthy nations. The	low-carbon economy	represents a massive
upil premium; the	low-carbon economy	; the restoration of
tor investing in the	low-carbon economy	. Many companies see
rce scarcity and the	low-carbon economy	,but fewer than 8 pe
on is looking to the	low-carbon economy	,advanced manufactur
he race to build the	low-carbon economy	of the future,a gro
provide help for the	low-carbon economy	in the Budget,meeti
to put in place the	low-carbon economy	that we need to crea
eem to define as the	low-carbon economy	. There was no mentio
id: We consider the	low carbon economy	will be an important
pital flowing to the	low-carbon economy	. Finally,the scient
and science and the	low carbon economy	,he said. The spen
y for installing the	low-carbon economy	? It won't be the Gov
he importance of the	low-carbon economy	. Twice as many Tory
ad of developing the	low-carbon economy	and financing a gree
will be part of the	low-carbon economy	(which it is not) an
lls." Moving to the	low carbon economy	or business is a gam
civil liberties, the	low carbon economy	,a pupil premium in
y for delivering the	low carbon economy	will be down to busi
e development of the	low carbon economy	and emerging markets
in technology in the	low-carbon economy	. On business and ta
ld in developing the	low-carbon economy	. Vincent de Rivaz is
civil liberties, the	low-carbon economy	,a pupil premium in
g industries for the	low-carbon economy	. We have a stronger
ad of developing the	low carbon economy	and financing a gree
turning back on the	low-carbon economy	," he said. LOAD-DAT
F estimates that the	low-carbon economy	will be worth pounds
inisters talk up the	low-carbon economy	and promise to use p
eminar entitled The	Low Carbon Economy	at the Taj Bengal H
e pupil premium, the	low carbon economy	(TBC),scaling back
has been paid to the	low-carbon economy	,and on how it might

ge of delivering the	low-carbon economy	. He also wants to be
n of products in the	low carbon economy	and in other growth
ts to be part of the	low-carbon economy	. It is also importan
will be part of the	low-carbon economy	(which it is not) an
st investment in the	low-carbon economy	. The BVCA argues tha
eminar entitled the	Low Carbon Economy	at the Taj Bengal H
ge of delivering the	low-carbon economy	. He also wants to be
in technology in the	low-carbon economy	. Onbusiness and tax
and training for the	low-carbon economy	Deregulation and lab
s toward jobs in the	low-carbon economy	. We need a more edu
ncrease to boost the	low-carbon economy	than to lose jobs th
and science and the	low-carbon economy	... Now the Governmen
and training for the	low-carbon economy	Deregulation and lab
national hub of the	low carbon economy	; a prosperous and we
crucial to keep the	low-carbon economy	on track BYLINE: Mic
etary, said that the	low-carbon economy	presented big poten
advance guard of the	low-carbon economy	. Instead, they have
s priorities on the	low-carbon economy	and on active living
gg on climate or the	low-carbon economy	; and, more significa
ad the charge to the	low-carbon economy	, and build a complet
ential, piece of the	low-carbon economy	jigsaw. And the real
of our series on the	low-carbon economy	,Peter Stiff and Emi
oducts that make the	low-carbon economy	attractive,then tha
of our series on the	low-carbon economy	Parminder Bahra repo
opportunities in the	low-carbon economy	and energy efficienc
ad The growth of the	low-carbon economy	offers opportunities
of our pieces on the	low-carbon economy	,Parminder Bahra rep
advance guard of the	low-carbon economy	. Instead, they have
take a stake in the	low-carbon economy	,in a move that coul
year in 2011. In the	low-carbon economy	,Huhne said,we wil
s, says Hague. The	low carbon economy	is at the leading ed
ad of developing the	low carbon economy	and financing a gree
e development of the	low carbon economy	and finance a green
that any push on the	low-carbon economy	must fairly represe
ch investment in the	low-carbon economy	creates jobs,makes
wn investment in the	low-carbon economy	,and set us back in
tters concerning the	low-carbon economy	to cut through the c
ation of jobs in the	low-carbon economy	at risk. It will cal
te investment in the	low-carbon economy	. A general infrastru
in the teeth for the	low-carbon economy	. Guy Newey,at the
ip for the UK in the	low-carbon economy	. Cameron,who has ma

could kickstart the	low-carbon economy	both here and abroad
issions and grow the	low-carbon economy	,but the big questio
is committed to the	low-carbon economy	. He said the Govern
opportunities in the	low-carbon economy	and energy efficienc
oncepts such as the	low-carbon economy	,high-speed rail
e development of the	low carbon economy	while shorting share
ential, piece of the	low-carbon economy	jigsaw. And the real
ad the charge to the	low-carbon economy	,and build a complet
he transition to the	low carbon economy	. But how,in a year
allenges such as the	low-carbon economy	,resource scarcity,
has bought into the	low-carbon economy	in the past year. M
8:30 BANKING FOR THE	LOW-CARBON ECONOMY	Venue Climate Clinic
t means creating the	low-carbon economy	. But although these
d participate in the	low carbon economy	,he concludes. We
e development of the	low carbon economy	and finance a green
of our series on the	low-carbon economy	Tom Bawden and Peter
y play a role in the	low-carbon economy	? If it was up to me,
in areas such as the	low carbon economy	. The government can
of our series on the	low-carbon economy	Zac Goldsmith tells
titled Powering the	Low Carbon Economy	is held at Chatham
y play a role in the	low-carbon economy	? If it was up to me,
gy companies and the	low-carbon economy	. Raising the tax on
ons to move into the	low-carbon economy	,says Steve Sharrat
of our series on the	low-carbon economy	Zac Goldsmith tells
ad of developing the	low carbon economy	and financing a gree
rom a high carbon to	low carbon economy	,and by default that
e world's first true	low-carbon economy	. I believe we should
vestment in the UK's	low-carbon economy	. The green investmen
a future in the UK's	low-carbon economy	,then we need to inv
to develop the UK's	low carbon economy	. Forge Europa is one
attempts to fire up	low-carbon economy	get cool reception,
imes for Yorkshire's	low-carbon economy	and hoped its develo

五、美国主流报刊"low carbon economy"检索行

第一阶段

This transition to a	low-carbon economy	will require a new i

第二阶段

the transition to a	low-carbon economy	. Mr. McCain's approa
are moving toward a	low-carbon economy	that could serve as
the development of a	low-carbon economy	,said Jos?Manuel Ba
m a high-carbon to a	low-carbon economy	,"Ms. Helfferich said
working to become a	low-carbon economy	.Here are some highl
the conversion to a	low-carbon economy	will be costly for m
the development of a	low-carbon economy	,"the president of
eparing France for a	low-carbon economy	,notably in transpor
ormational path to a	low carbon economy	-- that would have a
t Obama's call for a	low-carbon economy	and strong leadershi
ing the way toward a	low-carbon economy	.He has a stake in t
te progress toward a	low-carbon economy	.Making orange juice
world must move to a	low-carbon economy	. America could use i
vantage in a future,	low-carbon economy	. URL: http://www.nyt
e said, was a more	"low-carbon economy	." Please put it i
efficiency in a new	low-carbon economy	. Kyle Rabin Director
oposal, dubbed the	"Low Carbon Economy	Act," would set a t

第三阶段

smooth the path to a	low-carbon economy	. Little of this will
a natural base for a	low-carbon economy	.Yet Aldo Cerda, who
the transition to a	low-carbon economy	." I don't have that
gas as we move to a	low-carbon economy	," Mr. Davey said. S
orward with gas in a	low-carbon economy	except to say that w
that switching to a	low carbon economy	can be done without
y to transition to a	low-carbon economy	," Mr. Pachauri said
the transition to a	low-carbon economy	." We might be witne
ogical path toward a	low carbon economy	will certainly help
ive to move toward a	low-carbon economy	." The modest Chinese
, is positioned in a	low-carbon economy	to design and build
its transition to a	low-carbon economy	. Even if E.U. member
genuinely shift to a	low-carbon economy	,industry analysts s
broader vision -- a	low-carbon economy	that enhances the na
y in the switch to a	low-carbon economy	,and in a Senate cli

rt of the shift to a	low-carbon economy	,not as a crutch for
smooth the path to a	low-carbon economy	. Mr. Obama's most pr
big transition to a	low-carbon economy	without taking into
tinue competing in a	low-carbon economy	of the future. The d
he need to move to a	low-carbon economy	in the U.S. and exem
tage in the emerging	low-carbon economy	.The renewable-fuels
Weber, an expert on	low-carbon economy	and a professor of m
rial benefits of the	low-carbon economy	ahead of the rest of

六、温家宝在哥本哈根气候变化会议领导人会议上的讲话

中华人民共和国国务院总理　温家宝　（2009 年 12 月 18 日　哥本哈根）

拉斯穆森首相阁下，各位同事：

此时此刻，全世界几十亿人都在注视着哥本哈根。我们在此表达的意愿和做出的承诺，应当有利于推动人类应对气候变化的历史进程。站在这个讲坛上，我深感责任重大。

气候变化是当今全球面临的重大挑战。遏制气候变暖，拯救地球家园，是全人类共同的使命，每个国家和民族，每个企业和个人，都应当责无旁贷地行动起来。

近三十年来，中国现代化建设取得的成就已为世人瞩目。在这里我还要告诉各位，中国在发展的进程中高度重视气候变化问题，从中国人民和人类长远发展的根本利益出发，为应对气候变化做出了不懈努力和积极贡献。

——中国是最早制定实施《应对气候变化国家方案》的发展中国家。先后制定和修订了节约能源法、可再生能源法、循环经济促进法、清洁生产促进法、森林法、草原法和民用建筑节能条例等一系列法律法规，把法律法规作为应对气候变化的重要手段。

——中国是近年来节能减排力度最大的国家。我们不断完善税收制度，积极推进资源性产品价格改革，加快建立能够充分反映市场供求关系、资源稀缺程度、环境损害成本的价格形成机制。全面实施十大重点节能工程和千家企业节能计划，在工业、交通、建筑等重点领域开展节能行动。深入推进循环经济试点，大力推广节能环保汽车，实施节能产品惠民工程。推动淘汰高耗能、高污染的落后产能，2006 至 2008 年共淘汰低能效的炼铁产能 6059 万吨、炼钢产能 4347 万吨、水泥产能 1.4 亿吨、焦炭产能 6445 万吨。

——中国是新能源和可再生能源增长速度最快的国家。我们在保护生态基础上，有序发展水电，积极发展核电，鼓励支持农村、边远地区和条件适宜地区大力发展生物质能、太阳能、地热、风能等新型可再生能源。2005 年至 2008 年，可再生能源增长 51%，年均增长 14.7%。2008 年可再生能源利用量达到 2.5 亿吨标准煤。农村有 3050 万户用上沼气，相当于少排放二氧化碳 4900 多万吨。水电装机容量、核电在建规模、太阳能热水器集热面积和光伏发电容量均居世界第一位。

——中国是世界人工造林面积最大的国家。我们持续大规模开展退耕还林和植树造林，大力增加森林碳汇。2003 至 2008 年，森林面积净增 2054 万公顷，森林蓄积量净增 11.23 亿立方米。目前人工造林面积达 5400 万公顷，居世界第一。

中国有 13 亿人口，人均国内生产总值刚刚超过 3000 美元，按照联合国标准，还有 1.5 亿人生活在贫困线以下，发展经济、改善民生的任务十分艰巨。中国正处于工业化、城镇化快速发展的关键阶段，能源结构以煤为主，降低排放存在特殊困难。但是，我们始终把应对气候变化作为重要战略任务。1990 至 2005 年，单位国内生产总值二氧化碳排放强度下降 46%。在此基础上，我们又提出，到 2020 年单位国内生产总值二氧化碳排放比 2005 年下降 40% — 45%，在如此长时间内这样大规模降低二氧化碳排放，需要付出艰苦卓绝的努力。我们的减排目标将作为约束性指标纳入国民经济和社会发展的中长期规划，保证承

诺的执行受到法律和舆论的监督。我们将进一步完善国内统计、监测、考核办法，改进减排信息的披露方式，增加透明度，积极开展国际交流、对话与合作。

各位同事：

应对气候变化需要国际社会坚定信心，凝聚共识，积极努力，加强合作。必须始终牢牢把握以下几点：

第一，保持成果的一致性。应对气候变化不是从零开始的，国际社会已经为之奋斗了几十年。《联合国气候变化框架公约》及其《京都议定书》是各国经过长期艰苦努力取得的成果，凝聚了各方的广泛共识，是国际合作应对气候变化的法律基础和行动指南，必须倍加珍惜、巩固发展。该次会议的成果必须坚持而不能模糊公约及其议定书的基本原则，必须遵循而不能偏离"巴厘路线图"的授权，必须锁定而不能否定业已达成的共识和谈判取得的进展。

第二，坚持规则的公平性。"共同但有区别的责任"原则是国际合作应对气候变化的核心和基石，应当始终坚持。近代工业革命200年来，发达国家排放的二氧化碳占全球排放总量的80%。如果说二氧化碳排放是气候变化的直接原因，谁该承担主要责任就不言自明。无视历史责任，无视人均排放和各国的发展水平，要求近几十年才开始工业化、还有大量人口处于绝对贫困状态的发展中国家承担超出其应尽义务和能力范围的减排目标，是毫无道理的。发达国家如今已经过上富裕生活，但仍维持着远高于发展中国家的人均排放，且大多属于消费型排放；相比之下，发展中国家的排放主要是生存排放和国际转移排放。

第三，注重目标的合理性。中国有句成语：千里之行，始于足下。西方也有句谚语：罗马不是一天建成的。应对气候变化既要着眼长远，更要立足当前。《京都议定书》明确规定了发达国家至2012年第一承诺期的减排指标。但从实际执行情况看，不少发达国家的排放不减反增。目前发达国家已经公布的中期减排目标与协议的要求和国际社会的期望仍有相当距离。确定一个长远的努力方向是必要的，更重要的是把重点放在完成近期和中期减排目标上，放在兑现业已做出的承诺上，放在行动上。一打纲领不如一个行动，我们应该通过切实的行动，让人们看到希望。

第四，确保机制的有效性。应对气候变化，贵在落实行动，重在机制保障。国际社会要在公约框架下做出切实有效的制度安排，促使发达国家兑现承诺，向发展中国家持续提供充足的资金支持，加快转让气候友好技术，有效帮助发展中国家、特别是小岛屿国家、最不发达国家、内陆国家、非洲国家加强应对气候变化的能力建设。

最后，我要强调的是，中国政府确定减缓温室气体排放的目标是中国根据国情采取的自主行动，是对中国人民和全人类负责的，不附加任何条件，不与任何国家的减排目标挂钩。我们言必信、行必果，无论该次会议达成什么成果，都将坚定不移地为实现、甚至超过这个目标而努力。

环球世纪出版社双语信息

关于本书

一、提要和作者

本书提要

法国后现代主义思想家米歇尔·福柯的话语权力理论揭示了"话语"作为一种社会实践所具有的建构功能和权力特征，语言作为反映社会现实的载体与权力、社会、意识形态联系了起来。这一建构性的话语理论使人文、社会科学许多学科受到启发，加以研究。自上世纪80年代后期，媒体话语作为使用中的语言以及其特殊的篇章结构和社会文化实践受到语言学家关注。一些分析方法应运而生，批判话语研究便是其中之一，起源于上世纪80年代，随着大量研究的展开，人们发现只凭单个语篇进行分析远远不能回答研究问题，且分析会带入个人偏见，为了使研究更全面可靠，人们开始使用语料库的方法来考察大规模的文本，两者各有其优势，互相取长补短。近10年来基于语料库的批判话语研究越来越多地被中国社会科学学者所采用，本书聚焦中英美三国主流报刊2000年以来关于低碳的报道，分析围绕低碳的话语建构，较系统地将语料库和批判话语分析的方法用于媒体话语分析中，将定性和定量研究有效结合起来。语料库提供的语言例证是凭直觉的研究方法所不能及，批判话语研究分析的方法又使语料库所提供的例证变得清晰明了。我们从词频信息中发现许多有趣的有待进一步考察的现象；研究表明词丛、搭配词分析伴随着语料库检索来考察其上下文中的分析为定量的分析增添了定性的成份，使结果更可靠、更全面。将语料库的发现和社会情境相结合使我们更清晰地认识到话语是意识形态的反映。本研究抛砖引玉，希冀更多的学者将此方法用于社会科学领域与语言相关的研究中。

作者简介

钱毓芳，浙江工商大学中外话语研究院教授、院长，曾为浙江传媒学院话语与传播研究中心创始主任。研究兴趣包括语料库语言学与话语研究。兼任中国英汉语比较研究会话语研究专业委员会副会长、语料库翻译学专业委员会常务理事以及语料库语言学专业委员会理事。专著 *Discursive Constructions around Terrorism in the 'People's Daily' and 'The Sun' before and after 9.11* 获第六届教育部高校优秀科研成果三等奖。合著出版《批判话语分析新发展研究》一书。发表了20余篇与语料库与话语研究相关的论文。主编 *Corpus Approaches to Chinese Social Science*（英文版，2018）。是英国环球世纪出版社"中华话语"系列丛书共同主编（中英文版），以及《语料库与中国社会科学》期刊（中文版，2018）主编。

叶蒙获，浙江传媒学院马克思主义学院教授，1985 年获浙江师范大学哲学学士学位，2006 年获武汉大学教育管理硕士学位。研究兴趣包括媒体融合、新媒体传播、网络管理等，近年来发表论文 20 余篇媒介素养、网络空间利用等相关论文；参与多项国家社科基金项目以及教育部项目。

二、目录（见第 vi 页）

三、本系列丛书简介

本书是《中华话语》丛书的第三本。该丛书由由环球世纪出版社于 2016 年开始出版。由北京大学社会理论研究中心主任、中国社会学学会前副会长谢立中教授和浙江工商大学中外话语研究所所长、中国英汉语比较研究会话语研究专业委员会副会长钱毓芳教授共同主编。

20 世纪后半期以来西方哲学和社会学科研究者所取得的一项重要成就是，意识到"话语"在理解人们日常生活及社会现实的建构过程当中所具有的关键作用，并将对话语的研究和分析置于哲学和社会科学研究的核心地位。话语分析在上世纪 80 年代伊始就开始传入中国。

30 年来，尤其是近十几年来，许多中国学者尝试运用话语分析的方法来对当代中国社会中各种"话语"的生产和传播过程以及"话语"对社会现实的建构作用进行描述和分析，在语言学、传播学、哲学、社会学、政治学、经济学、法学、心理学、教育学、国际关系、文艺评论等研究领域出现了数以千计的研究文献，其中包括有不少具有尝试性和创新性意义的研究成果。尽管和西方同行相比，中国学者在这方面的学术成就无论在数量上还是在质量上都还有相当的差距，但对于我们从话语建构的视角理解当代中国，这些文献还是具有其他文献难以替代的重要作用。

基于语料库的批判话语分析开始于上世纪 90 年代中期，先行倡导者将语料库技巧运用到批判话语分析中，有效地打破了定量和定性研究的界限，为话语研究者提供了强大的量化分析的基础，自此，人们一直在探寻更多两者相得益彰的方法。2006 年，贝克发表了《用语料库做话语分析》一书，概观了语料库在话语研究中的诸方法，具有里程碑意义，标志着这一方法逐渐走向成熟。

本系列丛书将涵盖围绕中华历史、中华文化、中华事务、中华语言、中华人物的话语研究。倡导多学科、多视角、多方法，融合大中华的智慧，放眼世界，架起中国与世界的桥梁，开启一扇让世界了解中国的窗户。希冀本丛书能推动中华话语研究的深入发展。详见本系列丛书总序言之一和之二。

四、《中华话语》丛书的其他书籍

系列主编：谢立中　钱毓芳

书名：《〈纽约时报〉涉藏报道与中国对外传播策略》
作者：黄敏
系列编号：第 1 卷
语言：中文
伦敦：环球世纪出版社（2016 年）
ISBN: 978-1-910334-43-0（精装）
ISBN: 978-1-910334-42-3（平装）
DOI https://doi.org/10.24103/CD1.cn.2016

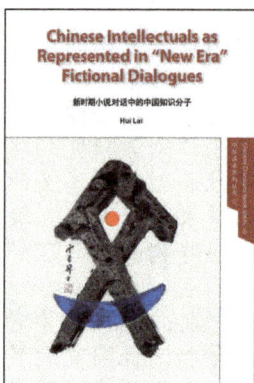

书名：《新时期小说对话中的中国知识分子》
作者：赖辉
系列编号：第2卷
语言：英文
伦敦：环球世纪出版社（2017年）
ISBN 978-1-910334-48-5（精装）
ISBN 978-1-910334-47-8（平装）
DOI https://doi.org/10.24103/cd2.en.2017

Dual language information from Global Century Press

About the book

1. Abstract and about the author

About the book

The discourse power theory of Michel Foucault, French postmodernist thinker, reveals the constructive function and power characteristics of 'discourse' as a social practice. Language, as a carrier reflecting social reality, is associated with power, society and ideology. This constructive discourse theory enlightens and studies many disciplines of the humanities and social sciences. Since the late 1980s, media discourse has attracted linguists' attention as a language in use, as well as its special textual structure and social and cultural practice. Some analytical methods have emerged at a historic moment, and critical discourse research is one of them. It originated in the 1980s. With the development of a large number of studies, people find it is far from possible to answer research questions only by analyzing a single text, and that analysis will bring personal prejudice. In order to make research more comprehensive and reliable, people begin to use corpus. The method of studying large-scale texts has its own advantages and draws on each other's strengths to complement each other's weaknesses. In the past 10 years, corpus-based critical discourse research has been increasingly adopted by Chinese social scientists. This book focuses on the reports on low-carbon in the mainstream newspapers and periodicals of China, Britain and the United States since 2000. It analyses discourse construction around low-carbon, and systematically applies corpus and critical discourse analysis to media discourse analysis. Combine qualitative and quantitative research effectively. The linguistic examples provided by corpus are beyond the intuitive research method, and the critical discourse analysis method makes the examples provided by corpus clear. We find many interesting phenomena that need to be further investigated from word frequency information. Studies show that the analysis of word clusters and collocations, accompanied by corpus retrieval, adds qualitative elements to quantitative analysis and makes the results more reliable and comprehensive. The combination of corpus findings and social context makes us realize more clearly that discourse is the reflection of ideology. This study is expected to attract more scholars to apply this method to language-related research in the field of social sciences.

About the author

QIAN Yufang is a Professor and Director of Institute of Chinese and Foreign Discourses, Zhejiang Gongshang University, China. She was the Founding Director of the Research Centre for Discourse and Communications, Zhejiang University of Media & Communications (the first of its kind in China). She is also the Vice President of the Discourse Research Association of China, an Executive Director of the Corpus Translation Society of China, and a Director of the Chinese Corpus Linguistic Society. She has published more than two dozen journal articles on corpus based discourse studies. She is author of *Discursive Constructions Around Terrorism in the People's Daily and The Sun Before and After 9.11* (Oxford: Peter Lang, 2010), winner of the 'Excellent Scientific Research Achievements of Humanities and Social Sciences' award by the Ministry of Education. She is Editor of *Corpus-based discourse on Climate Change and Corpus Approaches to Chinese Social Science* (2018), co-editor of the Chinese Discourse book series (in English and Chinese, since 2016), joint Editor of the *Global China Dialogue Proceedings* Vol. 3 (in both English and Chinese, 2017), and Editor of *Journal of Corpus Approaches to Chinese Social Sciences* (in Chinese, since 2018).

YE Mengdi, Professor of School of Marxist Studies, Communication University of Zhejiang, received a Bachelor of Philosophy degree from Zhejiang Normal University in 1985 and a Master of Education Management degree from Wuhan University in 2006. Research interests include media convergence, new media communication, network management, etc. In recent years, the author has published more than 20 papers on media literacy, cyberspace utilization and other related papers, and has participated in a number of national social science fund projects and Ministry of Education projects.

2. Table of contents

Prefaces

3. About this book series

This is the third book in the Chinese Discourse series. The series has been pub-lished by Global Century Press from 2016. It is edited jointly by Professor XIE Lizhong (Director of the Centre for Social Theory Studies, Peking University; formerly Vice-President of the Chinese Sociological Association, China) and Pro-fessor QIAN Yufang (Director of Institute of Chinese and Foreign Discourses, Zhejiang Gongshang University, China; Vice-President of the Discourse Research Association of China).

In the second half of the 20th century an important achievement of Western philosophy and social sciences was to appreciate the key role of 'discourse' in the process of understanding people's daily life and constructing social reality, and to put the study and analysis of discourse at the core of research on philosophy and social sciences. Discourse analysis was introduced into China in the 1980s, and has been continuously developing there ever since.

During the past thirty years, and particularly in the last decade, a number of Chinese scholars have attempted to employ the framework of discourse analysis to describe and analyse both the production and communication of various 'discourses' in contemporary Chinese society, and how 'discourse' functions in constructing social reality. As a result, numerous studies have been published in the fields of linguistics, communications, philosophy, sociology, politics, economics, law, psychology, education, international relations and literary criticism, many of which are pioneering and innovative. Although there is still a gap between the achievements of Chinese scholars and those of their Western counterparts in quantity and quality, these studies play an irreplaceable role in understanding contemporary China from the perspective of discourse construction.

Corpus-based approaches to critical discourse analysis started in the 1990s. Its proponents combined corpus approaches with CDA, effectively eliminating the separation between quantitative and qualitative studies and providing a stronger basis for quantitative analysis within discourse studies. Since then, scholars have been exploring more ways of complementing corpus and critical discourse analysis. Paul Baker's book *Using Corpora in Discourse Analysis* (2006) provides an overview of many corpus-based techniques in discourse analysis, which marks an important step towards maturity for this approach.

This series covers discourse studies around Chinese history, culture, current affairs, language and people. Moreover, it advocates an interdisciplinary, multi-perspective, multi-method knowledge merged with Chinese culture and possessing a global outlook, which bridges the gap between China and the rest of the world and opens a window for the outside world to understand China (for more details see the two General Prefaces of this series).

4. Other books in the Chinese Discourse series

Series Editors: XIE Lizhong and QIAN Yufang

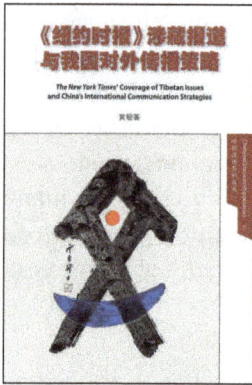

Title: *The New York Times' Coverage of Tibetan Issues and China's International Communication Strategies*
Author: HUANG Min
Series No.: Vol. 1
Language: Chinese
London: Global Century Press (2016)
ISBN 978-1-910334-43-0 (Hardback)
ISBN 978-1-910334-42-3 (Paperback)
DOI https://doi.org/10.24103/CD1.cn.2016

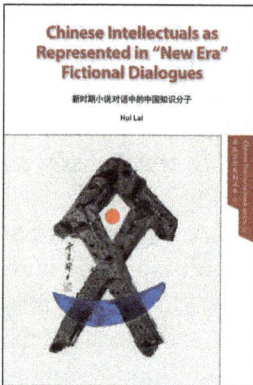

Title: *Chinese Intellectuals as Represented in 'New Era' Fictional Dialogues*
Author: LAI Hui
Series No.: Vol. 2
Language: English
London: Global Century Press (2017)
ISBN 978-1-910334-48-5 (Hardback)
ISBN 978-1-910334-47-8 (Paperback)
DOI https://doi.org/10.24103/cd2.en.2017

www.ingramcontent.com/pod-product-compliance
Lightning Source LLC
Chambersburg PA
CBHW080551270326
41929CB00019B/3261